封面故事

　　清代乾隆款珐琅彩芍药雉鸡图玉壶春瓶是天津博物馆的镇馆之宝。这件宝物高16.3厘米，口径4厘米，底径5厘米。器形为玉壶春瓶的典型造型，瓶身左右由两个对称的"S形"构成，线条优美柔和。瓷瓶胎质细腻洁白，胎体轻薄，釉面莹润如玉。瓶身上用珐琅彩绘画，腹部用工笔花鸟技法绘制雉鸡、盛开的芍药等，色彩繁富艳丽，纹饰空白处则墨书题诗，犹如一幅展开的画卷，是诗、书、画合璧的彩瓷艺术珍品。

　　在中国瓷器发展史上，珐琅彩瓷是极为名贵的品种，尤其在清代，是康熙、雍正、乾隆三朝的宫廷御用瓷。天津博物馆所藏的乾隆款珐琅彩芍药雉鸡图玉壶春瓶，是同批烧制的同款瓷瓶中经乾隆皇帝甄选后留下的举世孤品，因此弥足珍贵。

中国地域文化系列丛书·天津

天津之睛

中国近现代化的窗口

席宏斌 ◎ 著

山西出版传媒集团　山西人民出版社

图书在版编目（CIP）数据

天津之睛：中国近现代化的窗口 / 席宏斌著 .– 太原：山西人民出版社，2023.8

ISBN 978-7-203-12797-0

Ⅰ.①天… Ⅱ.①席… Ⅲ.①城市史 – 研究 – 天津 Ⅳ.① K292.1

中国国家版本馆 CIP 数据核字（2023）第 059633 号

天津之睛：中国近现代化的窗口

著　　者：	席宏斌
责任编辑：	王晓斌
复　　审：	崔人杰
终　　审：	梁晋华
装帧设计：	天津万物同源电子商务有限公司
插　　图：	戴天生　李嘉岩　席之尧
出 版 者：	山西出版传媒集团·山西人民出版社
地　　址：	太原市建设南路 21 号
邮　　编：	030012
发行营销：	0351—4922220　4955996　4956039　4922127（传真）
天猫官网：	https://sxrmcbs.tmall.com　电话：0351—4922159
E—mail：	sxskcb@163.com 发行部
	sxskcb@126.com 总编室
网　　址：	www.sxskcb.com
经 销 者：	山西出版传媒集团·山西人民出版社
承 印 厂：	廊坊市国彩印刷有限公司
开　　本：	720mm×1000mm　　1/16
印　　张：	20.25
字　　数：	245 千字
版　　次：	2023 年 8 月第 1 版
印　　次：	2024 年 9 月第 3 次印刷
书　　号：	ISBN 978-7-203-12797-0
定　　价：	98.00 元

序

　　如果在中国所有城市中选择一座作为观察中国近代历史进程的窗口，天津无疑是最合适的城市！

——作者

一

　　第二次鸦片战争的硝烟在天津的上空还没有完全消失，北京礼部大堂为签订《北京条约》举行的签字画押仪式却已经完成了。

　　按照条约，天津这座当时北方最繁忙的交通枢纽和商业城市，被迫向当时的列强开放。

　　《北京条约》签订于 1860 年 10 月，在此之前的 1858 年 6 月，列强刚刚和大清国签订过《天津条约》。不过，《天津条约》并没有涉及天津，而在《北京条约》里，列强除了一如既往地要求清政府割地赔款外，核心内容其实只有一条：增开天津为商埠。

第一次鸦片战争结束后的《南京条约》中，清政府被迫开放广州、福州、厦门、宁波、上海 5 处为通商口岸；第二次鸦片战争中的《天津条约》里，清政府又被迫增开牛庄（后改为营口）、登州（今山东蓬莱，后改为烟台）、台湾（台南）、潮州、琼州、汉口、九江、南京、镇江 9 处为通商口岸。

和《南京条约》相比，《天津条约》中列强不仅巩固了在南部沿海的侵略势力，而且将侵略的触角从长江口岸的上海逆流而上至长江腹地的南京、九江、武汉；与此同时，列强北上将侵略势力渗透至渤海湾的腹地牛庄和渤海湾的门户登州，但此时的列强并没有将天津列入《天津条约》的讨论范围。

从 1858 年到 1860 年，短短两年中，是什么因素促使列强迫不及待地将天津列为通商口岸呢？

翻阅中国近代史，可以清晰地看到 1858 年至 1860 年两年间发生在中国的几件大事，几乎每一件都和天津有关。

1858 年 6 月，《天津条约》签订。

1859 年 6 月，来华换约的英、法军舰不走清政府指定的入京换约路线，强行闯入天津大沽口，被清军击败。

1860 年 8 月，英、法联军 1 万余人入侵天津附近海面，在大沽口发生激战后占领天津。

1860 年 9 月，英、法联军在天津附近的通县击败清军主力后，侵入北京，火烧圆明园。咸丰皇帝逃往热河，留京和谈的全权议和大臣奕䜣无奈地接受了在天津开埠等一系列条款。

《北京条约》仿佛专门为天津开埠而增加的条约。

客观来讲，在当时单就港口的自然条件而言，天津港并不如附近港阔水深的秦皇岛。但在第二次鸦片战争中，英国侵略者并没有采纳将秦皇岛开为商埠的建议，而是强烈要求把天津辟为通商口岸。其核心目的就是要在天津建立一个"足以威胁京师的基地"，迫使大清国的统治者屈服。很显然，与上海相比，天津开埠的政治意义远远大于其经济意义。天津在当时成为名副其实的"政治港"，大清国晚期一系列政治、外交、军事事件在很多时候都和天津这座港口城市密切相关。

二

　　随着天津开埠，列强迅速在天津先后设立租界，到清朝灭亡前，列强在天津设立的租界数量达到 9 个，号称"九国租界"，这在全国 16 个设有租界的城市中是独一无二的。九国租界在天津并列，其占地总面积超过天津旧有城厢面积的 8 倍，由此可以看出租界对天津这座城市的影响。

　　天津开埠以后，清政府对天津的重视也空前提高，先后派晚清历史上赫赫有名的重臣曾国藩、李鸿章、袁世凯等人担任直隶总督，坐镇天津筹划政治、外交大计。特别是 19 世纪 70 年代后，清王朝把对外交涉中心移到了天津，按照南洋大臣由两江总督兼领的先例，北洋大臣由直隶总督兼领，除了冰封季节外，直隶总督常驻天津。尽管直隶总督府仍设在保定，但在天津却专门设置了直隶总督衙门，北洋大臣在政治上可以筹划国家大计，外交上甚至有权代表清王朝签订国际条约。原为州、县小城的天津"区区虽为一隅，而天下兴废之关键系焉"，天津的这种地位一直延续到民国初年，直到南京国民政府建立后才发生变化。

北洋大臣不仅兼管外交，还负责统率庞大的新式海陆军。李鸿章接手直隶总督后，立即在天津着手建立新的海防力量。

李鸿章赖以起家的是淮军。太平天国失败后，淮军经过裁撤，尚有5万余人。1865年至1868年间，作为清军主力，淮军在曾国藩、李鸿章的率领下，先后在安徽、湖北、河南、山东、江苏、直隶等地与捻军作战。捻军被镇压后，淮军担负起北自天津、保定，南到上海吴淞，南北数千里江海要地的防守，淮军的势力自此从长江流域扩至海河流域。李鸿章以淮军的势力为基础，担任了直隶总督兼北洋大臣，掌握了国家外交、军事甚至是经济大权。

李鸿章早年在担任江苏巡抚时，曾和曾国藩一起创办过江南机器局，江南机器局不仅从事军火生产，也兼造军舰。

同治九年（1870），天津教案发生，列强出动军舰进行威胁，清廷甚为震动。天津教案了结之后，清廷命令加强沿海防务，由曾国藩、李鸿章分头督办。

1875年，光绪皇帝特命北洋大臣李鸿章创设北洋水师。经过十几年的筹备，北洋水师于1888年在山东威海卫的刘公岛正式成立。按照当年《美国海军年鉴》中的排名，北洋舰队的实力曾是亚洲第一，世界第九（前八名分别为英国、法国、俄国、德国、西班牙、奥匈帝国、意大利、美国）。

建设北洋水师的同时，李鸿章以天津大沽口为中心，又筹建了威海、旅顺两处海军基地，与天津大沽炮台呈三角区域布置，共同拱卫渤海、黄海沿岸的海防；同时，李鸿章又在天津建立机器制造局，在大沽口建立船坞，分别生产军火和军舰。在此基础上，李鸿章又筹办了北洋水师学堂、电报学堂、水雷学堂以及北洋武备学堂等一系列军事学堂。一时间，天津由政治、外交中心继而上升为军事中心。

天津的军事要塞地位是在清政府的洋务中心北移和列强不断加深入侵中国的过程中逐步确立的。天津的这种军事地位在随后的"庚子事变"中显露无遗："庚子事变"爆发后，八国联军在天津大沽口登陆，在各国设在天津的租界的策应下，八国联军又从天津开向北京，几次激战都发生在大沽口、天津市区以及由天津前往北京的途中。

"庚子事变"平息后，鉴于天津军事战略的重要地位以及天津城抗击列强的顽强意志，列强对天津展开了疯狂的军事报复。

1900 年夏，由英、法、俄、德、日、意、美、奥等国组成的八国联军向中国发动了进攻。进攻的首要目标便是天津。6 月 17 日，八国联军攻占大沽口海防，7 月 14 日，天津城陷落。

八国联军占领天津后，一方面疯狂镇压义和团，另一方面疯狂拆除天津城墙和炮台、营房等天津守军的军事设施。

1901 年 1 月 21 日，拆城工程开始，天津成为中国清末第一座城墙被武力拆除的城市。同时，设在各处的具有抵御侵略功能的炮台也成了八国联军摧毁的对象。1901 年 9 月 25 日，八国联军首先将位于老龙头火车站和紫竹林租界的炮台拆除，然后陆续将位于北塘的 6 个炮台、山海关的 4 个炮台、大沽的 7 个炮台以及位于芦台的一些炮台拆除，并扒毁了位于窑洼的中营、前营和位于新河的兵营。同时逐步肢解了天津机器局和大沽船坞以及军事学校北洋武备学堂。清政府在津的军事防御体系和军事力量毁于一旦。其后，八国联军全面占领管辖天津达 1 年之久，直到《辛丑条约》签订后才逐步交出部分管辖权。

李鸿章的北洋水师和淮军在甲午战争和"庚子事变"中几乎损失殆尽，但天津的军事地位并未减弱。代李鸿章而起的袁世凯在天津小站练兵中崛起，他所控制的北洋新军以天津为核心，继而扩张至黄河南北，袁世凯也以北洋新军为资本逼退了清帝，进而完全控制了北洋政府。而天津也在这次改朝换代中声名远播，就连小站这样毫不起眼的地方也在西方各国的地图上被重点标注，一时间，天津的军事战略地位无出其右者。

在与列强抗争的岁月里，天津留下了望海楼教堂、吕祖堂、大沽炮台、小站练兵园、八里桥等一系列抗击侵略的遗迹供岁月凭吊。

三

开埠前的天津，尽管号称"畿辅首邑"，但就城市的层次和规模而言，经过五六百年的发展，不过是一座府治所在的府属县城，而当时同一级别和规模的城市，在全国有近 200 座。但在开埠之后，只不过七十多年时间，天津已成为仅次于上海的全国第二大都会。

第二次鸦片战争后，中国南北加开了 10 个通商口岸，为什么只有天津脱颖而出？

1860 年开埠之前，天津的人口规模不过 19 万余，但到了解放前的 1948 年，人口已猛增至 191 万多，在不到 90 年的时间里，城市人口增加了近 10 倍，城市的建成区面积比之天津开埠前的老城厢面积也增加了十几倍。

是什么因素导致如此多的人口向天津聚集？

开埠前，天津的自然经济主要依靠有限的渔、盐之利和运河漕运。开埠后天津作为首都附庸的格局被打破了，天津逐渐成为联系国内自然经济与资本主义世界市场的窗口，再加上天津位于"三北"（华北、西北、东北）交界处的适中位置和河（大运河）、海（渤海）通达之便，这种窗口效应愈发明显。自此以后，天津逐渐脱离了京师的控制，独自开发了与"三北"各省商品交流的新网络。同时，通过运河将网络触角伸向长江流域，通过海河将网络延至海外。它的发展已不再受国内自然条件下商品化水平的限制，而是通过外国的商品和技术，对"三北"地区的农村经济施加剥削。

开埠前，天津和"三北"地区本就有传统的河网或运输联系。开埠后，这种联系得以加强，尤其对外贸易首先得到快速发展。开埠之初，天津进出口贸易总值约为 1300 万两白银，到甲午战争前后，已增加到白银 5000 万两，几乎翻了两番。此后，随着运输工具的改进，天津与内地的联系更加紧密，由此逐步形成了以天津为中心的华北市场区和中国北方区。到 20 世纪 30 年代中期，天津的对外贸易总额已占到中国北方的 60%，远超北方地区其他口岸。其中的棉花出口量占到全国的 80% 以上，畜产品出口量则占到全国的大半，对外贸易的繁荣吸引了大量的商业从业者向天津聚集。

开埠以后，由于天津政治、军事地位的上升，又带动了近代工业的兴起，天津不但建立了亚洲最先进的兵工厂、造船厂，而且一度成为全国的铁路中心和通讯中心。20 世纪初，在袁世凯北洋新政的带动下，天津出现了举世闻名的北洋实业潮。各类工厂如雨后春笋般涌现出来。尤其以纺织业、面粉业、水泥等轻工产业表现抢眼，吸引了大量的产业工人向天津汇聚。

伴随着各类产业和工厂的崛起，一批为之服务的中西学堂、技术学校，如北洋大学堂、北洋武备学堂、水师学堂、电报学堂、水雷学堂、法政学堂、西医学堂、铁路专门学堂等教育机构也纷纷成立，吸引了全国各地的学子争相前来求学。在"实业救国""教育救国"的舆论声中，天津一时成为教育和实业的双重集结地。

随着九国租界陆续在天津设立以及袁世凯在天津推行"新政"试验，天津开始了大规模的城市规划建设和扩容。除了列强沿海河"吹沙造田"外，袁世凯也加快了"河北新区"的建设。一批新的行政、交通、金融中心和商业网点、娱乐设施、教育网点、商品存储集散地被陆续开发出来。天津在北方率先进入房地产开发时代，开埠前一亩几十两的地皮在20世纪初被炒到了几万两，一批洋人、买办、达官显贵、下野政客插足其中，上下其手，赚得盆满钵满。中国近代史上赫赫有名的北洋要人袁世凯、黎元洪、曹锟、张勋、陈光远，把他们从全国搜刮来的财富转而投入到天津城轰轰烈烈的"实业救国"和房地产开发中，天津一时间风光无限，五大道地区租界内绚烂无比的"督军街"和各种"名人故居"不经意间竟成为今日的旅游热点。

四

百年以后回首往事，我们发现：天津在开埠以后至少出现了三个方面的重大变化。

首先，支撑经济发展的源头发生了变化。开埠前，作为南北运河的重要码头和连接点，天津的经济在很大程度上是围绕漕运而开展，天津在经济上基本上是作为京师的附庸。开埠后天津一跃成为联系国内经济和资本主义世界市场的窗口，买办经济、掠夺式贸易成为天津经济最初转型的特征。

其次，天津的城市发展布局发生了变化。明代设卫筑城，只是天津的"城"开始起步，天津的"市"并没有同步而行。永乐年间虽然在直沽修筑了天津卫城，但卫城只是军事指挥机关的所在地，并非城市中心。当时的城市规划布局已呈现出"局部封闭，总体敞开"的特征。

明中叶以后，为了稳定漕船运丁的生活，允许他们免税携带一定数量的南北土特产品沿途售卖，运河遂成为南北物资交流的通道，天津也发展为运河北端的著名商业城市。清初虽将天津纳入地方行政体制，但城市沿河发展的自然趋势并没改变。康熙时，钞关由京津间的河西务移至天津北门外南运河畔，所有运河商船以及长江以南驶来的海船都要到这里验关纳税，从而使这一带逐渐形成了一条随河弯曲的"环城开衢"，并促进了附近专业性街道和市场的出现。这时的天津已成为国内有名的商贸港口城市，沿河两岸市店林立，富商大贾们并不住在城内，而选择在城外聚集。

开埠加快了天津城市沿河聚集的趋势，不过这时聚集的重心已经由"运河"改为"海河"。为方便对中国的掠夺，列强的租界选择夹"海河"而立，以充分利用天津作为近海的河口港优势。20世纪20年代末，鉴于市内区港已不能适应这种需要，列强开始在大沽口修筑港口码头。这是开埠以后，商业贸易的热点地区从运河转至海河后的第二次转移：由海河港口向大沽口海岸港口转移。天津城市沿河发端并向沿海发展的开放性特征在这次迁移中表现无遗。这种特质也成为日后天津迅速成长的内在力量。

随着天津经济地位的提升和列强大量入侵的商品和资本，天津城市也开始向现代城市的方向发展，这是天津开埠以后出现的第三个重大变化。

开埠以后，外国侵略者依靠不平等条约所赋予的种种特权，通过天津向中国内地大量推销鸦片、棉纺织品和其他工业制成品，同时大量掠夺中国内地的初级农副产品并从中获得巨额利润。与此同时，列强以租界为依托开始小范围地推进城市现代建设。

以英租界而论，开辟仅20多年，已呈现出"街道宽平，洋房整齐，路旁树木葱郁成林。行人蚁集蜂屯，货物如山堆垒，车驴轿马，彻夜不休。电线联成蛛网，路灯列若繁星"的景象。中国最早的现代邮政、最早的电灯电车、最早的公共交通系统先后在天津出现。九国租界的并立成就了天津"城市建筑博览馆"的声誉。至今天津依然保存着那个时代风格迥异的西洋建筑，其中包括领事馆、工部局、警察署、高级住宅、饭店、商厦、银行、俱乐部、电影院、舞厅、西餐厅、洋行等不同形式的建筑。天津城在不断忍受被侵略被掠夺的同时，也目睹了现代城市所带来的繁华和便利。

五

直观地讲，西方文明是伴随着军舰和大炮一起进入天津的。而天津城也在屈辱不甘中选择了全方位的反击。除了军事领域的抗击外，在经济实业和文化教育等领域也出现了抗争性的突破。在整个近现代过程中呈现出一种前所未有的全方位、立体化快速发展的态势。

据统计，从 1860 年天津开埠到抗战全面爆发前，在不到 80 年的时间里，在涉及教育、军事、司法行政制度、科学技术、市政房屋建设、金融、邮电、交通、铁路运输、海洋化工、工商业经济、对外贸易以及新闻、文艺、体育等反映社会进步的 21 类国计民生的业态中，天津有 112 项位列"全国第一"。光北洋大学（天津大学）的创办者盛宣怀一人就创造了 11 项"全国第一"。

此时的天津，统治者中的开明分子已深知抱残守缺是死路一条，产生了"外国利器对自强有益"的观念，并纷纷着手办理"洋务"和"新政"，掀起了一场"自强""求富"的自救运动。"办实业""推夷技""重军工""兴新学""揽人才""出报纸"等成为这一时期的呼声和实践。在这种背景下，一系列新生业态、新生产业、新的商业模式、新的时尚被接连推出。

中国第一所大学北洋大学、中国第一所私立大学南开大学、中国第一个官督商办的近代化交通企业轮船招商局、中国最早使用机器开采的大型煤矿、中国最早的邮政、最早的铁路公司、最早的铁路网、中国第一条有轨电车、中国最早拥有警察的城市、中国近代第一家高级饭店等首创性新生事物陆续在天津诞生。

这期间，租界的西方色彩和津沽本土的东方特征，在近代化过程中共存，使这座城市呈现出包容开放、海纳百川的状态。不仅延续了天津码头的文化传统，而且有了和世界接轨的意识和实践。天津在较短的时间内快速高效发展产生的凝聚力，吸引了全国的文化精英，梁启超、严复、李叔同等纷纷驻扎津门，从事各种创作。大批工厂和制造业的兴起，使天津在很短的时间内积聚了大批的产业工人和制造业生产集群，其中的拓展意识和创新精神令人瞩目，并一直传承到后世。

近一百年来，天津在文化创新和制造业方面仍然走在全国的前列：天津有全世界唯一建在桥上的摩天轮"天津之眼"；有全国最长的滨江道和平路商业步行街；还保存有全世界都十分罕见的"万国建筑博览群"；有全球最高的妈祖像——天津滨海妈祖像；有中国唯一一座斜塔双索面弯斜拉桥——天津赤峰桥；有亚洲最长的图书馆走廊——天津工业大学图书馆；有意大利本土以外最大的意式风格建筑群——天津意风区；有世界上唯一一座水中之塔——天塔；有中国仅存的三大辽代寺院之一的独乐寺；有世界三大妈祖庙之一的天后宫；有全国最大的室外恒温水上游乐中心——天津米立方；有中国最大的海盐产区——长芦盐场；有与苏州桃花坞年画并称"南桃北柳"的杨柳青年画；有叱咤赛场的天津女排；有闻名全国的"天津曲艺"。

中国第一辆自行车——飞鸽自行车、中国第一块手表——海鸥手表、中国第一滴墨水——鸵鸟墨水、中国第一台电视都是诞生在天津；中国第一辆三轮汽车、第一批国产吉普车、第一辆旅行轿车都是在天津首先生产制造和装配完成的；中国大陆第一条高铁——京津城际铁路也首先在天津开通运营。

百年城市发展史上，天津为自己赢得了制造之城、创新之城、海纳之城、创意之城的美名。

六

1400 年，燕王朱棣从一个地方渡过大运河南下争夺皇位。称帝后，于 1404 年 12 月 23 日将这个地方改名为天津，即天子经过的渡口，由此天津也成为中国古代唯一有确切建城时间记录的城市。

天津在历史上几乎凑够了全部的行政区划建制：直沽寨、海津镇、天津卫、天津县、天津州、天津府、天津市、天津直辖市，是中国历史起点和脉络最清晰的城市之一。

与行政区划清晰的脉络相对应，天津地区的万年人类活动遗迹、千年文化根系、百年叱咤风云的足迹也清晰可见。

考古证实，距今 1 万年以前的旧石器时代，天津地区的先民已出现在蓟县北部山区和山前丘陵地带，留下了丰富的旧石器文化遗存。

距今 8000 年前，天津先民已进入新石器时代并出现在蓟县山前平原地区。这些先民主要来自两个方向：一支来自辽西燕山以北地区，一支来自太行山东麓地区。两支人群在山前平原耕作、营造村落，并有了种植粟谷的原始农业。那时候，"天津平原"还是一大片海水。当冰川期结束，气候变暖，渤海海水最深侵入范围能达到现今的武清—沧州一线，淹没了渤海湾西岸的大片土地。

距今 6000 年前，海浸停止后，海平面回落，渤海湾西岸的陆地渐次向东推进。天津地区古代人类活动的空间从蓟州山坡逐渐向平川转移，并逐渐在由泥沙堆积而成的平原区域居住，进而又向南迁徙到宝坻北部或东南方的汉沽、大港一带。

最新的考古发现证实，天津南部的古遗址和古墓葬出土的物品具有燕国文化、齐国文化、赵国文化的特点。这些文物展示的地理文化说明天津南部在历史上曾被燕、齐、赵交替控制。而在天津北部出土的文物则有战国时期北方戎狄等游牧民族文化的一些特征。在宝坻出土的秦代城址文物双面秦印，一面印文是"泉州丞印"，另一面是"范阳丞印"。泉州为现今天津武清地区。这一考古发现证明了天津北部在秦代已被纳入行政管辖，同时也印证了天津文化源远流长。

公元 206 年，曹操为在平乌桓时保证幽州军粮运输而开挖平虏渠和泉州渠。这两条渠的开挖在沟通蓟运河（古鲍丘水）、满足运兵运饷的同时，也使天津平原的河渠交汇处有了作为航运中心的初步功能。

泉州（今武清区）是天津平原出现较早的城址，也是随着水网经济而出现的天津区域首个汉代行政中心。一千多年前的唐朝，为解决军需供应，要将粮食等军需物资由海路运抵渤海西海岸入鲍丘水（现潮河和蓟运河之间），再逆水运至渔阳。这条航路使用了近百年，泉州至军粮城区在唐代《通典》中被称为"三汇海口"，天津地区河海要冲的地位在唐代开始崭露头角。

金贞元元年（1153），金王朝迁都燕京，改燕京为中都，为保障首都军需民用，每年分两季进行漕运。大约在 1214 年，金王朝在今日的海河市区段设立了直沽寨（寨，是当时基层军事建制的名称），并派出都统和副都统镇守。此时，直沽寨成为距首都最近的漕粮转运枢纽和储备基地。天津地区的漕运自此开启。

1215 年，蒙古军事势力占领了中都。1272 年，中都改称大都，今日的北京成为元帝国的京师，津沽一带成为元朝的门户之地。

1316年，元朝在此设立海津镇。

朱棣发动"靖难之役"夺得皇位后，因直沽为海运商舶通达之地，遂在直沽筑城，设左、中、右三卫，并赐名天津。明王朝迁都北京后，天津在漕运和仓储中的地位日益重要。尤其在明末，东北地区的后金政权大举攻明，天津的军事地位愈显突出。

清王朝建立后，先是于雍正三年（1725）将天津卫改为天津州。同年，又升天津州为直隶州，辖武清、青县、静海三县。从此，天津由军事建制转变为地方行政建制。雍正九年（1731）又升州为府，下辖天津、青县、静海以及沧州、盐山、南皮、庆云等一州六县；光绪二十八年（1902）直隶省城改为天津，天津的城市地位进一步提升；1928年，南京国民政府设立天津特别市；1930年，天津特别市改为天津市，直属南京国民政府行政院管辖；新中国成立后，天津被定为中央直辖市；2021年，天津被列为超大城市。

在漫长的文明发展和文化沉淀过程中，天津逐步形成了三个明显的连贯至今的文化群落：以古贝壳堤和蓟州独乐寺为标志的古文化群落；以建卫设州为标志的明、清历史文化群落；以19世纪下半叶天津开埠为标志的浓缩中国百年发展历程的近代历史文化群落。其中以近代百年的文化发展最为醒目。

自1861年以来，天津进入了在艰难中求变、在困顿中启蒙的发展历程。在悲愤中顽强崛起，在挑战中寻求机遇，在碰撞中快速发展。这段一直影响到现在的进程，几乎浓缩了中国清末民初跌宕起伏、悲愤交加、可歌可泣的岁月，堪称观察中国整个近现代历史进程的窗口。

目　录

1895 年，清政府挽救危局的文、武两大举措——成立北洋大学和小站练兵几乎在同一时间进行，并且不约而同地把地点选择在天津这座城市。前者标志着中国近代大学的正式创立，后者标志着中国近代陆军的正式成型。

第二次鸦片战争后，直隶总督府虽设在保定，但直隶总督在大部分时间里却是在天津办公。不论是李鸿章的洋务运动还是袁世凯的新政改革都选择在天津进行。清末民初（1860—1937）的 70 多年中，有 112 项涉及国计民生的重要领域和行业都是在天津首创。70 多年中，天津由一个普通的府县级中小城市一跃成为全国第二、北方最大的工商业城市。

从金朝迁都北京到天津前身的直沽寨；从明成祖迁都北京到天津建卫筑城。几百年来，天津城市发展的轨迹始终伴随着北京都城地位的变迁。从明代开始，天津就成为北京名副其实的东大门，在 600 多年中，特别是近代以来的 180 多年中，天津用自己的血肉之躯一次又一次捍卫着北京的安全，成为近现代史上有名的卫城。

在华北甚至是中国北方，天津无疑是水系最为发达的城市，永定河、大清河、子牙河、南北运河都在天津汇集，甚至黄河也一度在天津奔流。在众多河流的塑造下，天津的海岸线不断向东迁移，而盐运、漕运和海运也随着四通八达的河网逐步发展起来。河水不仅塑造了整个天津平原，还直接推动了整个城市的发展。天津堪称一座水上漂来的城市。

第二次鸦片战争后，天津被迫开埠，随着《天津条约》《马关条约》《辛丑条约》的签订，昔日的八国联军中的八国和比利时共九个国家分三批在天津设立租界，天津至此成为九国租界的所在地。九国租界的形成，在给天津带来了教堂、学校、工厂、西餐等西方文化和西方生活方式的同时，也给天津带来了入侵的枪炮声，中西文化在此经历了激烈的碰撞，成为海河两岸挥之不去的记忆。

清末民初，天津成为中外名人、要人的聚集之地，晚清重臣曾国藩、李鸿章、末代皇帝溥仪，著名的维新派人士梁启超、推翻帝制的孙中山、复辟帝制的张勋、美国后来的总统胡佛、北洋系军阀袁世凯、冯国璋、曹锟、孙传芳以及张学良等都曾在天津长期居住或活动。清末民初的天津为何会成为全中国风云际会的场所？

由于运河和码头的存在，天津最早的经济形式以商业为主，而漕运和盐运又加重了这种城市属性。随着列强的入侵和天津卫城属性的不断增强以及海上贸易的增多，天津的军事工业、制造业、金融业、外贸业的比重逐步加大，最终在 20 世纪初发展成为北方最大的工商业城市和海港城市。至今，天津仍然是京津冀经济圈内最重要的商业城市、港口城市以及西北、华北、东北地区重要的物资交换中心和物流枢纽。

在中国众多大城市中，只有天津和北京将中国两项最巨大的人工工程——长城和大运河紧紧地联结在一起，而天津还拥有海港甚至曾独自拥抱过黄河。因而运河文化和军事文化成为天津文化最早的源头，随之而来的码头文化、盐业文化、移民文化、商业文化、金融文化、工业文化、西洋文化、港口文化、民俗文化都是在这两种文化之后逐一派生的。

天津的灵魂在于水，天津的灵动也在于水，天津的水文环境为北方独有，全国少有。天津的文化应该成为典型的北方水乡文化，天津的每一个局部都应该成为别致的水边绿洲，每一处水景都应该映射出水乡田园的精神境界。而从天津近代百年的发展历程看，天津无疑是观察中国近现代历史的最好窗口。

第一章

文、武北洋

1895 年，清政府挽救危局的文、武两大举措——成立北洋大学和小站练兵几乎在同一时间进行，并且不约而同地把地点选择在天津这座城市。前者标志着中国近代大学的正式创立，后者标志着中国近代陆军的正式成型。

1895 年深秋，一份公文在京津两地用 400 里快马急速传送。

这一年的农历五月，光绪皇帝下谕，提出创立新式学堂，并严令各省将军督抚"就本省情形与藩臬两司暨各地方官悉心筹划，酌度办法，文到一月内分析复奏"。

时任天津海关道的正是日后被称为"中国高等教育之父""中国实业之父"的盛宣怀。他接到上谕后，响应光绪皇帝的"强国诏"，立即与在津的美国教育家丁家立商讨草拟了《拟设天津中西学堂章程禀》。正当他准备将此提案上报时任直隶总督兼北洋大臣的李鸿章时，李鸿章的职位发生变动，于七月初九（8 月 28 日）调入内阁。盛宣怀于是又于八月初一（9 月 19 日）重新将新拟定的章程上报新任直隶总督、北洋大臣王文韶。

上任不足一月的王文韶接到盛宣怀的上奏后，深感这份奏章的重要。接报后立即将奏章进行了修改，择要改拟为《津海关道盛宣怀创办西学学堂禀明立案由》，于八月十二日（9 月 30 日）上奏。

仅仅两天后的八月十四日（10 月 2 日），光绪皇帝就御笔亲批了这份奏章。清宫档案对此有明确的记录，《德宗景皇帝实录》载：

"直隶总督王文韶奏章海关道盛宣怀倡捐集资创办西式学堂。"《清军机处随手档》载："硃批王折报四百里马递发回。"

光绪皇帝御笔亲批直隶总督的奏章后，中国建立了第一所真正意义上的大学，而10月2日也成为北洋大学（今天津大学）的校庆日。

从光绪皇帝发出上谕到北洋大学成立，天津海关道盛宣怀的酝酿只用了两个多月，直隶总督修改奏章只用了12天，而光绪皇帝只用了两天便完成了这份奏章的批复，这样的速度在封建时代的中国显得超乎寻常。

追踪历史的脚步就会发现，北洋大学之后的中国第二所大学南洋公学（今上海交通大学和西安交通大学的前身）是在一年之后的1896年才在上海成立的。而第三所大学京师大学堂（今北京大学的前身）直到三年之后的1898年才在北京成立。由此可以看出，北洋大学的迅速成立，反映了晚清天津城市迅速发展的脚步。

1895年，在中国历史上是一个风急浪高的年份。这一年，世界上第一部电影在法国诞生；在中国，日后推翻清廷的兴中会在这一年成立。而这两件事在当时并不为大多数人所知晓。引起举国关注的是另外两件事：北洋水师的全军覆没和中日《马关条约》的签订。北洋水师战败和《马关条约》签订的消息传来，举国震惊。在京师，康有为代表一千多名应试举人发起了"公车上书"；在地方，各省督抚皆大惊失色，急思良策。光绪皇帝的上谕尚未下达，天津海关道盛宣怀已苦思甲午海战失败的教训，与身在美国的教育家丁家立酝酿筹办新式高等学堂，并在后来的奏章中提出"自强首在储才，储才必先兴学"的主张。

1895年，在天津还有一件大事发生。这件事的发生和发展同样深刻地改变了中国近现代历史的进程。不过这件事在当时并没有引起世人的广泛关注，而是以一种静悄悄的方式在秘密进行。

这年冬天，日后大名鼎鼎的袁世凯移驻天津小站开始了历史上著名的"小站练兵"。

最早进驻小站的并不是袁世凯。甲午战争后，清政府痛失北洋水师，痛感旧兵制难以应对强敌环伺的局面。为了维护其统治，决定效法西方的军事体制，训练新军，命令广西按察使在天津马厂编练"定武军"。1895年10月，移至原淮军屯驻地小站，"小站练兵"自此开始。12月，袁世凯从浙江北上天津接手督练事宜。

世纪交替之际，清政府挽救危局的文、武两大举措几乎在同一时间选择了同一地点——天津。

19世纪末的天津，几乎成为全中国最为煊赫的地方。晚清名人崇厚、曾国藩、李鸿章、盛宣怀、袁世凯先后在这一时期在天津登场。

给天津带来重大转折的是第二次鸦片战争。

第一次鸦片战争结束后，英、法等国的侵略重心在东南沿海；第二次鸦片战争结束后，外国侵略的重心已从东南沿海移至京师附近的天津。天津在两次海战失利后被迫成为通商口岸，向列强开放。

《天津条约》和《北京条约》签订后，天津被迫开埠。西方传教士开始到天津各地租买土地、修建教堂。与此同时，西方资本和势力也像潮水一般涌入天津，天津迎来自立市以来最剧烈的变化。

1861年1月13日，恭亲王奕䜣、大学士桂良、户部左侍郎文祥联合向皇帝奏请"南北口岸，请分设大臣"，建议将长江以北的奉天之牛庄、直隶之天津、山东之登州单独设三口通商大臣进行统一管理。当月底，崇厚即由长芦盐运使改授三口通商大臣。

同治九年（1870）八月，李鸿章任直隶总督兼北洋通商大臣。清末民初历史上最重要的政治地理名词"北洋"自此隆重登场。北洋一词从地理上讲，专指渤海、黄海、朝鲜半岛附近。而北洋之说最早出现在宋朝，当时主要指黄海、渤海区域。到清朝1791年至1821年间，以上海吴淞口为界，长江以北的海域皆为北洋，是包括江苏、山东、直隶等各口岸的地域概念。而长江口以南的东海、南海地域则统称为南洋。在清朝和民国时期，"南洋"一词还特指东南亚地区，那时候华侨去东南亚谋生也被称为"下南洋"。盛宣怀1895年在天津、1896年在上海建立的两所大学分别称为北洋大学和南洋公学就是根据清末对北洋和南洋的地域定义而来的。

与北洋、南洋相对应，西洋在明、清时期特指马六甲以西的印度洋地区，包括欧洲甚至更远的地方，清朝时一度特指欧美国家。与西洋相对应，东洋专指日本。中国人对"四洋"的划分，实际上反映了当时中国应对航海时代到来的地域心理状态。

李鸿章入主北洋，拉开了清末民初的北洋时代，北洋一词逐渐由地理概念延伸为政治概念。李鸿章出任直隶总督兼北洋通商大臣的当年，三口通商大臣衙门同时改为北洋通商大臣衙门。从此以后，北洋水师、北洋军阀、北洋政府等政治名称依次登场，成为清末民初海内外的热词。

1895年在天津同时建立的"文、武北洋"，对清末民初的政局甚至对中国的近代史都产生了巨大的影响。

北洋大学堂的首任督长（校长）为盛宣怀，首任总教习为美国人丁家立。这两个创办人的身份背景在很大程度上决定了北洋大学早期的办学方向和特点，并在很大程度上影响了随后中国的高等教育。

盛宣怀一生因创办北洋大学和南洋公学而被后人誉为"中国高等教育之父"。但与这个身份相比，他还有另外几个更为引人瞩目的身份：他不但是晚清洋务派的代表人物，还是著名的官办商人，其商业和实业影响就连著名的徽商代表人物胡雪岩也望尘莫及，他甚至被后人誉为"中国实业之父""中国商业之父"。

盛宣怀的官商身份和实业家身份很自然地影响到他一手创办的北洋大学。北洋大学从创办的第一天起就具有十足的官方背景和官办特征。

北洋大学当年的办学经费每年需银 52000 余两，这笔经费由天津海关、电报局、招商局共同出资，而这几个单位当时正是由盛宣怀所控制。

盛宣怀一生经历传奇，成就非凡。作为洋务派的中坚和"中国实业之父"，他一生创造了 11 项"中国第一"：第一个民用股份制企业轮船招商局；第一个电报局中国电报总局；第一个内河小火轮公司；第一家银行中国通商银行；第一条铁路干线京汉铁路；第一个钢铁联合企业汉冶萍公司；第一所近代大学北洋大学堂；第一所高等师范学堂南洋公学；第一家勘矿公司；第一座公共图书馆；近代中国最早的慈善机构中国红十字会。

盛宣怀创办北洋大学并任职天津海关道，而电报局和招商局正是由其一手创办的。由于他的洋务和实业特征，北洋大学最早的课程设置大都与洋务与实业相关联。当时的北洋大学在学堂内设头等学堂和二等学堂。头等学堂分为法律、矿冶、土木工程、机械四大学科，开设 40 多门课程；二等学堂为大学预科，设英文、数学、地

舆学、各国史鉴、格物论等 20 多门课程。这些课程很多都与盛宣怀当时所从事的洋务与实业相关。

丁家立生于 1857 年，他在美国达特茅斯学院毕业后，进入欧柏林大学研究院，获得神学硕士学位。1882 年，25 岁的丁家立来到中国，在山西省太谷县传教，当时这里是晋商的重要聚集地。丁家立在这里曾力劝当地富绅捐资兴学，但收效甚微。1886 年，他脱离了所属的美国公理会，改以学者的身份到天津从事文化活动，并在天津领事馆担任副领事。他的这个身份具有一定的美国官方背景，也使他日后在中国的大学任职时能在很大程度上得到美国官方的支持。北洋大学成为中国最早的留学生输出地，在很大程度上既和北洋大学把资助学生留学作为培养高级专门人才的宗旨有关，也和丁家立的身份背景有关。

1901 年至 1907 年，中国官费留学生总计有 100 余人，其中，北洋大学堂占半数以上，我国第一批留美大学毕业生多出自北洋大学。

从 1906 年至 1914 年，北洋大学 9 年资送留学生 4 批，总计 57 人（包含自费 5 人），其中赴美 44 人。

丁家立出生于美国波士顿，而波士顿正是美国历史上第一所大学哈佛大学的所在地。丁家立被聘为北洋大学堂总教习后，以美国哈佛大学、耶鲁大学的学制为蓝本，在学堂内设头等学堂和二等学堂。其课程设置、讲授内容，均以哈佛、耶鲁大学为标准，培养出来的学生可以不经考试直接进入哈佛、耶鲁大学研究院深造。清末及民国时期的一些著名人物多为丁家立本人护送至美国留学的高才生。许多北洋大学毕业的留学生后来都成为中国学术界、科学界、工程

北洋大学堂外景

界的杰出人才。

盛宣怀和丁家立创办北洋大学，对日后的中国高等教育具有极其重要的意义。

北洋大学堂是我国政府行使教育主权创办的第一所国立大学。北洋大学堂的建立经过了清政府批准，由光绪皇帝亲自手谕批复，学堂历任督办（校长）均由清廷任命，由天津海关道兼任，其办学经费也由国家拨付。这在很大程度上保证了北洋大学的权威性、示范性和高规格的特征。

北洋大学在建校之初就定位为：以适应国家需要，以法、工科为主的综合性大学。其创办时开设的学科全部为当时国家培养急需的高级专门人才所需的学科。创办之初所设的四个学门：律例（法律）、工程（土木建筑水利）、矿物（采矿冶金）和机器（机械制造和动力）

全部为当时的洋务外交、工业制造业、矿山开采、基础建设所急需。学校成立两年后，因铁路建筑工程所需要又增设了铁路专科；1898 年，应芦汉铁路的需求，又为其设立了铁路班；1900 年，根据当时大量中、小学堂的成立和出国留学人员的增多专门增设了师范班和外语班。体现了北洋大学"兴学救国"的建校宗旨。

北洋大学办学以美国哈佛大学为蓝本。哈佛大学不论在当时还是如今，在全球高等教育体系中都位列前茅。这种特点使得北洋大学从建校之初就瞄准了全球最高水平，起点高，水平高，教学非常严格。教学内容和教科书都参照或直接使用哈佛大学或耶鲁大学的教科书，使得学生从入学起就具备与西方大学生同水平学习竞技的优势。

据北洋大学校史记载和学生的回忆，当时的北洋大学延聘教师和招收新生都非常严格。多聘请有真才实学的洋教习用外语授课，汉语教师大多是国内鸿儒。头等学堂和二等学堂各分为四个班，每班招收 30 人，各学堂规模保持在 120 人。首批学生从天津、上海、香港等处已开办的中等学堂的毕业生中招考。如 1895 年头等学堂在香港招生，应考者一千余人，只录取了十余人。成长于清末民初的著名经济学家马寅初、著名法学家王宠惠、著名医学家刘瑞恒、著名数学家秦汾、著名银行家钱永铭皆出自北洋大学。

北洋大学的创建是中国教育史上的一座里程碑，也是中国大学教育的发端，成为近现代中国许多大学的楷模。

1896 年 2 月 18 日，也就是北洋大学创建四个多月后，两江总督刘坤一致电盛宣怀："闻公在津新设学堂，章程甚佳，即祈抄示全卷，以便将来仿办。"表达了向北洋大学学习办学经验的意愿。

同年，盛宣怀在上海创办南洋公学就充分借鉴了北洋大学堂的办学经验。

在北洋大学堂的示范作用下，光绪二十四年（1898），清政府终于下定决心，在北京成立了京师大学堂。

光绪二十七年（1901）九月，"庚子事变"平息后，清政府进一步发布命令："除京师已设大学堂，实行整顿外，着各省书院，于省城均改设大学堂。"当年，时任山东巡抚的袁世凯即奏设在济南成立了山东大学堂；第二年（1902年），山西巡抚岑春煊在太原成立了山西大学堂；河南巡抚锡良奏设成立了河南大学堂。自此，各省大学堂如雨后春笋般先后设立，而这些新成立的大学堂无一例外地都将北洋大学作为重要参照。

以北洋大学的成立为标志，天津用了差不多十年时间在国内形成了较早的和比较完整的近代新式教育体系。至1905年前后，天津已形成多种办学形式和多层次、多类型的办学局面。从办学形式看，有公立的，如北洋大学堂（国立）、直隶高等工业学堂等；有官立的，如天津官立中学堂、天津官立第一女子小学堂等；有民立的，如民立第一小学堂等；有教会办的，如新学书院等；有租界办的，如德华中学堂、日出学馆等；还有私立的，如天津县私立第一中学堂、严氏蒙养院等。

从纵向上看，到1905年，天津基本上形成了一个从蒙养院、初等小学堂、高等小学堂、中学堂、高等学堂到大学堂逐级递增的多层次办学体系。从横向上看，此时的天津已形成了一个以普通教育为主，兼具师范教育、专门教育、实业教育、半日教育、业余教育等多类型的办学体系。这些较为完善的教育体系不仅有力支持了

当时天津快速崛起的工商业，还为天津未来几十年的城市发展奠定了基础。

北洋大学堂的建立，也使直隶新式教育体系趋于完善，使直隶成为全国第一个完全具备新式教育体系的省份。据《天津县新志》载：天津在清末新政时期共有大学堂1所、高等学堂3所、中学堂7所、男小学堂89所、女学堂23所（包括中小学）、其他各类学堂24所、蒙养院3所、外国人创办的学堂6所，共计156所。由此可见，直隶地区正是因为北洋大学堂的成立，才形成了集大、中、小学堂于一体的完整教育体系。

1904年，清政府颁行"癸卯学制"。这是中国近代由国家颁布的第一个在全国范围内推行的系统学制。尽管当时北洋大学在学科上尚不完善，但它在办学结构、学门设置和课程的安排上却早于癸卯学制。由于北洋大学从成立起就面向全国招生，并设立了留学的专门机构，所以在国内外都产生了广泛影响。北洋大学的办学实践不仅对癸卯学制的制定起到了一定的推动作用，还为其提供了可资借鉴的经验。

北洋大学对中国高等教育的独特贡献持续了半个多世纪。

1951年9月22日，北洋大学与河北工学院合并，定名为天津大学。1952年，全国高校进行院系调整，此时的天津大学共设有土木、水利、采矿、纺织、冶金、机械、电机、化工、地质、数学、物理11个系。这一年，天津大学数学系、物理系并入南开大学。作为中国创办最久的大学，天津大学在此后陆续参与和援助了新中国成立后众多新型大学的成立和组建：

抽调地质组参与组建北京地质学院（现中国地质大学）；

天津大学（原北洋大学）主楼

抽调冶金系、采矿系金属矿组为主体组建北京钢铁学院（现北京科技大学）；

采矿系采石油组并入清华大学石油工程系（现中国石油大学）；

航空系并入清华大学航空学院（现北京航空航天大学）；

采矿系采煤组调至中国矿业学院（现中国矿业大学）；

水利系农田水利及土壤改良专业调至武汉水利学院（现武汉大学水利水电学院）；

土木工程系测量专业调至武汉测绘学院（现武汉大学测绘学院）；

矿冶工程系调至唐山成立河北矿冶学院（现华北理工大学）；

纺织工程系调出成立河北纺织工学院（现天津工业大学）；

化学工程系造纸专业调往天津轻工业学院（现天津科技大学）；

抽调电信系为主体组建北京邮电学院（现北京邮电大学）；

1958年，国家又从天津大学抽调力量重新组建河北工学院（现河北工业大学）；

1978年，天津大学陆续建立了四个分院，其中天大一分院、二分院、三分院成为了天津理工学院（现天津理工大学），四分院（天津大学建筑分院）成为了天津城市建设学院。

由此可以看出，新中国成立后京、津两地许多高校的筹建，都有天津大学参与的身影，这也是这座百年名校对中国高等教育的独特贡献。

中国晚清的历史错综复杂，这种复杂在很大程度上是由晚清历史名人的复杂关系构成的。而天津这座年轻的城市则成为清末民初许多名人表演的舞台。

共同筹办北洋大学的盛宣怀和丁家立因洋务运动而在天津相识。彼时，盛宣怀任职天津海关道，而丁家立则在天津美国领事馆担任副领事。在天津，他们有一个共同的好友叫李鸿章。

1870年，乡试落第的盛宣怀进入李鸿章幕府，成为李鸿章开展洋务运动的得力助手。此时的李鸿章刚刚就任直隶总督兼北洋通商大臣，而天津则成为两人办理洋务的主要基地。从此以后，盛宣怀以李鸿章为依靠，全力帮助李鸿章创办洋务企业，并逐步创立了自己的商业帝国；而李鸿章也借力盛宣怀在晚清"四大中兴名臣"（曾国藩、左宗棠、李鸿章、张之洞）中脱颖而出，成为晚清的"中流砥柱"。在李鸿章和左宗棠两人的争斗中，盛宣怀协助李鸿章击败了左宗棠和胡雪岩。1882年的生丝商战中，盛宣怀殚精竭虑、上下其手，最终使胡雪岩血本无归，左、胡联盟自此一败涂地。三年后的农历七月，左宗棠在福州病逝，同年十一月，胡雪岩在贫恨交加中郁郁而终。至此，盛宣怀协助李鸿章主导了大部分的洋务运动和洋务企业。1886 年，丁家立到达天津，在担任美国领事馆副领事的同时，在天津英租界开办了中西书院，自任院长。中西书院招收学生数十名，因讲授西学而为人瞩目。一时间，津门官宦、富商大贾的弟子争相进入这所学校读书。在这些入学的学生中就有李鸿章的儿孙，丁家立自此和李鸿章相识。丁家立开办的这所书院是外国人在中国开办的第一所不带宗教色彩的学校，也是天津近代最早的新式学校之一，社会声誉较高，不仅得到了直隶总督李鸿章的支持，也得到了天津海关道盛宣怀的赞赏。由此，丁家立也和李鸿章、盛宣怀这些洋务大员及津门的富豪、名流往来密切，成为好友。李鸿章、盛宣怀与丁家立商讨在天津创办大学时，丁家立不仅热情很高而且胸有成竹，不仅和盘托出了切实可行的详细规划，并且自告奋勇承担了具体的筹办事宜，同时还答应从美国聘请一些高水平的教授。光绪皇帝下谕提出创立新式学堂时，天津之所以在极短的时间内就拿出了创办新式学堂的整套章程方案，和李鸿章、盛宣怀、丁家立等人事先的筹划是分不开的。实际上，李鸿章也是创办北洋大学的主要支持者。

1905 年，中国的大地上又有三件大事发生。这一年，清政府正式废除科举制度；孙中山在日本成立了同盟会；日俄在中国东北的战争宣告结束。而这三件事不约而同地和一个人的命运密切相关，这个人就是清末民初政治舞台上举足轻重的人物——袁世凯，而袁世凯一生的发迹和崛起又和天津密切相关。

1905 年，即北洋大学成立 10 年后，在中国历史上存续了将近 1300 年的科举制度被废除。这一年的 8 月 31 日，由直隶总督袁世凯领衔，盛京将军赵尔巽、湖广总督张之洞、两江总督周馥、两广

总督岑春煊、湖南巡抚端方等一批地方开明重臣联名上奏，请清廷痛下决心，废除科举考试制度。

在客观形势的压力和众多重臣的推动下，清廷终于下定决心，在众大臣上奏仅仅两天后便发布了停废科举的上谕。科举考试停止后，全国各地的新式学堂如雨后春笋般涌现出来，留学生的数量也急剧增多。许多留学生后来成为革命党或新军的主力。

几乎在废除科举的同时，以孙中山为总理的中国革命同盟会在日本东京成立。同盟会成立后即成为推翻清廷的主要力量，日后成为袁世凯的主要对手。

而就在这一年的 1 月 1 日，驻守中国旅顺的俄军向日本投降，历时两年的日俄战争结束。

日俄战争是日本与俄国为争夺朝鲜半岛和满洲的控制权而在中国的土地上进行的一场帝国主义战争。日俄战争引发了俄国和日本的剧变，进而引起中国社会的剧变，并在很大程度上改变了袁世凯的命运。

日俄战争以俄国的失败、日本的惨胜而告终。俄国在战争中的失败导致了 1905 年革命的爆发，动摇了沙皇的统治并最终引发了推翻沙皇政权的十月革命。而十月革命又给中国送来了马克思主义。日本在日俄战争胜利后野心大增，加强了对中国东北的争夺和控制，最终推出了灭亡中国的"二十一条"，进而引发了中国的五四运动。

对于袁世凯个人而言，1905 年最大的事件莫过于他在这一年正式完成了北洋六镇新军的编练，这一结果使得他在继李鸿章之后成为晚清政府中举足轻重的人物。

袁世凯的一生与李鸿章和天津有扯不断的联系。

袁世凯出生于河南项城的一个大家族，他的叔祖袁甲三官至漕运总督，曾参与镇压太平军和捻军，这个经历和李鸿章极其相似。袁世凯生于1859年，5岁时便过继给叔父袁保庆。袁保庆曾于1858年中举，后来跟随叔父袁甲三在鄂豫皖苏一带镇压捻军，因战功被授江宁盐法道（二品）。袁保庆在跟随袁甲三镇压太平军时认识了淮军将领吴长庆，并"订兄弟之好"。袁保庆在南京时，吴长庆带兵驻扎浦口，两人来往密切。

吴长庆是安徽庐江人，和李鸿章是同乡。他的儿子吴宝初曾与谭嗣同等人因赞同"维新"而被人称为"清末四公子"。他的姐夫便是中国近代实业家、政治家、教育家、书法家、"江苏五才子"之一的清末状元张謇。

1861年，吴长庆奉曾国藩命令，在与太平军的作战中收复庐江，攻占三河，后奉曾国藩令创立淮军庆字营，以后逐渐成为李鸿章淮军中的著名战将。

光绪六年（1880）元月，吴长庆升任浙江提督，十月调任广东水师提督，还未赴任旋即被清廷调至山东帮办山东军务并节制山东四镇总兵，屯驻山东登州。此时的袁世凯正因两次科举乡试失利而苦闷闲游。因养父袁保庆和吴长庆的关系，袁世凯苦思之后于1881年10月前往登州投奔吴长庆。这是袁世凯人生中极为重要的一步。此时袁世凯的叔祖袁甲三、养父袁保庆、叔父袁保桓皆已去世，官场无人的袁世凯看中了吴长庆和他背后的力量。当时吴长庆幕府中囊括了张謇、周家禄等名士，而作为淮军著名的战将，吴长庆背后站着的，是整个淮军集团和时任直隶总督的李鸿章。

袁世凯投奔吴长庆的第二年，朝鲜发生壬午军乱，朝鲜有关方面请求清廷出兵平乱，袁世凯跟随吴长庆的部队东渡朝鲜平乱。袁世凯在此次平乱中一马当先，作战勇敢。兵变平定后，吴长庆在给朝廷的奏报中将袁世凯大大赞扬了一番，说他"治军严肃，调度有方，争先攻剿，尤为奋勇"，报以首功。随后，23 岁的袁世凯以帮办朝鲜军务的身份驻藩属国朝鲜，协助朝鲜训练新军，开启了袁世凯练兵的先河。

1884 年，朝鲜再次发生政变，驻朝日军亦趁机行动欲挟制朝鲜王室，袁世凯指挥清军击退日军，粉碎了日本趁中法战争之际谋取朝鲜的企图，推迟了中日战争爆发的时间，受到直隶总督兼北洋大臣李鸿章的高度重视。在袁世凯受到朝鲜王朝内部及国内多人攻击后，李鸿章力排众议，支持袁世凯继续留任。

1894 年，甲午战争爆发前夕，袁世凯化装成平民于 7 月 22 日从朝鲜逃回天津，随即又于 8 月 6 日奉旨前往辽东前线，协助周馥办理转运粮械、收拢溃卒等后勤事宜，一直到了次年 5 月才请假回到河南。在辽东前线的这十个月中，袁世凯目睹了甲午战争中清军兵败如山倒的惨状，萌发了用西法练兵的想法。

1895 年 6 月底，正当盛宣怀、丁家立等人筹划成立北洋大学之际，两江总督刘坤一，署理直隶总督、北洋大臣王文韶，赴日谈判头等全权大臣李鸿章三位封疆大吏联名上奏保荐袁世凯出山。由此光绪皇帝下旨命已回河南的袁世凯入京觐见。袁世凯被光绪皇帝召见以后，又在 8 月底以一份万言条陈呈送皇帝，提出了一个完整的革新纲领，其内容为储才九条、理财四条、练兵十二条、交涉四条，其中尤为重视练兵。在这份万言书中袁世凯不仅提出了具体的练兵主张，还草拟了编练新建陆军的章程，认为编练步兵应以德国为师。

他的主张得到了光绪皇帝和朝廷大臣的支持。

1895年12月8日，时任领班军机大臣和领班总理衙门大臣奕䜣、时任兵部尚书兼步兵统领荣禄等王公大臣联名奏请派袁世凯督练新建陆军。同日，光绪皇帝予以批准，袁世凯由此正式入主天津小站，开始用西法编练中国首支新式陆军。

今天的小站镇位于天津市津南区境内，地处天津市东南，位于天津咸水沽南约10公里，西距天津市中心20公里，东距塘沽天津港20公里，南距大港区10公里，是天津市区通往滨海新区的交通要冲。历史上这里东临渤海，位于大沽海防与天津城厢中间，系京津屏障，进能攻，退可守，乃历代兵家屯兵之地。历史上这里还以盛产优质水稻"小站稻"而著称。

1870年，天津教案发生，英、法、美三国军舰集结大沽口，同治皇帝下诏急调李鸿章的淮军驰赴京畿驻扎。李鸿章出任直隶总督后将其亲军营——周盛传部的盛字军9000人从山西临汾调往天津，并于次年在马厂一带驻防，后来又在新城（今属塘沽）一带设防。

1874年，为了方便马厂和新城之间的驻防联络，在两地之间修筑了一条"马新大道"，沿途设立驿站，40里一大站，10里一小站。1875年，盛字军由马厂移至涝水套，这里是大沽以西的第五个驿站，军士们习惯将其称为小站，小站之名由此开始叫响。1953年，这里建镇，始称小站镇。

中国近代军事发展史上有两大突破，一次是曾国藩针对绿营兵的弊端，在军队编制、将弁选拔、兵勇招募方面，效仿明朝名将戚继光的束伍成法并加以发展，做了兵为将有的大胆尝试，使晚清军队发生了一次大的转折。这次转折后，以曾国藩为代表的地方私人

武装逐渐取代了日益腐败的八旗兵。靠着这几支新崛起的地方武装，清廷在付出巨大的军事代价后，平定了太平天国农民起义。另一次大的突破便是袁世凯的小站练兵。

袁世凯在小站练兵，以德国军制为蓝本。德国陆军是当时世界上最强大的陆军，袁世凯参照德国军制，制定了一套涉及中国近代陆军的组织编制、军官任用和培养制度、训练和教育制度、招募制度、粮饷制度的建军方案。这套方案基本上摒弃了以往八旗、绿营的旧制，甚至抛弃了当时仍在盛行的湘淮军旧制，特别注重武器装备的近代化和标准化，强调实施新法训练的严格性，首开中国近代创建新式陆军的先河。

袁世凯到达天津小站前，小站的定武军原有 10 营，共有步兵3000 人，炮兵 1000 人，马队 250 人，工程队 500 人，共 4750 人。袁世凯到达小站后，首先制定了《练兵要则》《营制》《饷章》《聘请洋员合同》等规章，对定武军进行整顿扩编。紧接着袁世凯从三个方面开始建设自己的军事班底：他先从自己在朝鲜时统率的庆军中挑选了一些宿将，同时吸收了一批北洋武备学堂的毕业生作为军佐，低级军官则通过考试录用。袁世凯通过这几种办法将军权牢牢控制在自己手中。

北洋武备学堂是中国近代史上最早的一所军官学校。这所学校是由直隶总督兼北洋大臣李鸿章于光绪十一年（1885）二月创办的，学堂的位置就位于天津大光明桥东河沿。

李鸿章起家于镇压太平天国，当时他是曾国藩的得力幕僚。受曾国藩委派，他在安徽安庆组织起一支精干队伍，这支队伍后来被人称为淮军，在与太平军和捻军作战中，淮军取得了重大胜利。在

小站练兵园

太平天国运动被镇压后，曾国藩自撤湘军，淮军和李鸿章因此而得到清廷的重用，李鸿章也因此被任命为直隶总督兼北洋大臣。

李鸿章创办北洋武备学堂最主要的目的是为了扩充其嫡系淮军的实力，改变曾国藩用中国传统文化练兵用兵的办法，学习西方的军事制度，改变清军只凭"血气之勇，粗疏之才"与敌作战的现状，以提高清军的战斗力。不过，李鸿章创办北洋武备学堂的最大受益者是袁世凯。从1885年北洋武备学堂创立到1900年被八国联军摧毁，15年间这个学堂共培养出1500多名毕业生，其中为袁世凯所用的就达130多名。几乎可以这样说，北洋武备学堂堪称小站练兵的基础和前奏。

我们可以比较一下从北洋武备学堂和小站练兵场走出的民国风云人物，看一下二者的重合度有多高。

王士珍（1861—1930），直隶（河北正定）人，北洋三杰之一，历任陆军总长、参谋总长和政府总理等职。

段祺瑞（1865—1936），安徽合肥人，北洋三杰之一，历任陆军总长、参谋总长和政府总理等职。

冯国璋（1859—1919），直隶（河北河间）人，北洋三杰之一，历任第一军总司令、参谋总长、副总统、代总统等职。

曹锟（1862—1938），天津塘沽人，直系军阀首领，历任民国大总统等职。

段芝贵（1869—1925），安徽合肥人，历任黑龙江巡抚、拱卫军总司令、江西宣抚使兼第一军军长、京畿警备总司令、定国军西路司令等职。

陆建章（1862—1918），安徽蒙县人，历任广东高州镇总兵、广东北海镇总兵、广东高州镇第七协统领、警卫军统领兼北京军政执法处处长等职。

李纯（1874—1920），直隶人，民国时期军阀、陆军上将，曾任江苏督军。

李长泰（1862—1922），直隶武清县（今天津武清区）人，历任北洋第六镇协统、陆军第八师师长等职。

鲍贵卿（1867—1934），辽宁海城人，历任黑龙江、吉林督军、陆军总长等职。

陈光远（1873—1939），直隶武清崔黄口（今天津武清区崔黄口镇）人，历任陆军第十二师师长、京津警备副司令、绥远都统、江西督军等职。

王占元（1861—1934），山东馆陶（今河北邯郸）人，历任陆军第二师师长、保定警备司令官、湖北督军等职。

田中玉（1869—1935），直隶抚宁人，历任山东民政长、陆军第五师师长、陆军部次长、察哈尔都统、山东督军兼省长等职。

卢永祥（1867—1933），山东济阳人，历任陆军第十师师长、淞沪护军副使和护军使、浙江督军等职。

王怀庆（1875—1953），河北宁晋人，历任北京步军统领、京畿卫戍总司令兼第十三师师长、热河都统、热察绥三特区巡阅使等职。

以上这些人物都曾在北洋武备学堂教习或就读过。

我们再看一下从小站练兵场走出来的民国风云人物。据统计，民国时期共有5位总统、9位总理、30多位督军，都是出自袁世凯的小站练兵场。这些风云人物包括"北洋三杰"王士珍、段祺瑞、冯国璋，以及后来担任各省督军或巡阅使的李纯、曹锟、吴佩孚、王占元、陈光远、段芝贵、倪嗣冲、陆建章、张怀芝、张敬尧、田中玉、卢永祥、齐燮元、孙传芳以及著名的"辫帅"张勋及正牌翰林徐世昌。

从以上北洋武备学堂和小站练兵场走出来的民国风云人物履历的分析可以看出，李鸿章历经千辛万苦创办的北洋武备学堂成了袁世凯练兵起家的大本营。

袁世凯小站班底的成员大致来自三个方面：一是淮军的老人，二是袁世凯的故旧亲朋（如徐世昌），三是北洋武备学堂的教官和学生。

袁世凯接手小站练兵后，第一件事便是整顿和扩编。他派副将吴长纯等分别到安徽、河北、山东、河南等地精心选募兵丁2250人，分编为步兵2000人、马队250人。又派人到锦州等地选募骑兵300

人并购置马匹，加上原先的定武军总计 7300 人。为了和原先的定武军相区分，袁世凯把他亲自组建训练的这支军队改名为"新建陆军"，简称"新军"，表明这是一支和旧军队完全不同的军队。

事实也确实如此，袁世凯的"新军"和旧军队有着很大的区别：新军由步、炮、马、工程、辎重 5 个兵种组成；从国外购置了最新式的步枪、马枪和快炮等装备；部队的建制、训练、技术、战术、操典也完全模仿德国和日本。

和其他练兵者不同，袁世凯从小站练兵开始就非常重视军事教育和军官的培养。

袁世凯在小站一开始练兵就创办了自己的随营学堂。除了在步兵、炮兵、骑兵中创办随营学堂外，还开设了一所德文学堂，他模仿"北洋武备学堂"的名称，把自己创办的随营学堂统称为"行营武备学堂"。

1896 年初，袁世凯从招募的兵士中录取了识字者 234 人，80人学步兵，80 人学炮兵，24 人学骑兵，50 人学德文，各个学堂均聘请德国军官担任总教习，学期两年，毕业后，优秀者选送到德国或日本军校留学，这些人后来大都成为北洋新军中的高级军官，其他的学员毕业后则分派到各营担任下级军官。

袁世凯训练新军虽然在建制和操典上模仿德国，但在掌控军事将领方面却基本上照搬了曾国藩、李鸿章"兵为将有"的带兵方式。新建陆军的班底，有些是他的亲信旧部，如管理参谋营务处的徐世昌是他少年时的朋友；粮饷局的总办刘永庆是他的表弟，曾跟随他在朝鲜练兵；步兵右翼第二营统带吴长纯是他在朝鲜时的老部下，后任北洋第五镇统制；马队第一营的队官吴凤岭是袁家佣人的儿子，在朝鲜时任他的卫士，后任北洋第四镇统制。有的则直接来自北洋武备学堂的教习和学生，如炮兵营统带兼炮兵学堂监督段祺瑞，李鸿章曾专门派他到德国学习炮兵一年，后来成为袁世凯北洋系的重要骨干；督操营务处总办兼步兵学堂监督冯国璋本是秀才出身，从武备学堂毕业后留校任教习，曾任淮军将领聂士成的幕僚，参加过甲午战争，曾系统考察过日本军制，后被袁世凯重用，新建陆军训练操典多出自其手，是北洋系著名的军事教育家；督操营务处帮办兼讲武堂总教习王士珍，从武备学堂毕业后长期督办随营炮队学堂，曾经率领学生参加平壤战役，后由武备学堂总办荫昌介绍给袁世凯，成为袁世凯的骨干"北洋三杰"之一。除了这些教习者外，从武备学堂毕业的曹锟、张怀芝、段芝贵、王英楷、陆建章、李纯、王占元、刘承恩等都在新建陆军中任高级军官。淮军旧将中，很多由李鸿章和淮军其他将领推荐给袁世凯，如行营中军（相当于督练处总务长）张勋，步兵左翼翼长兼第一营统带姜桂题以及后来成为袁世凯重要智囊的阮忠枢等人。这些人后来都成为小站练兵的骨干以及袁世凯任直隶总督时期的重要干部和北洋新军的高级将领。

小站练兵和天津对袁世凯及北洋系将领都具有极其重要的意义，许多人一生都和天津以及小站有着千丝万缕的联系。

光绪二十三年（1897）七月，袁世凯因练兵有功，升任直隶按察使，只用了短短三年时间，他就从正四品升至正三品。

光绪二十五年（1899）五月，德军在山东日照等沿海地区滋扰，清政府准荣禄所奏,命袁世凯率新练成的军队以操练行军阵法为名，开赴山东驻防。六月，授袁世凯工部右侍郎；十二月，又命袁署理山东巡抚。从朝鲜归来到荣任封疆大吏，袁世凯只用了5年时间，其晋升速度已远超其同僚，而小站练兵的成就和政治上的机敏练达

是袁世凯能够快速晋升的主要原因，前者使他在一帮谀臣败将之中脱颖而出，后者使他取得了荣禄、庆亲王和慈禧太后的绝对信任。

袁世凯的进步并没有止步在山东巡抚的位置上，仅过了两年，光绪二十七年（1901）九月二十七日，晚清政坛大佬李鸿章病逝，袁世凯受命署理直隶总督兼北洋大臣，成为李鸿章的继任者，这一年，袁世凯刚刚 42 岁。

直隶总督的位置在晚清政坛非比寻常，它的班次要高于两江总督和湖广总督，曾国藩、李鸿章等人都是用了几十年时间才到达这一位置，而袁世凯从小站练兵开始，只用了短短 6 年时间就实现了这一目标，这在晚清政坛堪称奇迹。

袁世凯晋升如此神速显然和小站练兵有关。

袁世凯在小站练兵的第二年，荣禄也开始了练兵。他向朝廷奏请成立"武卫军"，自己招募一万人在北京的南苑编练，号称武卫中军；以直隶提督聂士成的武毅军一万五千人为武卫前军驻芦台；以甘肃提督董福祥的一万二千人为武卫后军，驻蓟州；以四川提督宋庆的一万二千人为武卫左军，驻山海关内外。此时荣禄的身份是兵部尚书兼步兵统领、总理衙门大臣，是袁世凯的顶头上司。

袁世凯的新建陆军驻小站，被荣禄定为武卫右军，一开始只有七千多人，后来扩编至近一万人，但即使这样，在组成"武卫军"的五支部队中，袁世凯的新军也是人数最少的一支。但 1900 年的"庚子之乱"，武卫军的中、前、后、左四军几乎全部溃散，只有袁世凯统领的武卫右军完整地保存下来，兵力不仅没减少，还扩充到一万九千六百多人，相当于两个混成旅的兵力，成为当时一支强大的军队。

　　"庚子事变"后武卫军几乎全体覆灭而独有新军存活，从一个侧面证实了袁世凯小站练兵的成果。而袁世凯处理山东事件的结果则显示出袁世凯审时度势的杰出能力。

　　袁世凯上任山东巡抚时面临着三方面的巨大危机：他既要防止德军借保护胶济铁路之名将势力渗入内地；又要迅速剿灭义和团，安定社会秩序，不给列强军事干涉山东留下借口；同时还得严防义和团的势力向南方蔓延，为两江地区和湖广地区构筑屏障。这三个方面有一个处理不好都可能断送他的前途。结果袁世凯不但完成了以上任务，还利用清剿义和团的机会扩充了军队。这其中小站新军发挥了关键性的作用。

　　成为直隶总督的袁世凯此时在地位上已经超越刘坤一、张之洞等重臣成为汉人中的首辅大臣，这个地位即使是当年炙手可热的曾国藩、李鸿章也难以企及。在湘军沉沦、淮军战败、荣禄的武卫军几乎解体的情况下，袁世凯的武卫右军成了朝廷唯一可以依靠的劲旅。慈禧太后从西安返回北京后，袁世凯从军中挑选一千精锐组成紫禁城卫队，同时他还派兵接管了京、津和华北地区的防务。这些举措使他的政治地位迅速提升，此时的袁世凯已成为控制京、津地区军事力量的实际首脑。

　　中国近代著名军事学家蒋百里对袁世凯在庚子年间的作为有过一番意味深长的评价："若以小站军人之有大功于国家者，未若在阻拳匪南下一事。直隶山左，究皆瘠地，且交通不便，若拳匪之祸延及长江流域，则中国之损失当有数倍于庚子赔款者。长江互保条约之能成，袁氏扼山东之功也。"

　　小站练兵几乎倾注了袁世凯的全部心血，而小站训练出的新建

陆军日后也发展成了袁世凯的嫡系部队。靠着这支部队，袁世凯的势力逐渐从军事领域扩展到政治、外交领域，成为晚清继李鸿章之后最重要的政治人物。而天津小站也成为那个时代最著名的"网红打卡地"。大清帝国晚期，近代欧洲列强，也就是德国、英国、法国等国家，他们当时印刷的中国地图上都会标注一个叫作小站的镇子，这是当时欧洲列强的地图上唯一被标注的中国小镇。

操练新军是甲午战争之后中国最前卫最时尚的职业。袁世凯从朝鲜回国后的大部分时间都是在京城奔走，结交各类权贵，最终将练兵权抓到自己手里，并一步步将练兵处发展为巨大的军事集团和政治集团，即后来人们熟知的北洋军阀和北洋政府。小站练兵场成了北洋军事政治集团名副其实的培训基地。

小站练兵开启了袁世凯掌控军队的历程，也开启了清政府新建军队的历程。北洋大学成立 3 年后，清政府开始在北京设立京师大学堂，下决心在全国推行新式高等教育；袁世凯小站练兵 8 年后，清政府启动了全国新练军队的计划。1903 年 12 月 4 日，清政府在北京设立总理练兵处，袁世凯兼任练兵大臣，从掌管 7000 人的新建陆军总教头到督练全国新军的最高指挥官，袁世凯只用了 8 年时间。

小站练兵揭开了清军编练的近代化序幕，在中国近代军制史上是一个重大的转折。袁世凯在训练新军中有着许多创新。如随军学堂、随军医院的创办；常备兵、续备兵、后备兵三种服役形式的设立；严格的招募、考核和严苛的纪律；不拘一格的引才手段；新式的军制、兵种、营规营制、饷章、操典；全新的装备等。从小站开始训练新军到任职山东时扩编武卫右军，再到任职直隶总督时编练北洋六镇，袁世凯用了差不多十年时间终于完成了军制改革的使命。从此，中国的军队进入了近代化进程。

1895 年，清政府挽救危局的文、武两大举措——北洋大学成立和小站练兵，几乎同一时间在天津落地。这两件在当时尚不显眼的事件，日后却愈发显得重要。由此折射出的晚清错综复杂的关系和由此引发的时局走向更让历史学家们辗转反侧，而天津这座城市在中国近代史的地位也由此令人刮目相看。

第二章

直隶总督

第二次鸦片战争后，直隶总督府虽设在保定，但直隶总督在大部分时间里却是在天津办公。不论是李鸿章的洋务运动还是袁世凯的新政改革都选择在天津进行。清末民初（1860—1937）的70多年中，有112项涉及国计民生的重要领域和行业都是在天津首创。70多年中，天津由一个普通的府县级中小城市一跃成为全国第二、北方最大的工商业城市。

挽救清朝危亡的文武两项举措之所以不约而同地选择了天津，和当时天津独特的政治、地理、军事位置以及两任直隶总督李鸿章和袁世凯密不可分。

　　直隶总督总管直隶地区的军民政务，其管辖范围包括今天的天津，河北大部分与河南、山东的一小部分。由于直隶地处京畿要地，直隶总督的地位和重要性一般也会高于其他地区的总督。从清雍正元年（1723）正式设立直隶总督至宣统三年（1911），188 年里共有 74 人出任直隶总督，其中有 38 人为实授直隶总督。历史上大名鼎鼎的李卫、孙嘉淦、王奇善、穆彰阿、文煜、崇厚、官文、曾国藩、李鸿章、王文韶、荣禄、袁世凯、端方都先后出任过直隶总督。不过，在所有这些总督中，对天津影响最大的莫过于李鸿章和袁世凯。

　　李鸿章和袁世凯是晚清历史上最著名的人物，对当时的时局都产生过巨大影响。只要细心研究一下两人的"朋友圈"，就可以透彻地了解他们对朝政的影响力。

　　李鸿章的长兄李翰章曾任两广总督，三弟李鹤章曾任甘肃甘凉兵备道，五弟李凤章曾总理江南机械局、两江营务，是隐密的江南

天津直隶总督衙门

首富，儿子李经迈曾历任江苏、河南、浙江等地的按察使，女儿嫁给了左副都御史张佩纶（张爱玲的祖父）。

而晚清重臣恭亲王奕䜣、曾国藩都是他的密友；盛宣怀、那桐、吴长庆、丁汝昌、唐廷枢都是他的得力部下；晚清史上赫赫有名的"老外"德璀琳、丁家立、戈登、汉纳根、那森、李提摩太、马根济都是他相交多年的"好友"。

袁世凯的"朋友圈"更为夸张，这位清末民初的"奸雄"人物，几乎把一大半民国重要人物发展成了自己的儿女亲家。

袁世凯一生共有一妻九妾，17个儿子，15个女儿。他的儿子们分别迎娶了湖南巡抚吴大澂、两江总督端方、民国内阁总理孙宝琦、民国陕西督军陆建章、天津候补道刘尚文、江苏巡抚陈启泰、直隶总督周馥、总统黎元洪、吏部尚书陆宝忠之女；而他的女儿们则分别嫁给了两江总督张人骏、民国内阁总理孙宝琦、日伪北京宪兵司令邹文凯、驻外国公使薛福成、陆军部尚书荫昌、吏部尚书陆宝忠、民国大总统曹锟之子为妻。

如此庞大"豪华"的朋友圈阵容,可以想见李鸿章和袁世凯对时局和天津的影响。

直隶总督府最早设在河北大名县,其职责是总督直隶等处地方,提督军务、粮饷,管理河道兼巡抚事。康熙八年(1669),直隶巡抚移驻保定,此后二百多年,保定一直作为河北省的政治中心而存在。不过,自从鸦片战争开始后,直隶总督的职责开始不断发生变化。

咸丰三年(1853),直隶总督兼管长芦盐政。第二次鸦片战争后,天津被迫开埠。1861年1月,恭亲王奕䜣、大学士桂良、户部左侍郎文祥联合向皇帝奏请,认为道光年间在广州、厦门、福州、宁波、上海等地因通商而设的钦差大臣已不能适应新的通商形势,建议在奉天(今辽宁)的牛庄、直隶之天津、山东之登州设立通商大臣,驻扎天津,专管三口事务,将长芦盐政裁撤,归直隶总督管理。同年,崇厚由长芦盐运使改授三口通商大臣。不过,此时通商大臣的职责并不包括外交事务。

同治九年(1870)八月,李鸿章被清政府任命为直隶总督兼北洋通商大臣,三口通商大臣衙门随即改为北洋通商大臣衙门,并和直隶总督天津行馆合署办公。随着通商事务的增多,清廷规定,直隶总督兼北洋通商大臣每年春节后可长驻天津办公,至十月冰冻无法行船时再返回保定直隶总督署办公。此时的天津已和保定平起平坐,成为直隶省的两个政治中枢和行政中心,俗称"双省会"。而此时,由李鸿章担任的直隶总督事权进一步扩大。李鸿章除负责直隶、山东、河南三省的军政事务外,山东、奉天两省的交涉事务也由其统辖。

北洋通商大臣衙门和直隶总督天津行馆合署办公后,李鸿章随即将直隶总督天津行馆重新修建,扩建后的行馆共有房屋四百多间,

远非一般的临时性行馆可比。从此以后，李鸿章经常在这里会见各级官员、外国使臣等中外人物。

光绪元年（1875），李鸿章受命督办北洋海防事宜后，直隶总督的权力再度扩大，除了一般的军政事务外，还兼管着通商、外交、海防，以后又进一步扩展到创办企业、创办学校等领域，管辖的范围已扩展至整个北洋地区，甚至辐射到南洋地区。

随着直隶总督长驻天津和职权的扩大以及李鸿章个人影响力的上升，天津北方洋务中心的地位逐渐确立，天津由此也迎来了快速发展的时期。

1865年到1894年，是中国历史上有名的"洋务运动"时期，也是中国人系统地"师夷长技"的开始。清廷中的洋务派利用西方的先进技术和设备，先后兴办了一系列新式军事工业和民用交通工矿企业。这是中国历史上第一次较大规模地引进外国技术。而天津在这一时期可以说是"洋务运动"的前沿和典型的舞台。

1865年，身为两江总督的李鸿章在上海创办了江南制造局，一年后，身为直隶总督的崇厚在天津创办了天津机器局。

1870年，李鸿章在接任直隶总督后又进一步兼任北洋大臣，除一般的军政事务外，还负责办理外交、通商、海防、关税和兴办近代工业等各项事务。从此以后，李鸿章这位洋务运动的核心人物在天津主持洋务运动，先后任直隶总督长达25年，在此期间，他和一帮同僚商讨推动对西方军事装备及海外实业技术的引进，使天津很快成为洋务运动的中心。

洋务运动是清廷自上而下的行为，洋务运动的主导者们大都参与了镇压太平天国和捻军的起义，在作战中亲身领教过"洋枪洋炮"

的威力，从而下定了"输入夷技"的决心，进而开始了以购买欧洲军事装备为先导的"运动"。天津作为北洋通商大臣衙门的所在地，又是北方重要的门户口岸，同时租界林立，这些因素使得天津比其他地方可以更快地接触"洋文化"，在清廷上下一片增强军备的呼声中，天津的军事工业迅速崛起，其主要任务是解决清军的装备问题和为海军配套服务。当时全国三个主要兵工厂的分工是：江南制造局以轻武器制造为主，金陵机器局以生产重型武器为主，天津机器局则主要生产火药和弹药，而大沽船坞的建立则主要是为了使北洋海军的船只能就近修理，不必远赴南方的船厂。

天津机器局和北洋水师的大沽船坞是李鸿章主导洋务时最看重的两个工厂。

1866 年，恭亲王奕䜣提出设立机器局，当时的兵部会议讨论时一致主张在天津设立工厂，建设事宜由当时的直隶总督崇厚具体办理。

崇厚最初在天津城南海光寺兴建的军火工厂，名字叫"军火机器总局"，其规模仅次于江南制造局。1870 年，李鸿章接管后改名为"天津机器制造局"。几经扩建后，生产的军火品种和产量不断增加，到 1877 年时产品有黑色火药、饼药、枪弹、前膛炮弹、各式拉火、各式手雷，成为当时中国最大和最先进的火药厂。1887 年，该局又新建了汽炉房、汽机房、分磨房、压药房、筛药房、分药房，规模又有扩大。由于天津机器局的不断发展，北京的神机营和朝鲜国先后派员工到天津学习军火制造技术，为此机器局还专门建立了习艺厂和朝鲜馆。

王文韶接任北洋大臣后，因天津机器局规模扩大，品种增多，供应各方军火，单以"天津"命名已不能反映其本来面目，遂于光绪二十二年（1896）经奏准将该局改名为"北洋机器局"。此时的北洋机器局常年雇用工人达3000多名。开办初期，只有黑药厂、铜帽厂，后来逐步建立了栗药厂、无烟药厂、枪弹厂、机器厂和炼钢厂，各厂配有成套的机器设备，能生产各种火药、枪弹和炮弹。这些军火主要供应北洋水师、直隶、热河、察哈尔、奉天、吉林、黑龙江、西北边防军和李鸿章的淮系各地驻军使用，在中俄、中法、中日甲午战争中，该局制造的军火被大量使用。

天津机器局除生产军火外，还承担船舶制造，从当时的文字记载上看，天津机器局曾制造过汽艇、挖泥船、水雷艇、潜水艇、军用舟桥、游船等。据光绪七年（1881）和光绪十三年（1887）的《捷报》记载，天津机器局还为直隶总督和光绪皇帝制造过游船。除了造船外，天津机器局还承担了北洋水师的军舰及运送赈粮、漕粮的轮船制造。

1900年，八国联军攻陷天津，天津机器局毁于战火。袁世凯接任直隶总督后，另外选择在山东德州进行重建，1904年重新开工，厂名仍用北洋机器局。

大沽船坞是李鸿章的另一项重点工程。1875年，清政府命令李鸿章筹办北洋海防，开始筹建北洋水师，并继福建马尾船政局、上海江南船坞之后，兴建中国第三所近代船厂"大沽船坞"。

兴建大沽船坞缘于北洋水师的创建。北洋水师是中国建立的一支近代化海军，同时也是清朝建立的四支近代海军中实力最强、规模最大的一支。1879年，李鸿章在天津设立海军营务处，负责主持筹建海军事宜。在筹建海军的过程中，从英国、德国购买了25艘旧军舰。由于所购军舰需要经常维修，往返上海、福州维修多有不便。

天津大沽船坞

为了使北洋水师的军舰能就近修理，1880年，李鸿章奏请在大沽开办"北洋水师大沽船坞"。

从1881年开始，大沽船坞开始承修北洋水师的各种军舰，同时也兼造船只，如小火轮、挖泥船等。从1884年开始，大沽船坞开始承修海防工程。主要维修大沽海口各营炮械及电灯工程，承建大沽海口南北两岸各炮台、铁门和旅顺工程局的一些工程。1890年，旅顺船坞建成后，大沽船坞除了继续修造舰船外，开始生产军火。1892年后又在船坞内设修炮厂兼造水雷，当时大沽口水域布置的水雷大部分由该厂制造。从此，大沽船坞成了一个修船、造船、生产枪炮的综合性军事基地。不仅是中国北方最早的船舶修造厂，也是当时一所重要的军火工厂。

1900年，大沽船坞被八国联军中的俄国水师占领，等到两年后清政府收回时，船坞已近于废墟一片。

北洋水师致远舰

　　洋务运动的推行，使中国第一次出现了以蒸汽机为动力的现代工厂，以精密测量为基础的标准化生产。天津生产的枪械，特别是弹药，供应着全国军队，特别是在甲午战争中为陆海军提供了主要的后勤支持。后期天津的洋务运动还扩大到民用领域，出现了官督商办、官商合办的企业，如轮船招商局、开平煤矿等，在铁路交通和邮电领域也走在全国的前列。

　　天津成为洋务运动的基地后，洋务教育也随之在天津展开。李鸿章为了培养能使用先进的科学技术和军事装备的人才，先后在天津创办了电气水雷学堂、北洋电报学堂、北洋水师学堂、北洋武备学堂、北洋医学堂等。从1876年起，天津先后向德、英、法、日、美等国选派留学生，而此时距中国最早的一批幼童赴美留学只过了四年。

　　电气水雷学堂是李鸿章于1876年创办的，该学堂附设于天津机器制造局。这也是中国的第一所水雷学堂，为中国培养了一大批水雷技术人才，为海军制造了铁舰、快船、鱼雷艇以及各种水雷，为中国早期的海军建设做出了贡献。

北洋电报学堂是李鸿章 1880 年在天津创办的。主要教授电学与发报技术，训练管报生，所有的毕业生都被分配到各地电报分局工作。该学堂原打算 1883 年后停办，因各地来函要求继续办下去，1886 年又在法租界紫竹林增建校舍，增聘法国、英国、丹麦教师，一直开办到 1895 年才告结束，为中国早期的电讯事业做出了重大贡献。

北洋水师学堂是中国第一所正规化的近代海军学堂，1880 年由李鸿章奏准成立，从 1881 年开始招收学生。该学堂由吴仲翔任总办，严复任总教习。后来，严复升任会办（相当于副校长）、总办（相当于校长）。

吴仲翔和严复是老乡，两人都是福建侯官县（今福州市）人。严复就是那位翻译过《天演论》、担任过北京大学首任校长、中国近代著名的资产阶级启蒙思想家。严复在北洋水师学堂前后工作了整整二十年，和天津结下了不解之缘，他的故事我们在随后的章节中还会提到。

北洋水师学堂的考试制度极为严格，每年春、夏、冬三季由派员口试小考，秋季大考由直隶总督兼北洋大臣亲临校阅。据《光绪纪要》记载：北洋水师学堂曾被推崇为"实开北方风气之先，立中国兵船之本"，为北洋水师培养了大量的技术人才。1900 年，八国联军入侵，该学堂因毁于战火而停办。

北洋武备学堂我们在上一章中提及过，它是中国近代第一所新

式陆军学堂，是我国最早培养近代陆军人才的军事院校。它创办于1885年正月，由直隶总督李鸿章奏请清廷批准成立，主要由津海关道周馥及杨宗濂一手创办。

周馥和杨宗濂都是李鸿章的老熟人。周馥很早就在淮军中做文书，跟着李鸿章一路升迁，累迁至封疆大吏，成为淮系集团中颇有建树和影响的人物。他协助李鸿章办理洋务三十余年，在北洋海军、武备学堂、天津电报局及开平煤矿的创办过程中均有出色表现。作为洋务运动后期实际上的操盘手，周馥还是李鸿章临终遗言的见证者和直隶总督的暂理者，同时他也是李鸿章的儿女亲家。他的故事我们在随后的章节中还会提及，在此先简要介绍一下杨宗濂一生的职场轨迹，由此也可以简略观察一下当时天津洋务运动下官员们的生活轨迹。

杨宗濂生于1832年，江苏无锡人，道光二十七年（1847）进士，曾任山东肥城等地知县。1855年任户部员外郎，1860年，太平军攻克无锡城后，杨宗濂成立"团练局"，抵御太平军。当年十月，"团练局"解散，杨宗濂避走上海。第二年，杨宗濂入曾国藩幕府为幕僚。1862年又入李鸿章幕府并自募一旅，号"濂字营"，并作为淮军向导，与太平军作战数十次。太平军失守江南后，他奉命总办常州、镇江营田事务，招收民众开垦荒田数十万顷。1867年，他再次随李鸿章围剿捻军，负责总管诸军营务，后以军功升道员，加布政使衔。

1886年，杨宗濂任北洋武备学堂监督。他详细研究各类兵法，编成《学堂课程》8卷，供学生学习，这套书后来成为各个武备学堂的范本。

1887年，在办学的同时，杨宗濂与人合办了天津自来水公司。

1891 年，又因治校有功，被朝廷补授为直隶通永道，参与修治华北水利。1893 年，被授山西河东道，管理河南、山西、陕西三省的盐务。盐务管理在当时是一项肥差，不久后杨宗濂就因为办饷有功，被加一品顶戴，后又升任山西布政使、按察使。

1896 年，杨宗濂在做官的同时与其弟杨宗瀚筹银 24 万两，在无锡创办了无锡第一家近代纺织工业企业，次年年底便建成投产。

1900 年，杨宗濂迁任长芦盐运使，八国联军入侵天津时，他亲自率领盐勇坚持巷战，保卫天津，在战斗中负伤。

1903 年，杨宗濂奉命督办顺天、直隶纺织事务。两年后以病乞休，回到故乡无锡赋闲家居。又过了两年，以 74 岁的高龄病逝。

杨宗濂在晚清官场上并不知名，在天津也不算太出众。但他一生亦官亦商，游走在官场、学界、实业上的人生轨迹，却是那个时代天津洋务运动中大部分官员的真实写照。

北洋武备学堂的创办一律仿效德国陆军学校，教师也多从德国聘请。这个趋势甚至在很大程度上影响了袁世凯在小站练兵。而该学堂的学生日后也多为袁世凯所用和重用。

1897 年，武备学堂增设铁路工程科，这是中国第一所培养近代铁路人才的学校。三年后的 1900 年 7 月，八国联军入侵天津，攻打武备学堂，该学堂被迫停办。

北洋医学堂也叫天津军医学堂，其前身是 1881 年李鸿章在北洋施医局创办的医学馆。1893 年 12 月，李鸿章委派法国军医梅尼在原医学馆的基础上创办北洋医学堂并附设北洋医院，专门培养军医人才。宣统二年（1910），该学堂归海军部直辖，专门培养海军军医，并更名为"北洋海军医学堂"。北洋医学堂是近代中国创办

最早的公立医学院。

在洋务运动的现实需要和洋务学堂大量创办的基础上，中国近代第一所大学北洋大学在天津创立就毫不奇怪了。北洋大学虽为盛宣怀具体操办，实为李鸿章一手推动。

1895年既是晚清的分水岭，也是天津城市发展的分水岭；既是李鸿章人生的转折点，也是袁世凯人生的分界线。随着甲午战败李鸿章的淡出，袁世凯抓住小站练兵的机会快速崛起。当年，曾国藩因"天津教案"事件黯然神伤告别天津，而1895年李鸿章又因北洋水师全军覆没而淡出天津。

1895年以后，天津迎来了袁世凯时代。如果说李鸿章一生的巅峰时期是在天津度过的，那么袁世凯的崛起则完全有赖于天津。

袁世凯靠小站练兵崭露头角后，曾被清廷派驻山东稳定局势，"庚子事变"后旋即返回天津，开始以天津为根据地，大张旗鼓地推行"新政"，并在推行"新政"的过程中逐步掌握了实权，成为后李鸿章时代最具影响力的权臣。

清末的"新政"是从1901年起，由政府发动的一场自上而下的改革运动。由于1900年前后发生的义和团运动以及随后八国联军的入侵，当时反对改革的力量几乎销声匿迹。身在山东的袁世凯瞅准时机于1901年3月向朝廷提出了筹办新政的10条办法，包括整顿吏治、改革科举、振兴实业、增强军备等。同年，清政府颁布了"变法"上谕，内容包括改革官制、整顿吏治、奖励工商、改革学制、编练新军、派遣留学生等，几乎全盘接受了袁世凯提出的改革主张。

1901年9月，袁世凯署理直隶总督兼北洋大臣，第二年5月，改为实授，完全取代了李鸿章当年的位置。此后天津在李鸿章时代北方洋务中心的基础上迅速成为袁世凯统领下的"新政"中心和实验基地。

袁世凯接任直隶总督和北洋大臣后，首要的事情便是把他的练兵事业推向高峰。

1902 年 12 月，清廷任命袁世凯兼任练兵大臣，负责编练新军事宜。袁世凯开始编练北洋常备军，到 1905 年，共编成北洋军六镇，共 6 万余人。除第一镇外，其余 5 镇的统制（相当于师长）都是袁世凯的亲信，统领（旅长）、统带（团长）则都是小站练兵时的旧班底。新军的组建实际上是小站练兵模式的推广和提升，中国军队的这次现代化转型实际上从 1895 年小站练兵就开始了，当时新建陆军从编制、兵种设置、武器装备、操作训练、战术礼仪、作战理念等方面都有了根本的改变，基本上把冷兵器时代的军队转型为火器时代的军队。

除了练兵以外，袁世凯还尝试着做了其他方面的军政改革。天津在历史上曾被短暂地殖民统治过。1900 年，八国联军进攻中国，首要目标便是天津。1900 年 6 月 17 日，大沽口失守；7 月 14 日，天津城陷落。列强为了协调在华侵略权益，在直隶总督衙门的原址上设立了军事殖民统治机构——"行管理津郡城厢内外地方事务都统衙门"，即"天津城临时政府"。都统衙门设有巡捕局、卫生局、库务局、司法局、公共工程局及总秘书处、中文秘书处。中文秘书长便是曾创办北洋大学堂并任总教习的美国人丁家立。

1901 年 9 月，清政府与英、法、俄、日等 11 国签订丧权辱国的《辛丑条约》。条约签订后，天津都统衙门理应撤销，但列强却一拖再拖。袁世凯为了能顺利接管天津，提出迂回办法，奏请在保定创办警务学堂，训练巡警。1902 年 4 月，清廷批准了袁世凯的奏请。同年 7 月，为了从都统衙门的统治下接管天津，袁世凯将保定新军 3000 人改编为巡警，派驻天津，组成天津南北段巡警局，这便是中国最早的巡警。天津的这项警察制度实验促成了清政府于光绪三十一年（1905）成立巡警部，在全国推广警务。天津在新政中的这些举措在全国起到了示范作用。

此外，袁世凯为了适应推行"新政"的需要，也像李鸿章一样，在天津创办了各种专门的学堂。

1902 年 11 月，袁世凯主持创办了北洋军医学堂；1903 年，袁世凯在天津恢复了停办几年的北洋武备学堂；同年，还兴办了陆军小学堂和北洋武备速成学堂；1905 年又设立了军医、马医、经理、军械四个学堂，培养专门人才；同年又在小站开办了电讯学堂，在大沽筹建宪兵学堂。

袁世凯确立巡警制度后认为，要兴建巡警，就要开办巡警学堂。1902 年冬，他委派赵秉钧在天津设立天津警务学堂。第二年年底，保定警务学堂并入，更名为北洋巡警学堂。赵秉钧是袁世凯的河南老乡，也是清末民初著名的政治人物，他创设了警务学堂，是中国近代警察制度的创始人。袁世凯在小站练兵时，慧眼识英雄，将他从草莽中提拔，此后赵秉钧深受袁世凯的信任和重用，是袁世凯身边智囊式的人物，也是逼清帝退位推袁上位的关键人物。在袁世凯担任中华民国大总统期间，被提拔为第三任国务总理。

1906 年夏，袁世凯委任黎渊为监督（校长），筹建北洋法政专门学堂，校址位于今天的天津市河北区志成道。这所学堂是中国创办最早的法政专门学校，曾被指定为全国各省同类学校的表率和样板。它经历了清王朝、北洋政府、国民党统治时期，直到解放初期才撤销。

除了上面几所学校，袁世凯还支持创办了北洋女医学堂、天津中等学堂、直隶水产讲习所，都取得了非常好的效果。其中北洋女医学堂是中国第一所公办女子护士学校。

晚清慈禧太后推动的"新政"变法主要有三个方面：一是提倡和奖励私人资本工商业；二是废除科举制度，设立新式学堂，提倡出国留学；三是改革军制，组建新式军队。在这三个方面，袁世凯均有涉足，并以天津为基地大力推动。

20世纪前，天津的近代工业主要是政府建立的铁路、军工和外国人开办的工厂等。"新政"中，清政府颁布了一些奖励实业、提倡发展工商业的政策，尤其是袁世凯任直隶总督期间，在天津设实习工厂传习工艺，设考工厂、劝工陈列所宣传工商知识，开设各类实业学堂，使天津大兴工商实业之风。在这样的社会环境下，天津的化工、矿业、烟草、造纸、火柴、纺织等工厂企业相继建立，这些工厂均以蒸汽和电力为主要动力，一些大型工厂已经能够生产较为先进的工业产品。这些产业的发展必然产生对技术人才和管理人才的迫切需求，因而在天津形成了一个工商业发展与教育发展相辅相成的局面，以工商业的发展为基础来发展教育，在发展教育中推动工商业进一步发展。

袁世凯在天津兴办实业和教育的过程中，有两个人的作用特别重要，一位是严修，另一位是周学熙。

严修又名严范孙，直隶天津人。1904年，袁世凯委任严修为直隶学校司督办，并对他说："吾治直隶之政策，曰练兵兴学。兵士

我自任之；学则听严先生之所为，吾供指挥而已。"严修后来成为中国近代著名的教育家、学者，与华世奎、赵元礼、孟广慧并称近代天津四大书法家，也是推进中国教育现代化的先驱。他与张伯苓一起创办了南开系列学校，1919年又创办了南开大学，是天津最早的私立中学和全国最早的私立大学的创办者，被后人称为"南开校父"，在创办学校的过程中多次得到袁世凯的支持。

周学熙是袁世凯在天津推行"新政"时倚重的另外一个重要人物，在我国近代史上，他不仅是一位著名的实业家和社会活动家，还是一位著名的教育家。周学熙还有一个身份，他是曾任津海关道的周馥的第四子。如果说周馥是李鸿章洋务运动后期的重要操盘手，那么周学熙就是袁世凯在天津推行实业和教育的重要助推手，对于天津的实业和教育做出了重要贡献，并产生了深远的影响。

周学熙和袁世凯渊源深厚。1901年，袁世凯担任山东巡抚时，曾委派周学熙为山东大学堂总办；袁世凯由山东巡抚升任直隶总督兼北洋大臣后，委任周学熙为银元局总办。

1903年，袁世凯委派周学熙去日本考察。考察归来后，周学熙得出结论：日本"富强"是由于搞"练兵、教育、制造"三事，中国如果要富强，也必须从"军事、教育、经济"三个方面着手，走兴学办校的道路。

周学熙的主张得到了袁世凯的重视和支持。他建议袁世凯设立直隶工艺总局，并毛遂自荐担任直隶工艺总局总办。主持筹划天津及直隶的实业建设和实业教育。

从1903年至1907年的四年间，周学熙在天津兴学办厂的过程中，先后创办了高等工业学堂、劝工陈列所及考工厂、实习工厂、教育品制造所、劝业铁工厂、图算学堂、种植园、劝学会场等；附设有夜课补习所、仪器讲演会、工商研究所、工商演说会等；助办初等工业学堂，倡办了艺徒学堂等。

高等工业学堂就是今天河北工业大学和承德高等石油工业学校的前身，原为工艺学堂。由袁世凯委任天津知府创办，它的办学宗旨十分明确："以教育培育工艺上之人才，注重讲授理化，继以实验；卒业后能任教习、工师之职，以发明工业为宗旨。"由于高等工业学堂适应了当时民族工业发展的需要，因此很受社会各方面的重视，在当时被称为培养工业人才的模范学校。

天津考工厂隶属于周学熙创办的直隶工艺总局。名为"考工厂"，实际上它是一个广集本省及外省货物兼外国制品，分类设置，目的在于开通民智、开阔视野、启迪智慧的博览馆。展览物品达三千余件。开放之初，门庭若市，在天津的各局署、各国领事及中外大商业家纷纷前来参观，每天参观人数多达几千人。天津考工厂是当时天津，也是全国最早的博物馆之一，它为当时天津在开通明智、提升视野等方面起到了相当大的作用。

实习工厂是高等工业学堂的附属实习车间，开办于 1904 年。实习工厂不仅是当年工科学生的"实地练习、躬斋实验"之所，也是培训工匠、传习手艺之地。当年在华北地区，甚至在全国都有很大的影响。保送到该厂学习的工徒，不仅有来自直隶各地的，还有"奉天、蒙古、察哈尔、山东、山西、河南、陕西、四川、广东"等省的。从开办至 1907 年，先后毕业的学生达七百多人，分赴各地成为当地新式技术的匠人。实习工厂不仅开启了天津学校办工厂的先例，实际上也成为天津最早的初级技工学校。充分体现了周学熙"工学并举"

开滦矿务局

的思想。

在中国近代史上，特别是清末民初，李鸿章和袁世凯都把天津作为基地，进行了从军事到教育再到实业等多方面的改革尝试。

随着洋务运动中军事企业的发展，对能源、原料和交通运输都产生了客观需求。在近代中国，天津作为工业中心的地位无可替代，而提到天津的工业最为重要的就是开滦矿务局的建立，正是以开平煤矿为基础建立的开滦矿务局带动了天津工业的高速发展，从而推动了以天津为中心的中国近代铁路网的最终形成。

1876年，李鸿章在组织勘探唐山开平煤矿的基础上，委托上海轮船招商总局总办唐廷枢以"官督商办"的形式，成立了"开平矿务局"，建"唐山矿"。这是中国最早采用机械化采煤的煤矿，它引进了西方国家先进的采煤技术和设备，第一次完整地形成了近代凿井、开拓、掘进、回采、运输、提升、排水等生产工艺系统，在中国采煤史上具有划时代的意义。

开平煤矿还是中国近代煤炭工业中最早实行股份制经营的企业，闯出了一条"以官督之名、行商办之实"的经营之路，从1889年到1899年的十年间，赢利达500多万两白银，相当于原股本的3倍多。煤矿投产后迅速占领了天津市场，从而有力地抵制了洋煤的进口。当时开平矿务局生产的优质蒸汽煤，在华北的铁路运输和中国所有的沿海航线中大量使用，中国的兵工厂把它搀进煤粉来炼钢，效果也非常好。当江南制造局还在使用进口煤时，天津机器局已经使用国产煤大大降低了生产成本。在各方面的激励和支持下，开平煤矿还大力拓展自己的产业链：中国最早的运营铁路——唐胥铁路就是连接矿山和运河的运输线；开平煤矿还利用自己独特的地理交通位置，从1888年起，就开始发展海上运输，先后投资购地在天津河西、河东、塘沽以及秦皇岛、上海浦东、广州黄埔、香港荔枝阁等地修建码头；到1900年上半年，又拥有了一支由六艘自备轮船组成的运输船队，从而具备了煤矿、铁路、码头、船队等一系列工商产业链。

开平矿务局的成功经验引起了外国资本势力的垂涎。1900年，八国联军进攻北京、天津并占领唐山。唐廷枢之后继任的矿务局督办张翼在英国侵略者及德籍顾问德璀琳、美籍矿师胡华的挟持、贿赂和威逼下，被迫签订"移交约""卖约"，开平煤矿被英国人所骗占，改称"开平矿务有限公司"。

为了收回开平煤矿，1907年10月，周学熙受北洋大臣袁世凯指派，在开平煤田北部开办了"北洋滦州官矿有限公司"，意图用实力抵制开平煤矿，但最终以失败告终。1912年1月，"开平矿务局"迫使"北洋滦州官矿有限公司"与其签订"联合"经营合同，在不平等条件下成立"开滦矿务总局"，总局地址设在天津。至此，中国近代工业发展史上两座由中国人先后创办的近代大煤矿都沦入外国人之手，美籍矿师胡华借此牟取了巨大的利益。胡华后来回到美国，凭借在中国骗取的巨大利益而飞黄腾达，成了美国第31任总统，这位叫胡佛的总统就是在天津的美国矿师胡华。

除了开平煤矿外，另外一家公司的命运也颇耐人寻味。这家名为"启新洋灰"的公司是中国创办最早的一家水泥厂，其前身是唐山细绵土厂，是1889年经李鸿章批准，由开平矿务局总办唐廷枢集资创办的。当时由于军事和经济发展的需要，对水泥的需求日益增长，而国内没有一家生产水泥的企业，水泥全部依赖进口，价格十分昂贵。唐廷枢经李鸿章同意后，以唐山的石灰石为原料，建成唐山细绵土厂，成为我国第一家立窑生产水泥的工厂。由于成本过高，不得不在1893年停产。

1906年，周学熙奉袁世凯之命，几经周折从胡华手里收回细绵土厂，改名"启新洋灰股份有限公司"。由于原先的股本已经亏尽，所以这次几乎相当于重新建厂。不过，这一次重新建厂的运作过程却让人目睹了清末民初官商合办企业背后的真相。

周学熙在制定启新洋灰公司的《创办章程》中明确规定："凡本国人民，均可入股；无论官、绅、商、庶，入股者均一律享有股东之权利。"由于启新洋灰公司从一开始就是在官方势力的支持下建立的，其最大的靠山便是袁世凯，创办者有周学熙、龚仙丹、颜惠庆等人，这些都为启新洋灰公司的发展带来了巨大的便利和特权。

周学熙在重新筹办时，利用自己特殊的身份，先从淮军银钱所借款50万元作为固定资本，再从官银号借了50万元作为流动资金。洋灰公司开办后，由于周学熙经营有方，获利颇丰，企业的信誉度和影响力大幅提高，一时间，众多达官巨贾抵不住如此高额利润的诱惑，纷纷找门路、托关系，急于投资洋灰公司，仅8个月就收齐股金，还清了借款。成为一家发展势头良好的股份制企业。

在各路股东的支持和关照下，启新洋灰公司在发展过程中享有了一系列特权：在外地办分厂的特权；减免税赋的特权；运输特权；原料的优先采购权。最重要的是启新洋灰公司通过特权获得了长期固定的客户，几乎不用担心产品的销路。

当时国内建筑业尚不发达，以铁路工程用水泥最多。启新洋灰公司尚未投产，袁世凯便在周学熙的要求下，让关内外京张、京汉、正太、沪宁各铁路都使用启新洋灰公司的洋灰，后来又把这种特权推广到全国。可以说，启新洋灰公司获得了国内开始兴建或将要施工的各铁路线必须专购使用其洋灰的特权。此外，与开滦煤矿的互惠合同也载明"滦矿常年需用洋灰，应由启新洋灰公司随时供给"。在傅增湘任教育总长期间，北京图书馆、北京辅仁大学及北京大学用水泥，均使用了启新洋灰公司的产品。王士珍在任国务总理及陆军总长时，许多军事工程、碉堡、要塞设施的建筑用水泥也均如此。在股东们的关照下，启新洋灰公司根本无须顾及产品的销路，有恃无恐地一再放手扩大生产规模。根据1919年前国内外水泥营销统计，启新洋灰的销量占92.02%，几乎垄断了国内水泥的销售。然而，随着袁世凯的倒台，启新洋灰公司失去了政治支持，立刻就成为被压

榨的对象，各种捐税、勒索接踵而来，导致启新洋灰公司自此一蹶不振。

在军事工业、重工业快速发展的同时，天津的纺织、化学、面粉等民族企业也在夹缝中发展。

天津开埠以后很快就成了中国棉纱、棉布进口的主要口岸，并从棉花集散地发展为纺织重镇。进入 20 世纪又成为全国最大的棉花对外输出口岸和华北地区最大的棉花集散地，进而又逐步成为包括棉、毛、丝、印染、针织等各个行业的近代工业纺织基地。第一次世界大战结束后的十几年里，天津的棉纱进口从年均 31.5 万担逐步减少到零。

天津民族工业的发展，和一个叫吴调卿的人密不可分。

1897 年，身为汇丰银行买办的吴调卿向直隶总督兼北洋大臣王文韶申请开设一座毛纺织厂，即天津织绒厂。产品面市后大受欢迎，被誉为当时天津的"第一个现代化工厂"。同时，吴调卿在织绒厂内另设了硝皮车间，这是天津最早的机器硝皮厂。到第一次世界大战结束时，天津出口皮张达到 600 万张，天津也因此成为中国北方皮张出口的最大口岸。

天津早期的化学工业起步于火柴制造，其后在火柴、硝皮、烛皂等方面均有建树，而火柴业的最早创办者也是吴调卿。火柴最初叫自来火，后来叫"洋火"。1886 年，吴调卿向李鸿章申请开办自来火公司。1887 年 8 月，由吴调卿、天津武备学堂总办杨宗濂及德国人汤鳞德合办的天津自来火公司正式开工生产，之后规模逐步扩大。1911 年以后，随着华昌、中华、三友等中外火柴厂陆续开工，天津市场上的进口火柴几乎绝迹。

天津的民营机器工厂是在洋务运动中出现的。第一家民营铁工厂是 1884 年由广东商人创办的，专做造酒铁锅、钱铺贮银铁柜、时式器具、中西马车、轮船铜铁机器等。北洋新政期间，在政府的倡导下于 1906 年成立了北洋劝业铁工厂，并以大沽船坞旧存机器改为铁工分厂，于厂内附设学校，采用半工半读的方式培养工徒，制造机械。后来天津从事机器行业的工匠叫"津沽帮"，多出自北洋劝业铁工厂与大沽分厂。

在政府推动的同时，天津民营机器铸造业也在一个叫三条石的街道蓬勃发展起来。三条石就位于今天的天津红桥区河北大街的中段，这个三角地带是天津乃至华北地区民间机器铸造业的发祥地之一。

三条石地带靠近天津早期的商业中心北大关，这里靠近南北运河，物资运输繁忙，店铺字号林立，客栈业发达，也是船只停靠修理的地方，因而对生产和生活用的铁器需求旺盛。早在 19 世纪 60 年代旧铁铺出现之后，这一地区就逐渐成为传统铁匠铺的中心，铜铁作坊遍及附近的河北大街、河北窑洼、侯家后等地。

三条石铸造业最早的厂子成立于 1897 年，最初规模很小，没有动力设备，全部手工操作。制作的产品多是铁锅、犁铧、镐头、车轴、砧子、秤砣、药碾子等日用器具。1900 年以后，产品增加了为各租界的市政建设铸造电灯杆底座、下水管道以及为外国人铸造各式取暖和厨房用的铁炉子，后来又学会了翻砂制模技术，提高了生产力。以后又从铸造业中分化出机器业，专门制作机器零件。最鼎盛时，三条石一带的工厂和作坊达到 300 多家，大部分属于资本少、规模小的中小型工厂、作坊。这些作坊彼此配合，有的专做木样、

倒生铁；有的只给他厂配零件；有的专做锻工，制些铁锹、斧头等，逐渐形成了从修配、仿制到批量生产的产业链，使三条石铁器名扬全国。在没有大量资金投入和技术支持的情况下，完全靠民间力量的勃发和艰苦创业精神，将这一地区发展为华北机器铸造业的中心，堪称历史奇迹。

李鸿章的洋务运动和袁世凯的新政，使天津在第二次鸦片战争后的城市面貌和内涵发生了巨大的变化，天津从一个直隶省的普通县在短短六七十年里一跃成为中国北方最重要的工商业中心和文化活动中心。

相比于李鸿章的洋务企业和洋务学堂的创办，袁世凯对天津的影响和改造是全方位的。

今天的天津市河北区中山路两侧，是从清末民初以来才逐步取代天津的老城成为天津市的行政中心。而这一结果正是发端于袁世凯的"河北新区"规划。

天津的老城区位于靠近海河三岔河口的地方，但从1860年以来，天津的行政中心就有向河北转移的趋势。直隶总督衙门、三口通商大臣衙门和海军会所等都偏移出老城而集中在三岔河口一带。袁世凯出任直隶总督后开始推行"北洋新政"，其中一项便是推动城市规划和发展。鉴于老龙头火车站（今天津站）临近俄、意、奥三国租界，中国官民出入不便，袁世凯便决定建设新的火车站（今天津北站），并大力开发金钟河以北地区。

由于天津开埠以后，陆续设立的九国租界占据了城东南海河两岸地区，并独立行使管理权，而且此时的租界地区已成为城市的中心地区，所以袁世凯新规划的河北新区有与租界相抗衡的意思。在袁世凯看来，天津老城厢地区发展空间有限，河北新区一带毗邻海河和铁路，水陆交通便利，而且有可供大规模城市设施建设和发展现代工业的较大地块。河北新区的建设既可以看成是袁世凯北洋新政的一部分，也可以看成是他北洋新政的"试验田"。

袁世凯的河北新区北至新开河，南至金钟河（现金钟河大街），东至铁路，西至海河。道路设施建设采取棋盘式布局，从天津新车站至直隶总督府（今金钢花园）的大经路（今中山路）为整个区域的主干道。袁世凯对修建新车站和大经路非常重视，甚至有时候亲自到工地监工。在道路建设的同时，袁世凯开始在轴线两侧兴建政府衙署和各种大型公共建筑。1903 年，又新建了开启式铁桥——金钢桥，取代了原来的窑洼式浮桥，使天津的新、旧两个城区连为一体。大经路由此很快成为天津的新街区。除直隶总督衙门外，直隶省公署、交涉使署、天津海关监督署、长芦盐运使署以及财政厅、实业厅等省、市级机关均先后迁入新区。进入民国后，这一规划大体上得到延续，河北省政府、天津市政机构均设置在此区域。清末民初相当长一段时间内，天津河北新区尤其是靠近金钢桥附近的地方，一度成为天津市新的政治中心。此外，在大经路的两侧还分布有大量的工业、教育和商贸设施，户部造币厂、北洋女师范学堂、北洋法政学堂、教育品陈列所以及美术馆、图书馆、博物馆等，均集中在这一区域。

随着各种设施的发展，市政机构逐渐健全，河北新区的就业机会也大量增加，周围的人口也迅速迁往这个原本人烟稀少的地区。随着人气的提升，再加上天津在国内地位的快速上升，河北新区也得到了长足的发展。从某种意义上说，河北新区可以说是中国城市规划的一个实验区，也是中国城市近代化的一个缩影。

除了市政规划建设外，袁世凯还主导推动了清末天津的地方自治运动。

八国联军侵华后，危机四伏的清政府发出谋求改革的上谕，指望通过推行新政自救。1905年五大臣出国考察后，即在改行立宪的奏折中提出"布地方自治之制"。第二年（1906），在袁世凯的统筹指挥下，直隶省便有计划、有步骤地开始推行地方自治的试验。其中以天津县为试点举行的试办县议事会和董事会选举这两次普选，在中国历史上成为空前之举。尽管城市地方自治制度的推行无法挽救清朝灭亡的命运，但天津试办的县议会选举，却以"中国第一次创行投票选举"和"普选的首次试行"而载入史册。1908年，袁世凯推动以天津府自治局为基础，成立了负责全省地方自治事宜的直隶自治总局。由此，始于天津的地方自治运动开始向直隶全省各县扩展。以"天津模式"为蓝本的直隶省自治运动，大大弥补了中央政府在地方事务处理上的不足，有效解决了民间生活、生产上的诸多问题。由于清政府对各省地方自治并无统一章程，当时也未做明确要求。因此，当时的天津模式属于摸着石头过河，直隶总督袁世凯在其中承担着很大的风险，但天津城市当时的改革氛围有力地配合了袁世凯这一制度的施行。1907年，清政府推行司法改革，天津地方审判机构作为全国试点又率先成立；在各地推行司法改革的实践中，天津又成为最早设置地方检察机构和检察官的城市，所有这些都由袁世凯在背后一手推动。

天津在城市规划和司法改革中的一系列创新动作，反映出城市在社会变革时期的综合带动作用。这和天津所处的环境、区位优势不无关系，更和津沽大地较早面对中西文化碰撞、开风气之先密切相关。在这种环境下，天津的新闻、印刷业也蓬勃发展起来。

天津近代的新闻业发端于 19 世纪 80 年代，以在津的外国人创办的外文和中文报刊为肇始。相继创刊的《时报》（中英文版）、《京津泰晤士报》（英文版）起步较高且面向全国发行，成为西方列强向天津思想文化领域渗透和侵蚀的重要表征。受其刺激和拉动，加之天津地区受洋务运动影响，中国的有识之士陆续在天津推出官办、民办的《国闻报》《大公报》《北洋官报》等中文报刊，成为后来居上的天津新闻舆论的主阵地。这使起步较晚的天津新闻传播业迅速呈现出百花齐放的态势，并跻身于全国前列。

据不完全统计，截至 1911 年底，在天津创刊的报纸近百家。清末，若论报刊的种类、发行量和影响力，天津都堪称中国北方的新闻重镇。清末民初，天津逐渐成为近代中国北方地区唯一能够与南方通商城市如香港、上海、广州相抗衡的外报、外刊发展基地。

天津的出版业始于明代中期，至清康熙年间已十分发达。清代天津的版刻图书以私家所刻为主流，据统计，清代天津市区刻书者约 120 家。而蓟县、宝坻、武清、静海、宁河等郊区县刻书者有 20 余家。其间，杨柳青年画的制作与销售也达到鼎盛时期。总之，最晚到 18 世纪，天津的出版业已比较成熟和发达。

1860 年天津开埠后，由于外国势力的侵入和各国租界的相继开辟，导致天津城市社会结构发生了深刻变化，西方教堂和教会学校、医院的设立以及传播西方文化思潮报刊的陆续出现，使天津成为中西文化在中国北方地区撞击与交融的前沿。

19 世纪 80 年代，新兴印刷技术输入天津后，促进了传统图书出版模式的变革。而洋务运动中渐趋活跃的译书活动，则使天津的

出版业进入了兴旺期。从史料记载情况看，当时天津机器局、武备学堂、水师学堂、北洋陆军编译局等具有洋务色彩的机构，均从事西方书籍的翻译活动，且适时引进了新式印刷设备，这些都成为天津出版印刷业近代化的标志。

1886 年，天津海关税务司德璀琳为创办英文版《中国时报》和中文版《时报》，引进了英文打字铸排机、中文铅活字及印刷机等设备，开办了天津第一家外商印刷厂——天津印刷公司，该公司也面向社会承印部分印刷品。

1902 年，袁世凯在天津设立北洋官报局，该局印刷设备精良，技术实力雄厚，除编印《北洋官报》等报刊外，还兼营出版，具有一定的开创性。其出版的书籍种类繁多，发行遍及华北城乡，并创新邮发模式，成为天津出版发行业的一面旗帜。这一时期铅印兴起而雕版不衰。1912 年，天津引进了第一台胶版印刷机，但铅印和雕版印刷直到 20 世纪 40 年代才逐步消失。

随着中西文化的碰撞和交流以及出版印刷业的急剧发展，图书、报刊的搜集、编印、储藏和流通规模也随之扩大，新型工业品、教育品的展览、传播也显得非常必要。以博物馆、图书馆为代表的西方公共文化、科教传播模式也逐渐在天津本土生根。

天津具有近代意义的公共图书馆，首先出现在英国人控制的天津海关衙门内，成立时间大约在 19 世纪 80 年代初。当时只有图书 400 册左右。至 1886 年，图书才增至 1100 册。三年后，这家图书馆被天津英租界工商局接管，并更名为英租界工部局书房。

1895 年，天津北洋西学学堂在梁家园博文书院（今海河中学一带）创建，这就是后来的北洋大学。北洋大学建校伊始即附设图书馆，并引入美式图书馆的管理办法，这是中国近代较早的新型高等学校图书馆。

1905 年，天津著名教育家、南开学校的创始人严范孙将家藏的 1342 册图书捐展于直隶工艺总局创立的天津教育品陈列馆，这是一次具有开创意义的突破。天津教育陈列馆地处商业繁华地带，这些图书成为公有后，均可供公众阅览，由此实现了资源共享和大范围的有机利用。虽然当时题名为"图书室"，但却是名副其实的图书馆。此举是对原有私家藏书楼秘而不宣的保守存藏方式的挑战，同时也反映了当时天津社会士绅开放的心态。

1907 年，直隶提学使卢靖在教育品陈列馆的基础上筹建官办图书馆，以"保存国粹、宣传文化、辅助学校教育、增长社会知识"为宗旨。在各方的努力下，该馆初期的藏书规模就达 20 万卷（册）。1908 年 6 月，直隶图书馆在河北大经路劝业会场（今中山公园）直隶学务公所内正式开馆。这不仅是天津第一所近代公共图书馆，也是中国北方最早建立的公共图书馆。建馆之初，还发动了两江总督、两广总督、云贵总督、浙江巡抚、山东巡抚、吉林巡抚等捐书囊助，可见此事在当时的影响之大。

直隶图书馆开馆一年后，当时的清廷学部才奏请创办图书馆，并于 1910 年上奏《拟定京师图书馆及各省图书馆通行章程》折。显然，天津筹建和管理图书馆的做法不仅在全国领先，而且为全国兴办图书馆积累了经验。

天津博物馆产生的过程，基本上反映了中国人接受西方博物馆的心态和轨迹。

天津最早出现的博物馆是 1904 年开馆的华北博物院，由新学

书院院长赫立德创办于书院内。新学书院位于法租界海大道（今大沽路），由英国基督教伦敦会创办。博物院为三层西式楼房，有4间陈列室、1间实验室，展品包括自然与人类两大类。

华北博物院对外开放后，很快就让当时的天津人大开眼界。开馆不久，就连续进行公开的物理、化学实验；在慈禧太后寿诞日，还举办了妇女参观专场。在"开民智悦民心"的同时，华北博物院还得到中国收藏者的积极响应。开馆仅一个月，就收到了中国官绅捐献的部分青铜器、玉器、陶器和工艺品，甚至还有甲骨。在这种氛围的影响下，天津本土的博物馆实践活动也接踵而至。

1905年，天津教育品陈列馆在玉皇阁开馆，拥有5间展室。展品包括人体解剖模型、动植物标本、物理、化学器具、国内各种教科书、手工制品等。有学者认为，天津教育品陈列馆很可能是中国人开办的第一家博物馆。

在天津，定期举办具有博物馆功能的展览、博览会也比较早。1904年由直隶工艺总局创办的考工厂，被认为是国内开办最早且常年展出的工业博览会。1906年考工厂举办的一次劝工展览会，参观者就达15万人次。1909年，劝工陈列所举办的南洋劝业会直隶出口展览会，在1个月的时间内，参观者达40万人次。在这种博物、博览、陈列、展示的氛围下，天津博物院于1918年正式创办，并在此基础上形成了日臻完善的博物馆体系。

鸦片战争以后，天津处于中国北方中西文化碰撞和交汇的前沿，随着大批外国传教士、商人、租界官员的进驻，许多西方器物也在第一时间传入天津，其中摄影和电影最具代表性。

摄影术1839年在欧洲出现后，很快就随着西方列强的坚船利炮传到中国。英国人泰瑞·贝内特所著的《中国摄影史（1842—1960）》显示，1860 年以前，天津已有很多拍摄活动且有很多原始照片留存。

1860 年，天津被迫辟为通商口岸后，摄影术也随之出现在天津。较早的摄影活动主要以外国传教士和侵华军队随军记者拍摄的人像和战争纪实性场景为主。其中意大利战地摄影记者费利斯·比特于 1860 年 8 月拍摄的《失陷的大沽炮台》组片被认为是较早反映天津景物的照片。

记录道光、咸丰年间天津史事的《津门见闻录》有如下记载："英匪入天津时，志颇不小，心亦过细。凡河面之宽窄，城堞之高低，所有要紧地方，无不写画而去。尤可异者，手执玻璃一块，上抹铅墨，欲象何处，用玻璃照之，完时铅墨用水刷去，居然一幅图画也。如望海楼、海光寺、玉皇阁，皆用玻璃照去。"这段记录生动地反映了英国侵略者拍摄和冲洗胶片的过程及拍摄地点。

早期在华从事摄影的外国人，不仅开展游历性的摄影活动，还在沿海地区开办经营性的照相馆，将这种新技术拓展为一项可以谋生的职业。而天津本土最晚在光绪初年就掌握了照相技术。

天津开埠以后，租界洋行数量激增，规模急剧扩大，这些因素使得天津近代传统商业模式和结构开始发生转变。摄影传入中国后，照相器材也因之源源输入中国，而洋行的兴起对商业化照相这一新兴业态起到了推动作用。中国人很快就掌握了这种神奇的艺术表现形式，并将它拓展为一种可以谋生的职业。

同治、光绪年间，熟练掌握摄影技术的广东、宁波等地的照相技师看准商机，相继来到天津开设照相馆。其中最有名的要数广东

摄影师梁时泰。光绪初年,梁时泰由上海到天津开办"梁时泰照相馆"。主要是拍摄人物肖像、地域风光和舞台表演照片。1885年,梁时泰应醇亲王奕譞所召,拍摄了其来天津巡阅北洋舰队的照片。转年,这些新鲜物品进呈皇室,让光绪皇帝和慈禧太后大开眼界。至此,纪实照片首次进入宫廷。标志着照相业的发展已势不可当,被社会各阶层接受已成为必然。

梁时泰因为掌握了当时最新潮的照相技术而成为晚清上流社会的座上宾,他曾为直隶总督李鸿章,访华的美国前总统格兰特拍摄过肖像照;他的名字甚至还能题写在所拍的王公大臣的照片上;他与军方的关系也比较密切,曾拍摄过清军的布阵和队姿场面,他也被称为清代宫廷摄影师。他还能用英文和法文与在津的外国人打交道,应邀拍摄过天津英租界戈登堂、天津法租界领事馆和造访津门的美国军舰等,堪称天津商业摄影的开拓者。

梁时泰之后,商业摄影在天津基本上站稳了脚跟,摄影艺术得以迅速发展。人们最初担心被"摄去魂魄"以及视摄影为"雕虫小技"的轻蔑态度逐渐发生了改变,转而对之趋之若鹜,视之为时尚。

19世纪末,天津的商业性照相馆发展迅速,已成为中国北方城市的代表。到了20世纪初,已出现了中外照相业竞争共进的局面。

电影作为独立的艺术载体比摄影出现得要晚一些。1895年,即文、武北洋在天津创立的那一年,电影在法国巴黎问世,第二年就传到了中国,而天津是中国最早接受这种动感画面刺激的地区之一。

1896年8月,上海《申报》刊登了上海徐园公开放映"西洋影戏"的消息;同年,在津的法商百代公司也在法租界天丰舞台放映了电影短片。

1900 年，义和团运动期间，英国人拍摄了天津社会生活的影片；1902 年，美国公司派出摄影师将三岔河口附近的望海楼、玉皇阁和天后宫等建筑摄入镜头，剪辑成题为《天津街景》的风景片。

1905 年，中国人自行摄制的影片开始出现。天津《大公报》在为英商快利洋行刊登的题为《活动电光影戏出售》的广告中，使用了"电影"这一名词。从此，"电影"一词逐渐被国人接受，使用至今。

1906 年 12 月 8 日，天津人最早经营的电影院——权仙电戏院诞生。这是中国首家正式成立的电影院。由法国百代公司电影部经理周紫云创建。这座电影院装修典雅，座位洁净，上下密排电风扇，炎炎夏日满座生风，中外官绅携眷竞相观看，影院经常场场爆满。

天津在清代雍正年间，只是一个中等稍小规模的城市。可是到了近代却发生了翻天覆地的变化，从 1860 年开埠后不到 80 年的时间里，由一个临近京师的府城迅速脱颖而出，发展成为中国北方最大的工商业城市和港口贸易城市，在文化上则长时间处于引领近代先进文明的突出地位，在很多领域具有开拓地位和引领地位。在近 80 年的时间里，天津在涉及教育、军事、司法行政制度、科学技术、市政建设、金融、邮电交通、铁路运输、海洋化工、工商业经济、对外贸易以及新闻、文艺、体育等反映社会进步的 21 类国计民生的业态中有 112 项"全国第一"。这在中国近代史上几乎绝无仅有。

以北洋大学的创建为代表，近代天津在教育、文化领域创下了许多第一。

中国第一所工业技术学校——北洋电报学堂，于 1880 年由时任直隶总督的李鸿章在天津创办。20 年间，该校培养出三百余名毕

业生，成为中国电信事业的先驱。

天津汇文中学是我国创建最早的一所中学，成立于 1890 年，由美国基督教会主办，课程设置强调宗教教育和英文教育。

中国最早的警察学校——天津警务学堂，成立于 1902 年 9 月，由袁世凯在天津成立，后改名为北洋巡警高等学堂，1911 年停办。

中国最早的法政学校——北洋法政学堂于 1906 年在天津落成。至 1933 年底，该校培养了毕业生 1159 人。中国共产党的创始人之一李大钊就是该校的首届毕业生。

中国第一所女子师范学校——北洋女师学堂，成立于 1906 年 6 月，由著名教育家傅增湘创办。至 1928 年，该校培养出 698 名师范毕业生。无产阶级革命家邓颖超就是这所学校的毕业生。

中国第一所铁路中学——扶轮中学（原天津铁路一中），创建于 1918 年，是中国铁路创办最早的一所员工子弟中学。建校百年有余，扶轮中学为国家培养出了以国际数学大师陈省身为代表的大批人才。

中国最早的完整的私立教育体系在天津创建。1898 年至 1919 年，中国近代教育先驱严修、张伯苓在天津改革旧式教育，推动新学，先后创办了严氏家馆、女馆（设保姆科和幼稚园）、南开小学、南开中学、南开女中、南开大学，形成了"南开系列"学校。至 20 世纪 20 年代，南开学校已经成为包括综合性大学、中学、女中、小学在内的四部系列学府，是中国第一套完整的私立教育体系，而成立于 1919 年 2 月的南开大学也是中国近代第一所私立大学。

此外，中国最早培养水雷制造人才的"电气水雷学堂"、中国最早培养海军轮机人才的"天津水师学堂轮机班"、中国最早培养西医人才的"北洋海军储医施医总医院"、中国最早培养铁路专门人才的"北洋武备学堂工程科"都是近代先后在天津创办的。

在工业制造领域,天津当时也创造了多项全国第一。

天津机器局是中国历史上规模最大、设备最新的火药厂,也是中国最早兴办的四大近代工业之一。曾建造中国第一艘潜水艇及第一套舟桥,并且是世界上最早研制出硝化棉无烟火药的军工厂,中国最早的机器挖河船"直隶挖河船"也是天津机器局制造的。1903年,清廷决定在天津设立第一家国家造币厂"铸造银钱总局",后来逐渐成为全国的货币中心。

中国最早的机械化煤矿"开平煤矿股份公司"在天津创办;此后与这家公司相关联又出现了中国的两个最早:中国第一辆简易蒸汽机车由开平矿务局工程局制造;中国最早生产新型建筑材料的"唐山细绵土(水泥)厂"在天津创办,这家工厂也是从开平矿务局派生而来。

中国第一座近代化军事训练基地是袁世凯1895年在天津南乡新农镇(今津南区小站镇)设立的,也被称为小站练兵场;而中国第一支警察部队——天津巡警也是袁世凯1902年在天津创办的,袁世凯因此也被称为中国警察之父,此后警察局和警察制度快速向全国推广;同一年,袁世凯还委派天津巡警总监赵秉钧筹建北洋巡警学堂,这也是中国最早的警察学校;而中国最早的近代海军"北洋海军"也是由袁世凯的前辈李鸿章在天津编练而成的。

中国最早"以习艺为科刑"的近代式监狱和劳动教养机构"天津习艺所"也是在天津创建的。1902年,山西巡抚在统一改良狱制的奏文中,有改称刑狱为习艺所的提议。他认为,执行刑罚并非主

要目的，而应使囚徒习得一定的技艺，在刑满之后，使之走上职业之道。这份奏章呈报朝廷后，立即得到采纳并颁发谕旨到各省督抚处。各省督抚几乎在同一时间接到上谕，但直隶总督袁世凯却行动最快，执行最坚决。他接到上谕后立刻派天津知府到日本调查狱制，学习监狱的设计和施工，待考察人员返回天津后立刻建立了"天津习艺所"。

与天津习艺所相关联，中国第一套地方司法分立机构也是在天津建立的。1907 年，天津府高等审判分厅、天津县地方审判厅正式成立。这也是中国第一套地方司法分立机构和第一套法院系统，并将旧式差役改造为司法警察，为中国最早设立的司法警察。

由于洋务、新政以及通商、外交的需要，中国最早的电报、电话、公交、铁路、邮政陆续在天津创办或开通。

中国最早的电报线——天津至大沽、北塘的电报线于 1877 年开通；中国最早的营业性电报线——津沪电报线也率先在天津建成；中国最早的电报局最初也设立于天津。1880 年 9 月，中国第一家电报局在天津成立。

中国人自行架设的第一条短途电话线——从大沽至紫竹林的电话线首先在天津开通；中国第一条自建的长途电话线——天津至保定的电话线首先在天津开通。1884 年，李鸿章架设了自直隶总督行馆至津海关、北塘、大沽、保定等处的电话线，这是近代中国最早架设的长途电话线。中国第一座自建的自动电话局也是最先在天津建成。1904 年，天津至北京的长途电话线架设竣工，为中国自办长途电话的开端；1927 年，天津电话东局引进安装了德国西门子的自动交换 1000 门，成为我国自建的第一个自动电话局。

中国早期蒸汽机车——龙号机车

　　天津也是中国最早自办运营铁路的城市。1881 年，开平矿务局为了运煤而修建了从唐山至胥各庄的唐胥铁路。这条铁路长达 9.7公里，后来筑至天津，称为唐津铁路。1890 年又从唐山筑至山海关，称为关内铁路。1886 年，清廷批准在天津组建开平铁路公司，并收购唐胥线。这是中国第一个铁路管理机构，也是中国铁路独立运营的开端。

　　中国第一条公共交通线——有轨电车，也是最先在天津建成。1906 年，天津建成围城环行的有轨电车路线，不久后形成了白牌、黄牌、蓝牌、红牌、绿牌、花牌的电车路线网络，天津也成为中国最早建立公共交通系统和拥有公交车的城市。

　　天津还是中国近代邮政的发祥地：中国第一个邮政公告、第一

个邮政资费表、第一条邮路、第一套邮票（大龙邮票）、第一个邮政代办机构都是在天津问世的。大龙邮票发行于 1878 年 7 月。

在金融领域，天津也走在了全国前列：中国最早的国家造币厂是在天津成立的；中国第一家设立有奖储蓄的银行中国实业银行也是在天津成立的。

1919 年，周学熙组建"中国实业银行"，总投资 350 万银圆，总行设在天津，这是中国第一家为工业融资设立的银行。

在城市基础建设和生活建设方面，天津在清末民初表现得最为突出，很多领域不仅领先全国而且具有独创性。

天津拥有中国第一个"万国建筑博览会"——天津风貌建筑群，其建筑风格中西荟萃、南北交融，其独特景观保存至今，世界罕见。现存有英、法、美、德、意、日、俄、奥、比各国样式的建筑，几乎囊括了世界各种建筑流派，被中外媒体称为"万国建筑博览会"。

天津拥有中国最早的饭店——天津利顺德饭店。利顺德饭店于 1863 年落成，那时候天津刚刚开埠不久。这家饭店自开业起便成为天津乃至全国最西化、最豪华的饭店之一，迄今（2023）已有 160 年。在经历 1886 年、1924 年、1984 年、2010 年的历次扩建、改造和修缮之后，我们今天看到的老楼，大约就是恢复到了 1886 至 1929 年间的历史风貌。利顺德饭店不仅是全国酒店业唯一的国家级文物保护单位，在酒店内还特别开辟了一块地方作为博物馆，珍藏并展示饭店历史上的珍贵文物资料。利顺德饭店是中国近代首家外商开办的大饭店，也被称为中国第一家"外交饭店"。

清末，天津租界林立，1892 年，天津英租界工部局建成办公大楼，这座别名为"戈登堂"的办公大楼也是中国通商口岸规模最大的租界市政厅。英国人之所以把这座大楼命名为戈登堂是为了纪念戈登在开辟和规划该租界方面的贡献。戈登曾参与英军火烧圆明园的行动并率领"洋枪队"参加清军镇压太平天国的战斗，深受李鸿章的器重。在戈登堂的落成典礼上，戈登的巨幅照片挂在会场的中央，当时身为直隶总督兼北洋大臣的李鸿章在盛赞戈登（于1885年在苏丹喀土穆被击毙）的军事才能后，宣布大楼正式开放。

今天的天津人都知道马场道，马场道得名于"马场"，很多人不知道的是，这个"马场"曾是天津的又一个中国第一。1863年5月，天津英商赛马会创立。随即，中国第一座标准赛马场——天津赛马场创立。赛马场位于海光寺以南、墙子河外，从那以后，"赌马"风靡天津。

清末民初风行天津社会的，除了"赌马"外，还有电影和博览会等活动。中国第一家电影院权仙电戏院早在1906年12月8日就开始放映电影，比上海虹口影戏院早近两年时间。而这次放映活动也标志着天津人独资经营的中国最早的影院诞生。此外，中国第一座商品博物馆"天津考工厂"、中国最早的博览会式建筑群"劝业会场"分别于1904年和1907年在天津诞生。当年的"劝业会场"在今天的天津河北区中山公园一带，这是一处堪称北洋工商实业、文化教育示范中心的系统陈列工业工艺产品的场所。其范围北起大经路（今河北区中山路），南至金钟河（现已被填平），东临昆纬路，西靠北洋造币总厂。今天的天津中山公园的占地面积只有当年劝业会场的三分之一。

作为洋务运动和实业教育的发祥地，天津在全国最早开设了一些西医医院，随后护士、助产士作为一种专门的社会职业出现在天

津各医院中。1902 年在天津成立的北洋女医院，是中国成立最早的公立女医院；1908 年在天津成立的北洋女医学堂，是中国第一所公办护士学校。

天津被称为中国北方的水上城市，南北运河和海河相遇孕育了天津最早的城市中心，因而天津的桥既多又富有特色。

中国最早的近代开启式铁桥金钢桥、中国第一座最大的垂直提升式钢结构跨河大桥河门大桥、全国首创的蝶式立交桥都是在天津建成。1889 年，金华桥在天津南运河上建成，随后在海河上建成金钢桥、老龙头铁桥、金汤桥、万国桥（今解放桥），这些桥梁都是开启型钢桥。著名的桥梁专家茅以升曾赞叹：几乎全国的开合桥都集中在天津，这也是天津的一种"特产"。

在文化传媒领域，天津在许多方面也走在了全国前列。

中国最早的拼音字母《官话全音字母》于 1901 年由王照在天津编成；中国最早的政府官报《北洋官报》于 1901 年 12 月 25 日在天津创办；中国报龄最长的报纸《大公报》于 1902 年 6 月在天津创刊；中国最早的民间科学团体"中国地学会"于 1909 年在天津成立，1950 年与当时的中国地理学会合并重组为中国地理学会；中国第一份近代地理学刊物《地学杂志》于 1910 年在天津创刊，这也是中国第一个地理学术刊物。

从 1860 年天津开埠到 1937 年抗战全面爆发前夕，天津在不到 80 年的时间里创下了如此多的全国之最和全国第一，逼真地反映了天津城市在那个时代迅速崛起的脚步。这堪称"绝唱的七十七年"，既是天津城被侵略被欺辱的七十七年，又是天津中外文化、古今文明碰撞交流最激烈最动荡的七十七年；既是城市面貌改变最快的七十七年，也是野蛮生长、发展最快的七十七年。这其中的很多变化与两任直隶总督李鸿章和袁世凯有着千丝万缕的联系。

第三章

卫城

从金朝迁都北京到天津前身的直沽寨；从明成祖迁都北京到天津建卫筑城。几百年来，天津城市发展的轨迹始终伴随着北京都城地位的变迁。从明代开始，天津就成为北京名副其实的东大门，在600多年中，特别是近代以来的180多年中，天津用自己的血肉之躯一次又一次捍卫着北京的安全，成为近现代史上有名的卫城。

天津在近代为什么会成为洋务运动和新政的中心？为什么会在短短七十多年中实现了快速崛起？

要回答这个问题，需要从天津和北京的城市关系中去寻找答案。

中国两千多年的城市发展史上，历来就有"双城"互动的历史。比较典型的有汉、唐时期的长安和洛阳；两宋时期的汴州（今开封）和杭州；明、清时期的北京和南京。这种"双城互动"的历史在古代小说等文学作品中均有体现。

中国自汉代起，就形成了吟咏京都的文学传统，如班固的《两都赋》、张衡的《西京赋》《东京赋》以及左思的《三都赋》，都是这一传统的具体表现。受汉代咏京都赋文学传统的影响，唐代以前有关城市描写的小说，以《西京杂记》和《洛阳伽蓝记》为代表，其主要内容是描写城市景观，名胜风物。《西京杂记》描写了汉代长安宫室的雄伟，如未央宫、昆明池等，也描写了宫廷内苑的秀美风景，如月光殿、月影台等。《洛阳伽蓝记》则以描写洛阳的佛教建筑为主要内容，刻画了寺院的雄伟和壮观，以此来渲染洛阳在北魏时期的繁荣景象。这两部书都是较早正面描写都城景观的笔记体

小说。

到了唐代，唐人小说除了一如既往地歌咏和颂扬京都外，和唐以前稍有不同的是：它将情绪转为情境，通过神采激扬的文字营造了逼真的城市空间,并把这种情绪注入或融入到一个个故事场景中。

唐人小说题材中，大体以宫廷娱乐类、举子生活类、对外交流类为主，故事的发生地或背景大都以长安为主。事实上，这些题材的真实发生地也只能以京都长安为主。如描写宫廷娱乐的《长恨歌传》、写举子题材的《霍小玉传》、写对外交往的《杜阳杂编·本王子》等，这些小说大都以士人为描写对象，描写城市平民生活的很少，这实际上也反映了当时城市生活的真实状态——那时候的城市还只是达官贵人和士子们的城市，尚未进入平民生活的城市状态。尽管如此，我们依然可以通过这些小说观察那时城市在人们心中的影像和地位。

唐人小说特别注重对城市意象的营造，在小说中，某些故事场景经常出现而成为一种城市意象或标志。如"曲江"是唐人小说中经常提到的景点，农历三月三游曲江是长安的一大习俗，是时曲江边丽人如云，许多士人胜日寻芳，一曲曲爱情传奇就此展开……

唐人小说以曲江为爱情奇遇的发生地，开创了文学创作领域的一个传统，引发和引领了后代小说中一系列城市意象和城市标志的形成，如东京有金明池、临安有西湖、南京有秦淮河、苏州有虎丘、北京有卢沟桥、天津有望海楼、扬州有平山堂、蒲州有普救寺。故事虽然是虚构的，但它完全是现实的一部分甚至是全部的折射和投影，而故事发生的背景和地点却是真实存在的，城市的意象和标志也就在这些小说故事的一次次渲染中脱颖而出。

作为唐代陪都的洛阳也多次作为政治中心出现在唐人的小说里，且对洛阳的奢华富贵及建筑有不遗余墨的描述。现实生活是，无论唐太宗还是唐玄宗都多次巡幸洛阳，武则天则在晚年长期居住在洛阳，可见洛阳当时的地位之高。

和唐人城市小说中充满士人的浪漫情怀不同，宋人小说中的城市则充满了浓郁的市井气息。

宋代是中国城市发展中的一个重大转折期，由于商业的发展和商品贸易急剧增多，市民文化消费也急剧增长，茶市、夜市等都是在宋代开始进入快速发展的轨道。与此相适应，小说话本中的城市也弥漫着市井气息，叙述的也是身边"发迹变泰"的市井故事。同样是描写京城景象，话本的着眼点已经不再是帝都的恢宏华贵，而是街头巷尾的市民生活。即便如此，双城仍是宋元话本里几乎不变的城市主角。其内容一方面追忆东京气象万千的如梦岁月，一方面咀嚼临安千姿百态的如歌风貌。北宋东京的金明池、相国寺，南宋临安的西湖、灵隐寺经常成为小说故事的发生地。"暖风熏得游人醉，直把杭州作汴州"，真实地反映了那个时代人们心中的双城记忆。

与宋元时期相比，明清小说中的开封和杭州发生了较大的分化，在这个时期，两宋时代的双城仍然是小说作者们难以忘怀的记忆，但在记述中，开封的印象已逐渐变得模糊，只是维持了一个中等商业城市的地位，而杭州在作者笔下已成为人口超过百万、全国一流的大城市。在《水浒传》中，与东京有联系的故事不少，如鲁智深相国寺出家、林冲为东京八十万禁军教头、杨志东京卖刀等。由于小说作者距离宋代已经十分遥远，所以在这些描写中有关东京的背景都比较模糊，很少对城市面貌进行具体描述。耐人寻味的是，杭州在这一时期的小说中却表现得十分细致而有活力，出现了一系列描写风物传说、世俗民情和风月言情的"西湖小说"，从而成为古代小说中反映城市影像较为成功的系列作品。究其原因，大约和金、元时期大批士人南下、文化中心南移有很大的关系。

与上述两个都城相比，明清时代的"两京"在通俗小说中受到了更多的关注，在明清小说中，两京的城市面貌被描写得十分具体。如《儒林外史》就细致地描绘了南京的世态人情，真实地展现了以文人为中心的南京众生之相。《儒林外史》写到了南京的许多著名习俗，第四十一回："转眼长夏已过又是新秋，清风戒寒，那秦淮河另是一番景致。满城的人都叫了船，请了大和尚在船上悬挂佛像，铺设经坛，从西水关起一路施食到进香河……所以这一夜，南京人各家各户都搭起两张桌子来，两枝通宵风烛，一座香斗，从大中桥到清凉山，一条街有七八里路点得像一条银龙，一夜的亮，香烟不绝，大风也吹不熄。倾城士女都出来烧香看会。"这一段描写把一个明清时代的南京逼真地再现在我们的面前。

与描述南京的世俗和细致的士人生活不同，明清小说中的北京主要体现了官派气度和市井情味的融合。如《红楼梦》就侧重描绘了权贵豪门、世家大族的豪奢景象以及那庞大无比而又高度集中、相互勾联而又彼此牵制的宗室内臣政治姻亲关系网，从而勾勒出北京独有的政治人文氛围。

在中国古代城市发展的历史进程中，上述三对"双城"、六大古都几乎代表了中国古代最重要的都市群体，它们都是当时全国的政治、经济、文化中心，其地理位置横跨黄河和长江两个流域，并通过运河彼此沟通和联系。这三对双城在历史上也特别有意思，既构成了前后都城的关系，又构成过同一时期一个首都一个陪都的"双城"关系。长安是西汉的都城，洛阳是东汉的都城；在唐代，长安是京都，洛阳是陪都；开封是北宋的京城，而杭州是南宋的京都；明代开国之初以南京为首都，后迁都北京，南京成了陪都，清代也基本上沿袭了这一格局。

双城现象在中国城市几千年的发展史上，绝不仅仅局限于上面几对，而是具有普遍性，它反映了中国文化在城市建设和布局中关于阴阳平衡和中和的思想，而这个思想自秦以后就逐渐成型了。秦代以后，中国的双城现象比比皆是：如唐宋时期中原地带的洛阳和开封；明清时期的苏州和扬州；宋明时期的成都和重庆；北魏时期的洛阳和平城（今山西大同）及北宋时期的开封和大名府。

即使是现在，这种"双城"现象也普遍出现在各省的城市发展布局和变化中。如：辽宁的沈阳和大连；吉林的长春和吉林市；黑龙江的哈尔滨和齐齐哈尔；内蒙古的呼和浩特和包头；山西的太原和大同；山东的济南和青岛；河北的石家庄和唐山；河南的郑州和洛阳；江苏的南京和苏州；浙江的杭州和宁波；湖北的武汉和襄阳；广东的广州和深圳；福建的福州和厦门；海南的海口和三亚。这些双城中大都有一个共同的特点：即两个城市中，一个为省会城市，为一省的政治、经济、文化中心；另一个为经济发达都市或旅游城市，二者相融互补构成一个省的"双城互动"现象。

清末和民国时期的"双城"关系较为复杂。清中期时，北京和南京是当之无愧的双城。太平天国农民起义，首先攻取的便是当时的陪都南京。不过嘉庆、道光年间，广州逐渐后来居上，大有取代南京陪都的趋势。从鸦片战争爆发后到李鸿章上任直隶总督前，上海一度取代了广州的位置成为洋务和外交的热点城市。蒋介石的国民政府定都南京后，将北京改名为北平。北京不再是京城，上海实际上成为南京国民政府的陪都。抗战全面爆发后,国民政府明确宣布:位于大西南的重庆为陪都。

北京最早的名字叫"燕都"，是战国七雄中燕国的都城。作为远古时代的九州之一，其名字叫幽州。西汉、魏晋、唐代都曾设置过幽州，治所均在北京一带。

公元938年，辽太宗将原来的幽州升为幽州府，建号南京，又称燕京，作为辽的陪都。当时辽的首都在上京。

1153年，金国完颜亮正式建都于燕京，称为中都，地点在今天的北京市西南。

1215年，铁木真麾下大将木华黎攻占北京，遂设置燕京路大兴府，1264年，改称中都路大兴府，1272年，中都大兴府正式改名为大都路，也就是元大都，从此，北京成为中国的首都。

1368年，朱元璋灭掉元朝，建立明朝，定都南京，将元大都改称北平。

明永乐元年（1403），朱棣取得皇位后，将他做燕王时的封地北平府改为顺天府，建北京城，这是正式命名为北京的开始。永乐十八年（1420），明朝迁都北京，北京改称京师，直至清代。

1928年，蒋介石在南京建立国民政府，又改北京为北平。1949年中华人民共和国成立后，再次将北平更名为北京。

天津和北京双城互动、并驾齐驱的时期主要在清末民初。更准确地讲是在李鸿章和袁世凯任直隶总督和袁世凯及其同党主政的北洋政府时期，即1870年至1928年这一时期。

不过和历史上其他城市相比，天津实在是太年轻了。不论是洛阳还是杭州、南京，其城市都有上千年的历史。而天津在短短六七十年的发展中就能够比肩北京，实在令人惊叹不已。

不过，从大量的城市考古发掘中可以充分证实，天津城完全是伴随着北京的发展形成和发展起来的，从天津城诞生的第一天起，它就担负着保卫北京的重任。清末民初天津城市的快速崛起，也是源于它卫城角色的突然加重。

宋代，当北京由辽的陪都转为金的中都时，天津还处在黄河肆虐的扫荡中。

公元993年，北京成为辽陪都的第55年，黄河决口，入永济渠，夺海河入海；1194年，当北京成为金中都的第41年，黄河再次改道，从淮河入海，黄河从此撤离天津。

从公元993年到1194年，黄河在天津的入海时间长达200余年。黄河在肆虐的同时给天津平原带来了大量的泥沙，这一长达200余年的造陆机会，导致天津地区的海岸线一再向东推移。黄河撤离天津后，今天的天津海河平原作为地理单元基本成型，海河水系至此再一次形成。

北宋时期，中国政治格局发生重大转变，南北对峙逐渐取代了原先的东西对峙。原先作为清池县和武清县部分分界线的海河，成为宋、辽两个政权对峙的界河。天津海河以南地区属于宋朝高阳关路乾宁军和沧州清池县，天津海河以北地区则属于辽政权的幽都府（后改为析津府）武清县。天津地区由此成为南北政权对峙的前沿阵地。为了防御辽兵的骚扰，宋政府在海河南岸险要处设置了一系列军事据点，构筑了一批沿河防御工程。其中，和天津关系最为密

切的是乾宁军和清池所设的寨铺。

今天的天津地区，如果按照河流分布，大致可分为以下四个部分：即以潮白河、蓟运河为主的一块，大体包括蓟州、宝坻、宁河、汉沽，简称北区；以永定河、北运河为主的一块，大体包括武清、北辰，简称西区；以海河干流为主的一块，大体包括今天的天津市区、塘沽地区，简称中区；以大青河、子牙河、南运河为主的一块，大体包括今天的西青、津南、东丽、静海、大港，简称南区。

根据考古资料可知，天津地区史前人类活动的痕迹，最先出现在北区，夏商周时期的文化遗存逐渐从北区分布到西区，春秋战国时期的文化遗存进一步扩展到南区。而位于中区的市中心和塘沽地区直到金元时期才出现了人类活动的文化遗存。研究表明，今天的天津市区及塘沽一带在汉代时已存在指状海岸线和若干小海湾。大约在隋唐以后,这些小海湾才逐渐消失,最后形成今天的陆地和湿地,而造成这种结果的便是黄河带来的泥沙。两宋时期，黄河在天津地区入海时间长达 200 余年。黄河巨大的泥沙携带量使天津平原重新造陆,之后经过进一步堆集，最终在金代形成了今天的海河干流地区的基本地理单元和自然环境基础。

今天的天津市中心最早的名字叫直沽寨。

1214 年，在北京成为金朝中都的第 61 年，在天津地区便设立了直沽寨。

之所以设立直沽寨，是为了保卫中都的安全。金设立中都以后，北京城的居民达到了 20 万户左右，庞大的人口需要大量的粮食，但周边却严重缺粮，为了保证民食军需只能从中原调粮。为此，金朝利用永济渠旧道将来自山东、河北、河南的漕粮运往中都。但好景不长，永济渠旧道逐渐淤塞，且难以疏通。无奈之下，金章宗于1205 年下令改凿漕渠。漕渠改道后，漕船不再经霸州、涿郡，而由靖海（今天津静海）独流至柳口（今天津杨柳青镇），再东折经过今天津市内的三岔河口与北运河相汇。而从山东临清至天津三岔河口的永济渠就是今天的南运河，自此，新的南北运河和海河相遇，形成了天津市最早的发祥地——三岔河口。

金章宗改凿漕渠，使天津成为漕粮进京的必经之地，每年经天津输运的粮食达上百万石，成为维系国家经济命脉的航运枢纽。此时的天津，因为与首都近在咫尺，水陆相接，同时作为首都的东大门与出海口，已经具备了战略"要冲之地"的地位，时刻关系着首都的安危。为了防范日益崛起的蒙古势力（蒙古各部落于1206 年统一），确保漕渠畅通，改凿漕渠后不久，金朝政府便在天津地区设置军事组织直沽寨，并派驻都统与副都统。按照当时的规定，都统可领兵4800 人，这几千人事实上也成为天津市区历史上最早的军事居民。

金代改凿漕渠，是促成天津战略地位形成的重要契机。由于漕渠相连，天津成为维护首都安全的战略据点和水上门户。直沽寨的建立和屯兵，标志着天津地区开始成为军事重镇，为日后成为北京的卫城奠定了基础。

元建立大都后，将直沽寨改名为海津镇，天津成为元政府控制华北地区和中原地区的重镇，从此以后"近都临海"的天津与北京的地缘政治关系更为密切了。

元政府将直沽寨改名为海津镇，最大的动机仍然是因为粮食运输。元代的政治中心在北方，但物资供给却依赖南方。元朝初年，

大运河部分淤塞，只能靠运河、陆路与海道联运，解决漕粮和军需品、日用品的运输问题。

漕运是中国历代封建王朝将征自田赋的部分粮食运往京师或其他指定地点的运输方式。运送粮食的目的是供宫廷消费、百官俸禄、军饷交付和民食调剂，这种粮食称为漕粮。漕粮的运输方式称为漕运，其方式有河运、水陆递用和海运三种。天津在金代时漕运主要以河运为主，到了元代以后改为三种方式并用，由于运输成本低廉，海运在元朝后期逐渐成为主要方式。

元代初年的漕运路线主要有两条：一条是漕船由长江入淮河，或转黄河自河南封丘登陆，至汲县淇门镇，再入大运河至大都；另一条是经山东泗水及胶莱运河入海，至大沽口经海河、北运河至大都。但这些路线都费时费力，运输成本很高。1282 年，元朝大将伯颜命人试行海运，经过两次修正航线，海运漕粮成功。先后开辟的海运航线，均起自刘家港（今江苏太仓浏河），至天津大沽口转经海河干流，再沿北运河北上。如此，海运航线南北不过 5000 里，往返只需 20 天左右，海运数量开始急剧增多。1283 年，海运刚开通时只有 4650 石，到 1329 年时已激增至 352 万石。

在开通海道的同时，元政府又花了十几年时间，把原来以洛阳为中心的隋代横向运河，修筑成以大都为中心、南下直达杭州的纵向大运河。先后开挖了"济州河"和"会通河"，把天津至江苏清江之间的天然河道和湖泊连接起来，使运河直达杭州。而北京和天津之间，原有的运河已废弃，又新修"通惠河"。1293 年，元代大运河全线通航，漕船可由杭州直达大都，新的京杭大运河比绕道洛阳的隋唐大运河缩短了 900 多公里。

不论是河运还是海运，天津都是漕船必须经过的要道。不过，由于潞河（北运河）及通惠河都河窄水浅，大批漕船抵达直沽后，必须换载平底驳船才能驶入，直沽因此成为元代的漕粮输转和仓储中心。元政府因此在直沽设立了接运厅、广通仓和直沽海运米仓。其中广通仓是天津历史上第一座国家粮库。每当漕粮交卸时，朝廷会派重臣前来监管，为了保证漕粮交卸安全，还会派皇帝身边的禁军前来护卫。为了保证漕运通道的顺畅和漕粮交卸的安全，1316 年，元政府在直沽设立海津镇。由金代的直沽寨升格为元代的海津镇，足见统治者对于天津地区"河海通津"重要地位的深刻认识，正是上千年的漕运文化直接影响和促成了天津早期城市的形成。

明朝建立后，以南京为京师，将元大都改称为北平府。1403 年，燕王朱棣夺得皇位后，将北平改为北京，北京从此得名。

1404 年，朱棣决定在直沽设卫筑城。1967 年在天津老城南门外发现的碑刻，记录了天津这一名字的由来。这块名为《重修天津三官庙记》的碑立于明嘉靖二十九年（1550），碑刻中有"我朝成祖文皇帝入靖内难，圣驾尝由此济度沧州，固赐名天津"。在明朝人看来，天津是明成祖朱棣赐名而来，意思是"天子之津"（天子的渡口）。

明成祖即位后，先后设天津卫、天津左卫、天津右卫，其中天津卫设置时间最早，即明永乐二年十一月己未（1404 年 12 月 23 日）。

朱棣在直沽地区设立军事单位——卫所，有着政治和经济两方面的考虑。政治上，在此设卫主要为迁都北京造势。设卫有利于"拱卫神京"，保卫北方边境，抵御外来侵略，尤其是来自海上的威胁。在经济上，则和金、元时期一样，主要是为了保护漕运。

天津塘沽潮音寺观音

今天的人们或许无法想象漕运对于帝国京师的重要性。在古代，漕运航线不啻为帝国的生命线。明朝初年定都的南京，正好位于江南富庶之地，漕运的作用并不明显。但一旦迁都北京，京师庞大的行政人口、军事组织、商业外贸、上缴的财赋、民众的食用，均需从各地通过漕运运至北京，而保卫漕运安全才能保护京师的安全。在直沽地区设卫筑城就显得无比重要。

回顾一下近代中国大运河的遭遇，我们就可以更直观、更深刻地理解朱棣为何在即位的第二年就急于在天津设卫筑城。

1842 年，英军在鸦片战争中最重要的一场战役就是夺取京杭大运河与长江交汇处的镇江。封锁了漕运，清帝国的生命线被英军控制，迫使道光皇帝迅速做出求和的决定，不久后便签订了中英《南京条约》。

1853 年，太平天国起义后，占据了南京和安徽沿江一带十多年，大运河的漕运被迫中断，京师受到极大威胁。咸丰皇帝迫不得已做出让江南汉族地主组织地方武装镇压太平天国起义的决定。此后湘

军、淮军乘势而起，满族八旗逐步衰落，清政府也由此一步步走向
灭亡。

1855 年黄河改道后，大运河山东段逐渐淤废，此后清帝国的漕
运主要改走海路。此时作为海上漕运重要枢纽的天津地位变得更加
重要，天津因此也成为英、法联军发动第二次鸦片战争的主要攻打
目标。

1872 年，轮船招商局在上海成立，正式使用轮船承运漕粮。轮
船招商局的建立也是洋务运动的成果之一，其宗旨仍然是为了保证
清帝国的漕运。

1911 年，随着津浦铁路的全线贯通，延续了两千多年的运河漕
运才基本上结束了自己的历史使命，而此时的清帝国也已经走到了
历史的尽头。

明成祖朱棣自然无法预料到 500 多年以后清帝国的命运，但他
清楚地知道，随着北京即将建都，直沽地区在漕运中的地位将愈发
重要。

明代的"卫所"是独立于国家行政管理系统外的军事组织。
按照规定，每一个卫的官兵额定为 5600 人，天津三卫的驻军额定
为 16800 人。据嘉靖十九年（1540）统计，天津三卫的正军人数为
10695 人，万余将士加上官兵家属，使得天津三卫最初的军户人口
数已达 4 万—6 万人，这么多军户人口足以说明明政府对天津卫的
重视。

此外，天津设卫之际，明政府同时决定在天津地区筑城。筑城
的主力正是驻守的卫所士兵。资料显示，天津卫城城址选在三岔河
口西南，东距海河 220 步，北距卫河 200 步。城垣周长九里十三步，

高三丈五尺,东西长,南北短,呈矩形。从筑城的周长和城墙的高度看,天津卫城的规模已接近差不多同时期扩建的平遥古城。而平遥古城在当时是已经有 2000 年历史的县治所在地和晋中地区重要的商贸中心。由此可以看出明政府对于天津筑城的重视程度——以卫所的规制筑城可以比肩县治的规模。

明朝漕运鼎盛时期,运河上每年行驶的漕船有 12000 余只,由 124 处卫所 12 万多军士负责运输。只有三个卫所(天津卫、天津左卫、天津右卫)的天津卫竟拥有卫兵上万余人,明显高于一般卫所,从军士分配数量上也可以看出明政府对天津卫的重视。

北运河和南运河在天津汇合,进海河后流入渤海,天津地处河运和海运的交汇之处。鼎盛时期,天津到通州的北运河上,每年来往的漕船有两万多艘,官兵达 12 万人次,商船 3 万多艘,其来往船只数量大大超过了运河沿岸一般的卫所。运河的开通使一个小小的直沽寨成了远近闻名的天津卫。

设卫筑城的实现,不仅使天津在建制和实体上开始了城市化进程,而且使它的卫城性质得到了进一步深化和发挥。这个特性可以从明代几次大的军事设施修筑和军事行动中体现出来。

明代的北部边防共有辽东、宣府、蓟镇、大同、山西、延绥、宁夏、固原、甘肃等九个重镇。其中的蓟镇防御范围东起山海关、西至居庸关,拱卫京师,是明代北部防御系统中的重中之重。今天的天津蓟州区即为明代蓟镇防卫体系中的重要一环。从后来发生的史实也可以看出蓟镇防区的重要性——明朝末年,李自成大军正是从居庸关突破进入北京,而清军则是攻占山海关后蜂拥而入北京。

明代蓟州的东南是沟通燕山南北的喜峰口,其西面是逼近京师

席之尧10岁画

天津黄崖关长城

的古北口。蓟州具有控扼京师东部门户的重要战略地位。

明代天津的卫城特性除了卫所设置外，还体现在对北部长城的修筑和关隘的构建上。

明朝初年，今天的河北玉田、丰润、遵化、北京市平谷区都属蓟州管辖。蓟州长城位于蓟州北部山区，东起赤霞峪，与今天的河北省遵化市钻天峰相连，西迄黄土梁，与今天的北京市平谷区将军关长城相连，全长达 30 多公里。蓟州的长城始建于隋文帝开皇三年（583），在明代进行了大规模的修筑。明开国之初，大将徐达等就在长城筑堡寨，置兵戍守；1414 年，修筑蓟州、马兰峪等隘口；1426 年，在山海、永平、蓟州到居庸，修筑险隘；1498 年，自山海关至古北口、黄花镇，直抵居庸关，增筑寨垣，绵延千余里；嘉靖时期（1522—1566 年），为加强军事防御，曾多次大规模修筑长城。

1568 年，明朝著名抗倭将领戚继光受命以署都督同知之职总理蓟镇、昌平、保定练兵事务。镇守蓟州、永平、山海关等地。戚继光上任的第二年，便率领兵士加固城墙，并首创空心敌台。空心敌台是长城墩台建筑的一次飞跃，也是完善长城防御体系的重要举措。空心敌台与普通墩台的重要区别在于：其台体中空，内部可以贮存粮食、军器，台上建有辅房以供戍卒居住。空心敌台的建成，极大地加强了长城的防御体系。至万历时期，今蓟州境内的长城已基本建成，这段长城蜿蜒盘旋于崇山峻岭之间，具有自然、威武之势，默默地守护着京师的安全。

万历年间，天津还一度成为明政府援朝抗倭战争的前沿军事基地。

万历二十年（1592），在日本当权的丰臣秀吉企图假道朝鲜，进攻中国。日本侵朝战争发生后，明朝派军队5000余人助战，军事输转中心就设在天津。凡制造器械、征募船只、调兵遣将，皆集中在与朝鲜隔海相望的天津，明朝初年决定建立的天津城在此时发挥了重要作用。天津此时既是大后方又是兵工厂，一方面成为援朝人员、物资的集散地；另一方面也成为援朝器械、兵船的制造中心。

天津三卫原本每年都有造船的定额，制造工作均由三卫军士承担，到万历四十八年（1620）时，天津已具有造船200艘的能力，其主要目的是为了漕运和盐运。随着朝鲜战争的爆发，当时全国两大造船厂之一的天津清江厂，专门营造新式战船，包括福船、仓船、沙船、哨船等不同船型。与此同时，天津还成为军火生产基地。当时天津不仅能生产压阵大炮、一字小炮、小信炮，还能生产明火药、毒火药、铅弹等，多则十几万斤，少则几万斤，为当时的战争提供了大量的军用物资。二百多年后的洋务运动中，天津为造船而建的大沽船坞及为造军火而建的天津机器局和明朝时期曾有过的造船和制造军火的传统有很大的关系。

直到明朝晚期的天启年间，天津驻军的人数仍保持在万余人以上。为了应付辽东战事，来自山东、河南、淮扬、福建等地的增援部队不断向天津集结，再由海路或陆路进军辽东。为适应战争需要，天津地区广泛设局，大量制造兵器、火药、盔甲、车船等军需物资。一时间，小小的天津城内衙署林立，军队调动和饷械调拨频繁，整个卫城呈现出一片繁忙的景象。这种情况表明，明朝末年的天津卫，已经由一座滨海卫城，发展成为军事手工业发达、物流周转频繁的海疆重镇。

清军入关后，经过顺治朝的稳固后，康熙、雍正两朝对天津越来越重视。

顺治元年（1644），原创设于济宁州（山东济宁）的河道总督移驻天津，管辖直隶省和鲁豫河务；康熙四年（1665），将原设于河西务的户部钞关，移驻至天津卫城北门外甘露寺，更名为天津钞关；康熙七年（1668），长芦巡盐御史署由北京移至天津；康熙十六年（1677）原驻沧州的长芦盐运使司移至天津；雍正八年（1730），在天津设立水利总督衙门。

随着各类衙门集聚天津，天津的行政建制也在短短六年里连升三级。

清朝在北京建立政权时，天津仍是"三卫模式"的军事城堡。雍正三年（1725），清政府将天津卫改为隶属河间府的天津州；改卫为州仅五个月后，天津州就快速升格为直隶州；雍正九年（1731），天津由州升为府，至此天津府"一州六县"的行政建制正式确立，这一模式一直沿习了180多年，直到清朝灭亡。

随着天津行政级别的提升，朝廷对天津的军务管控也相应增加了。如在明朝的基础上，添设二十六营，增加驻防的马兵和步兵；康熙十七年（1678），执掌天津守战事宜的城守营在天津设立；雍正四年（1726），设天津水师营，又添设天津河标左营、右营和大沽协、海口营等。

天津的行政建制之所以在清朝初年接连升格，主要还是因为天津是京城的咽喉要地、战略重镇的缘故。

明朝中后期，天津既是长芦盐的主要产销地，也是南粮北运的交通枢纽，漕运和盐运的双重功能使天津的地位逐渐与内地其他城市拉开了距离；与此同时，粮食加工业、渔业、造船业、军火业的不断发展又加重了天津城市的战略地位；水路、陆路、海路的便利，使天津的漕运、海运和驿道运输齐头并进，成为周边无可替代的商品集散地和转口贸易中心。进入清初，这种趋势更加明显，并逐渐催生出一个新型的地域经济中心和军事战略要地，而唐宋以来就已设县置州的静海、青县、沧州等繁华已久的城镇却相形失色。

不过，天津的卫城特性真正得到体现则是在第一次鸦片战争之后。

第一次鸦片战争后，外国侵略者进入了中国的长江流域，但是想要攫取更大利益的列强显然并不满足。很快，他们便把目光瞄向作为京师首要屏障和第一门户的天津。

按照常理，天津当时的城市规模既不大，等级也不算高，但列强却把发动第二次鸦片战争的首要目标牢牢锁定在天津。

列强当时拥有强大的海上力量，所以进占沿海港口并由此延伸侵入内地就成为其战略目标。当时的天津港是内河港，就港口的自然条件而言,其整体环境远不如水深港阔的秦皇岛。但在第二次鸦片战争中,英国政府并没有采纳专家们的建议,开秦皇岛为商埠,而是坚持要把天津辟为通商口岸。列强如此考虑,显然是出于天津的巨大军事价值、政治价值和经济价值:一、天津是距离北京最近的港口;二、天津地处清政府的漕运和海运要道,控制着清廷的经济命脉;三、天津地处华北、西北、东北的交汇点,辐射能力强,有利于列强的商业掠夺和文化入侵。总之,攻占天津就可以在天津建立一个"足以威胁京城的基地",迫使清朝统治者彻底屈服。后来的史实也证实了这一点。纵观近代百年城市历史,首都附近,没有哪一座城市的地位和重要性能与天津相提并论,百余年来的史实证明,天津一旦不保,北京立即处于风雨飘摇之中。

列强攻打天津,其核心是为了影响北京。随着第一次鸦片战争的爆发,列强越来越想在中国攫取更多的利益,因而也需要通过更多的外交途径与清政府交涉和谈判,而清政府出于长期闭关自守和天朝大国的自大心态,一直拒绝和列强交往,并且拒绝把北京作为和列强交涉的外交中心。

清廷当年的落后封闭心态可以通过几件事情反映出来:

1865 年,美国商人在北京宣武门外修建了一条一里多长的铁路,以作为样品引起别人的关注,但没几天就被步兵统领衙门拆除。

1877 年,为了把开平矿务局的煤运到出海口,李鸿章奏请清政府同意,修建从唐山至北塘全长 46 公里的铁路,但不久清政府便收回了成命,几经交涉后,只允许修唐山到胥各庄一段,而且只能用于运煤。1881 年,铁路通车,但清政府却出台了令人啼笑皆非的规定:不许用火车头,只允许用驴子和马拖着车厢在铁轨上行走,导致这

段铁路运输效率极低。

相声原本发源于北京，其后却是在天津不断壮大。光绪三十二年（1906）因相声艺人魏昆志在北京街头说相声，惹恼了肃亲王，清廷就此下令北京禁演相声。禁令之下，相声已无法在北京立足，相声艺人也无法在北京生存，因此改行的改行，出走的出走，许多相声精华也因此流落到天津，受到了天津人的欢迎，天津从此担负起完善、发展、繁荣相声的重任。

进入 20 世纪后，照相业在天津已经非常流行，但在清廷却依然受到种种限制。1909 年，天津福升照相馆的摄影师尹绍耕等为了摄取慈禧太后灵柩移入东陵的盛大场面，却无意中卷入了清廷上层的斗争和倾轧。尹绍耕等四人因拍摄被拘捕定罪，直隶总督端方被参革职，这就是当时震惊全国的"东陵照相案"。

晚清的统治者面对列强的侵略，其闭关锁国的心态有增无减，不仅拒绝新生事物和世界潮流，也拒绝在京师和列强直接接触，而列强又急于通过抵近清朝统治上层来控制中国。在这种情况下，天津就成为列强攻占和控制的首要目标，第一次鸦片战争后天津的一系列遭遇就此展开。

提到近代中国和京、津地区的反侵略战争就不能不提到天津大沽口炮台。

让我们把时光拉回到 180 多年前的 1841 年，彼时，位于天津东南的大沽口正处在一片忙碌之中，数千民工正在这里紧张地修建军事工事。他们在对原有炮台进行重新加固的同时，又新建了几处炮台，经过近一年的施工，浩大的军事建筑工程终于完工，中国北方最重要的一座军事要塞自此矗立在天津大沽口。

大沽口的这次重建，源于第一次鸦片战争。

第一次鸦片战争爆发时，林则徐在广州虎门对英军进行了顽强的抵抗。英军在广州受挫后立即沿海北上闯入大沽口，进犯天津，并以武力胁迫清政府屈服求和。此时，清廷才意识到大沽口的重要性并做出了在这里大规模建设军事要塞的决定。

大沽口即白河口，是天津和北京的门户，也是京、津地区最重要的海上要塞。从第一次鸦片战争后清军加强这里的防卫开始至1900 年八国联军入侵北京，大沽口曾遭遇过 4 次针对列强的海战，而天津卫城的特性也在这一次次海战中凸显无遗。

1858 年 5 月 20 日，英、法联军以 6 艘炮艇掩护陆战队近千人向炮台侧面登陆。清军发起反击，杀死近百名联军士兵。战斗中，直隶总督谭廷襄弃守逃亡，清军 300 多人战死，南北炮台陆续被英法联军攻占。5 月 26 日，英、法联军沿河到达天津城。6 月 23 日，清政府代表在天津海光寺与英、法、美三国代表分别签订《天津条约》。这是大沽口遭遇的第一次海战。

1859 年 6 月 20 日，英、法、美三国公使到达大沽口外，清政府要求列强公使从北方的北塘登陆并由清军保护到北京换约，但遭到拒绝。6 月 25 日，英法联军进攻大沽口，清军开炮还击。战斗中，英法军舰遭到清军重创，有四艘军舰被击沉，清军取得了第二次保卫大沽口海战的胜利。

1860 年 8 月 1 日，不甘心上一年被击败的英法联军出动军舰30 多艘和陆战队 5000 人在北塘附近顺利登陆，和清军展开第三次大沽口海战。英法军队从陆地攻占新河、塘沽后，接着从大沽炮台北侧进攻，清军在奋战后溃败，北炮台被英法联军攻占，英法联军

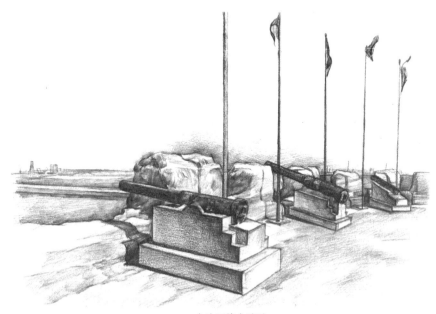

大沽口炮台遗址

接着攻占了清军的南炮台，大沽口自此完全被英法联军控制。英法联军攻占大沽口后，紧接着攻打天津，并从天津窜至北京火烧圆明园，咸丰皇帝被迫逃往承德。这是大沽口遭遇的第三次海战。

1900 年，八国联军入侵中国。这一次他们依然选择把大沽口作为入侵的登陆地点。

大沽口炮台在第二次鸦片战争后再次得到加固，南北两岸共有 4 座炮台，安装了各种火炮 134 门，号称当时世界上最坚固的海防之一。大沽炮台守将、天津镇总兵罗荣光率领淮军 6 个营和 1 个水雷营共 3000 余人在此镇守。此外，在海河口内还有北洋海军的巡洋舰和鱼雷艇 4 艘。

1900 年 6 月 17 日凌晨，八国联军炮舰 10 余艘从海面和炮台后侧同时向大沽炮台猛攻，同时海河口外还有 28 艘军舰随时准备进攻；与此同时，1600 余名俄军悄悄潜入海河河口，200 余名法军开赴军粮城，300 余名日军占领了塘沽火车站，900 余名联军埋伏在大沽炮台的西北侧，随时准备发动偷袭。驻守炮台的清军在罗荣光的率领下奋力还击，激战 6 个小时付出惨重代价后，共击沉击伤敌舰 6 艘，打死打伤敌军 130 多人。晨 7 时，大沽炮台全部

聂士成雕像

陷落。这就是大沽炮台经历的第四次海战。

　　大沽炮台失陷后，八国联军在大沽口登陆，大批联军士兵沿海河攻入天津，由此先后发动了天津之战和北京之战，最终于 8 月 15 日攻入北京，引发全国震动，光绪皇帝和慈禧太后仓皇逃往西安。战事结束后，八国联军强迫清政府签订了丧权辱国、灾难深重的《辛丑条约》。

　　1900 年的京、津保卫战，其战场几乎遍布天津，除了大沽口外，八里台、紫竹林、老龙头、廊坊等地也爆发了激烈的战斗，天津卫城的特点在这次战争中表现得淋漓尽致。

　　在今天的天津城南的八里台，有一座聂公桥，在桥头有一座青铜铸就的聂士成骑马的雕像。

　　1900 年 6 月 17 日，八国联军攻陷大沽，聂士成奉命守卫天津。7 月 9 日，侵略军 6000 多人分兵向聂士成部发起进攻。同时，日本

出动500多名骑兵，从租界前往增援，聂士成部奋勇反击后被迫退至八里台一带，被敌军团团包围。

凌晨五点，清军与八国联军在八里台展开决战。聂士成骑马立于阵地前的一座小桥上，挥刀在桥头划了一条生死线，对部下官兵说："此吾置命之所也，逾此一步，非丈夫也！"言罢，率部冲到桥头与八国联军进行了白刃战，战斗异常惨烈。此时的聂士成早已将生死置之度外，他一连换乘四匹战马，两条腿先后被打断。最后，一发子弹从聂士成的嘴里打进去，并穿透了他的脸颊，又一发子弹射穿了他的前胸，最后的子弹击中了他的太阳穴。聂士成英勇战死，他手下的士兵也全部阵亡，而且全部倒在生死线之内，无一人后退半步。

坐落于天津城西红桥区芥园道南侧的吕祖堂，原是供奉吕洞宾的道观。这座始建于明朝的古建筑见证了一百多年前那场可歌可泣、悲壮惨烈的义和团运动，也是迄今为止全国保存下来的唯一的一个义和团坛口。

1900年，当八国联军陈兵大沽口，威胁北京和天津时，义和团纷纷进入天津，参加保卫天津的战斗。由于吕祖堂濒临南运河，距天津城西门仅三里地，交通方便，于是义和团就将总坛口设在了吕祖堂内。当时，自发的群众性练拳运动在天津颇为兴盛。受到义和团运动的感召，人们纷纷加入义和团，没过多久，天津的义和团成员就达四五万人，建立的坛口达三百多个。这些义和团战士用手中的大刀长矛和血肉之躯，抗击了装备精良的八国联军，尤其是配合清军进行了惨烈的天津保卫战。保卫大沽口、血战紫竹林、攻打老龙头、鏖战八里台、廊坊阻击战、保卫天津城等战斗都有义和团英

天津吕祖堂

勇奋战的身影，并取得了廊坊阻击战的胜利。

天津保卫战虽然以天津城被八国联军攻破而告终，但在武器装备落后等极端不利的情况下，英勇的义和团战士和清军官兵坚守天津达一个月之久，极大地迟滞了八国联军对北京的进攻，显示了中国人民不畏强暴、威武不屈的大无畏精神。

位于天津三岔口海河北岸的望江楼教堂也见证过近代天津百年抗争的历史。

教堂所在地原有一座望海楼，建于清代康熙年间，曾是清代皇帝出巡到天津游玩的地方。这里一度车船汇聚，商贩云集，是当时的水陆交通要道。望海楼的旁边有崇禧观、望海寺等庙宇。

第二次鸦片战争后，法国攫取了望海楼一带 15 亩地的"永租权"，由法国传教士谢福音于 1869 年主持拆掉了崇禧观，在原来的地基上盖起一座规模宏大的天主教堂，当地人称这座教堂为"望海楼教堂"。

　　望海楼教堂建成的第二年就因"天津教案"的爆发而被焚毁，成为中国近代史上著名的"天津教案"遗址；1897 年，望海楼教堂第一次重建，随后又在 1900 年的义和团运动中再次被烧毁。现存的望海楼为 1903 年用"庚子赔款"按原形制重建，1976 年因地震严重损坏，1983 年进行了修缮。这座具有欧洲哥特式建筑风格的教堂是天主教传入天津后建造的第一座教堂，尽管历经磨难，教堂的基本形象还是完好地保存了下来。望海楼见证了中西文化的碰撞，也成为中国人民反洋教斗争和天津人民反帝爱国运动的标志。

　　作为京师著名的卫城，天津的很多自然景观和建筑景观都经历和见证过天津城战火纷飞的场面。

　　天津海河上有座著名的桥叫解放桥，它最初建于 1902 年，当时的名字叫万国桥。这座先后耗资达 190 万两白银的桥梁可以说是中国近代史上造价最为昂贵的桥梁之一。这座全钢结构可开启的桥梁，可供货船、旅游船通过，不仅是天津标志性的建筑之一，也是连接河北、和平两区，沟通天津站地区的枢纽桥梁，该桥性能良好，至今通车无阻，一直正常使用。

　　抗战时期，解放桥曾在关键时刻助力中国军队。"七七事变"发生后的第 10 天，日本政府决定调集 40 万日军攻打中国军队。当时天津守军虽然兵力有限，但他们仍然决定主动出击。1937 年 7 月 29 日凌晨 1 点，天津抗战的枪声在天津东站打响。这时，日军的援军沿着海河南岸向解放桥冲来，假如此时这股援军冲过了解放桥，攻击东站的中国军队将腹背受敌，形势极其严峻。然而就在此时，万国桥的桥面在尖利的警报声中徐徐开启，因为这座桥位于法租界的入口处，又是由法租界工部局主持建造的，所以驻守法租界的法

天津望海楼教堂

国军队以保护本国租界的名义拒绝日军通过。这让攻击东站的中国军队赢得了时间。激战两个小时后，日军被逐出东站，在此驻守的中国军队不仅赢得了攻打东站的胜利，还抽调出一部分兵力去增援兄弟部队。

下令中国军队打响主动出击第一枪的是爱国将领张自忠，当时任国军 28 师师长，驻守天津。这次主动出击的战斗有力支援了北京的抗战。当时日军分几路增援北京，中国军队的主动出击就是为了阻止日军增援，对抗日起到了一定的作用。

在平津战役中，中国人民解放军在解放桥上的战斗也打得十分精彩。当时这座桥因为靠近天津市中心，北侧是重要的交通枢纽火车站，南侧是当时的北方金融中心，同时也是国民党各重要机构的

所在地。所以，国民党守军在此修筑了坚固的工事并派驻重兵把守。1949 年 1 月 15 日拂晓时分，解放军东北野战军一纵三师二团经过一天的激战便冲进市区，沿海河南岸穿插到了这座桥前面。只用了20 分钟就击溃了人数众多、武器先进且有工事可以依托的守军，占领了解放桥。这座桥不仅见证了解放军的神勇，还见证了平津战役这一战争史上的奇迹。

见证这次战争奇迹的，除了解放桥，还有金汤桥。金汤桥建于光绪三十二年（1906），桥名为"金汤"是取"固若金汤"之意，意为坚固耐用。金汤桥之所以出名，其主要原因还是因为在平津战役中，多路攻城的解放军在此会师，而会师就意味着天津解放，所以这座桥也被称为"会师桥"，成为象征天津解放的标志性建筑。解放军在金汤桥会师的时间是 1949 年 1 月 15 日凌晨 5 点 30 分，至此，解放天津的战斗只用了 29 个小时，共歼敌 13 万人，金汤桥从此成为胜利的象征。

解放天津战役创造了被毛主席称为解决国民党残余军事集团的三种方式之一的"天津方式"——即以军事手段坚决、彻底、干净地歼灭一切敢于顽抗的敌军。

当时，天津是中国北方最大的工商业城市，人口 200 余万，有国民党守军 13 万人，并修筑了极其复杂和极为坚固的城防外围防线。不论是城市规模还是防御程度都可以比肩北京。国民党华北"剿总"傅作义因此认为，解放军打下天津最少需要 3 个月。而实际上，解放军只用了 29 个小时便全歼天津守军。

天津之战，解放军创造了在最短时间内攻克敌重兵设防的大城市的先例，不仅成为人民解放战争中城市战的经典之战，还推动了北平的和平解放和绥远的解放。

正是因为有了天津之战，才加快了北平和平解放的进程。为了和平解放北平，中共中央一方面调集兵力，缩紧对北平的包围；另一方面与国民党傅作义集团加紧谈判。在天津之战的震慑与压力之下，经过三次谈判，傅作义终于接受了和谈条件。

1949 年 1 月 31 日，在天津战役结束 15 天后，中国人民解放军浩浩荡荡开进北平，北平和平解放。这一次，天津以自己的血与火又一次保卫了北京，使古都北京免遭战火。凸显了自己的卫城本色。

新中国成立后，天津继续发挥着卫城的作用，不论是 20 世纪后半叶的制造业、工商业、金融业助力，还是 21 世纪的海港进出口贸易、奥运协办、蓝天保卫战、疫情防控，天津都极为出色地完成了自己的 "卫城" 任务，为京津冀联动和环渤海经济圈的形成做出了极其重要的贡献。

第四章

水上漂来的城市

　　在华北甚至是中国北方，天津无疑是水系最为发达的城市，永定河、大清河、子牙河、南北运河都在天津汇集，甚至黄河也一度在天津奔流。在众多河流的塑造下，天津的海岸线不断向东迁移，而盐运、漕运和海运也随着四通八达的河网逐步发展起来。河水不仅塑造了整个天津平原，还直接推动了整个城市的发展。天津堪称一座水上漂来的城市。

尽管中国历史上双城众多，但从来没有一对城市像北京和天津这样关系密切。双方在历史上共融共生、互相促进、互为补充，这种情形尤其在明、清时期特别是清末民初表现得最为突出。

　　明、清时期的史料对天津的地位有过这样的概括：天津"地当九河津要，路通七省舟车……江淮赋税由此达，燕赵渔盐由此给，当河海之夏冲，为畿辅之门户"。天津之所以形成这样的地位，一方面是由于它靠近海口的独特位置和南北运河的开通，另一方面也是由于北京地位的上升，最主要的原因其实还是由于北京历史地位的变化。

　　当天津还处于海岸潮起潮落、地界忽明忽暗之际，背靠西山、燕山的北京已被中原政权选择为开发东北地区的基地和出关前哨的军事重镇，这一意图可以从曹操北征乌桓，魏、晋设乌桓、鲜卑校尉于幽州，隋、唐征高句丽等重大军事事件中体现出来。

　　乌桓、鲜卑都曾是匈奴的分支，西汉时期汉军大破匈奴之后，将匈奴逐出漠南，乌桓臣属汉朝，被南迁至上谷、渔阳、右北平、辽西、辽东五郡塞外驻牧，代替汉军北御匈奴。东汉建立后，乌桓又从五郡塞外南迁至塞内的辽东、渔阳及朔方边缘十郡。207 年，乌桓的最后一任大单于蹋顿在白狼山之战中被曹操帐下的大将张辽斩杀，乌桓自此逐渐散落。从这些军事行动中，可以看出中原政权经营东北的决心。

中原政权用兵东北，需要运输兵丁和粮草。在交通不发达的古代，水路自然是最便捷的通道，正是在这一时期，华北各水系被逐步打通。当黄河在金代逐渐偏离海河向淮河方向偏移后，海河水系开始形成并逐渐趋于稳定。天津地区的水运枢纽作用自此开始显现出来。而只有在北京上升为都城后，由于大量的漕运需要，天津才能成为稳定的水运枢纽和海上门户，并从一个小的聚落发展为北京周边第一大辅助城市。反过来，这一状态又成为助力北京稳定的必要条件。没有北京的政治、军事、经济的需要，就不会有天津的发展，而没有大运河和天津的转输和渔盐供给，北京就难以生存和发展。

天津位于今天的华北平原东北部，处于海河上游的永定河、大清河、子牙河、南运河、北运河等五大支流的汇合之处。海河干流虽然不长，但却汇集了华北平原绝大部分支流，不仅是华北的出海门户，也是从海上进入北京最便捷的通道。从天津往南，可以通过南运河通往长江流域和淮河流域；往北可以通过北运河到达北京，从而可以控制山海关并沟通松辽平原。在古代，这种沟通南北并控制出海口的位置十分关键。这种枢纽位置和门户作用使天津在拱卫京师的众多城镇中的地位变得十分突出，近代直隶的中心由保定迁往天津便说明了这一切。

在西方列强尚未出现在大沽口之前，天津拱卫京师的门户作用首先得益于海河水系。如果没有海河水系的成型，天津对于北京的重要性将相形见绌。然而历史上的海河水系并不完全是自然形成的，而是与古代战争和运河的疏通修筑有关。因此探寻海河水系的成因就必然会涉及北京地区历史上的军事活动。

海河是中国华北地区最大的水系，中国七大河流之一。海河水系在古代也被称为"九河"，天津被称为"九河下梢"之地正是来源于此。北宋时，海河干流成为宋、辽界河的下游段，金、元时改称直沽河、大沽河，海河出海口的"大沽炮台"的名称正是来源于大沽河。海河这个名字始见于明朝末年。直到清代，直沽河等名称才逐渐被海河这个名字所取代。

今天的海河水系是由海河干流及五大支流即北运河、永定河、大清河、子牙河、南运河共同组成。五大支流在天津附近汇合，然后经海河干流入海，构成一个典型的扇形水系。

海河的源头在山西，如果以发源于山西长治的漳河为源头，那么至海河防潮闸全长共 1031 公里；如果以发源于山西陵川县的卫河为源头，则海河全长为 1050 公里。

海河的支流北运河实际上包括了北运河、潮白河与蓟运河。

北运河在古代也被称为潞河，是京杭大运河的最北段，现在北京通州区有许多地名和景点都与潞河有关。北运河的上源为温榆河，这条河在北京的北部和东部地区几乎家喻户晓，它发源于军都山东麓，流至通州区内河桥以下称北运河，在屈家店与永定河相汇，至天津市大红桥入海河。

潮白河原为北运河的上源，由潮河和白河汇流而成。潮河和白河均发源于坝上高原南缘，流入密云水库，出水库后始称潮白河，在北京通州牛牧屯附近入潮白新河，再流至宁车沽入永定新河。

蓟运河的上源有两条，即州河和沟河，均发源于燕山山脉，这两条河流至天津宝坻区九王庄汇集后称蓟运河，它向东南流至江口洼，纳还乡河后南流至北塘入海。

永定河不仅是海河水系中一支较大的支流，而且是华北地区的母亲河，它先后流经山西、内蒙古、河北、北京、天津，其流域正好覆盖了华北地区。它由桑干河和洋河两大支流组成。

洋河的上源有三条，即东洋河、南洋河和西洋河。东洋河发源于内蒙古自治区察哈尔右翼前旗四顶房村附近，西洋河发源于内蒙古自治区兴和县西洲村附近，南洋河发源于山西省阳高县境内，这三条河在河北怀安县岸庄屯附近汇合后称洋河。洋河在和桑干河汇合前右岸接纳了洪塘河，左岸接纳了洗马林河、城西河、城东河、清水河、盘长河、泥河等，流至河北怀来县时又接纳了妫水河，至朱官屯与桑干河正式汇合。

桑干河发源于山西高原管涔山北麓，向东北流入大同盆地，纳黄水河、浑河、御河及二道河后流入河北境内，于钱家沙洼接纳壶流河后，向东北流至朱官屯与洋河汇合后流入官厅水库。出官厅水库后才称为永定河。永定河在流经京西古道第一村门头沟三家店后进入平原，流至天津北辰区屈家店和北运河汇合。

屈家店是京、津地区的水利枢纽，是北运河、永定河、永定新河、新引河交汇处的水利工程，担负着北运河、永定河的泄洪任务，还兼有灌溉、排涝、挡潮、供水等综合功能，并直接保护天津市和京山铁路、京津公路、京津塘高速公路的安全。在这个枢纽点上，除永定河是自然形成的河流外，其他三条河道都是经过人工改造而形成的。北运河是中国古代逐步修筑而成，而另外两条人工河道都是中华人民共和国成立后修筑的。海河水系的人工干预因素在这个枢纽点上可以完全得到体现和证明。

永定河上游经过黄土高原，因而含沙量很大，下游平原河道又经常摆动。历史上有"善淤、善决、善徙"的特性，与黄河下游河道特别相似，所以元朝以后，人们常称它为"小黄河"或"浑河"。由于河道迁徙无常，原来的名字叫"无定河"，直到康熙二十五年（1686）才改其名为"永定河"。1970年自屈家店以下开挖永定新河后，永定河的大部分河水不再流入海河干流，而是由永定新河直接入海。

大清河也分南北两支，北支叫拒马河，南支称赵王河。大清河流程不算长但分支却非常多。

北支的拒马河，发源于河北涞源县的涞山，东北流经紫荆关至涞水县，转向东流，经过北京的西南部后又进入涞水县，至落宝滩后又分为两支，北支名北拒马河，南支为南拒马河。北拒马河流经涿县，接纳胡良河、挟括河、琉璃河、小清河，至东茨村转向南流，至白沟镇，称为白沟河。南拒马河流至北河店，接纳"易水"，至白沟镇与白沟河汇合，以下才称大清河，这里的易水就是战国时荆轲入秦行刺秦王，燕太子丹送别时吟唱的"风萧萧兮易水寒，壮士一去兮不复还"里的那条易水。

赵王河为白洋淀东出的水道，汇入白洋淀的主要河流有唐河、潴龙河。唐河和潴龙河都发源于山西，唐河发源于山西浑源县境内，潴龙河发源于山西平型关附近。除了这两条河流外，大清河的南支还包括萍河、瀑河、漕河、府河、方顺河及孝义河等，均发源于太行山东麓，大部分都流经今天的河北保定地区，均以白洋淀

为总汇，之后经赵王河流至张青口以东汇入大清河。雄安新区成立后，这些河中的很大一部分都流经雄安新区，成为雄安新区内四通八达的水网。

海河的另一大支流子牙河是由滹沱河、滏阳河两大支流组成的。

滹沱河发源于山西的繁峙县，在山西境内纳云中河、牧马河、清水河及南坪河，至平山县的大坪附近进入河北省，先后又有营里河、卸甲河、柳林河、险隘河、南甸河、松阳河及冶河汇入，东流至黄壁庄进入平原区，流至臧家桥与滏阳河汇合。

滏阳河发源于邯郸市和村附近，先从西北流向东南，经磁县及邯郸市区后折回向东北流去。滏阳河有很多支流，主要有铭河、沙河、牛尾河、白马河、泜河、午河、洨河等，分别在沿线汇合后在艾辛庄附近注入滏阳河，再向东北流至献县臧家桥与滹沱河相汇后称子牙河。子牙河向东北流至天津市郊汇入大清河后流入海河。由于开挖了滏阳新河和子牙新河，在汛期时河水可以通过新河直接排入大海。

南运河是海河最重要的支流，古代称为御河，是京杭大运河北段的一部分，历史上曾经是重要的漕运河道，因位于天津的南面，所以被称为南运河。

南运河在山东临清以上称为卫运河，由漳河和卫河汇流而成。临清位于山东省的西北部，卫运河与古运河的交汇处，与河北省隔河相望。明、清时期得益于大运河漕运的发达，临清保持了500余年的社会经济繁荣，鼎盛时期曾有"小天津"之称。

漳河有两个源头，即清漳河和浊漳河。清漳河发源于山西省和顺县，浊漳河发源于山西省襄垣县，两条漳河在河北涉县汇合后称卫运河。卫运河流经冀鲁两省边界，成为两省的界河，再向东北流至四女寺，以下即称为南运河。

当今的海河水系是自然演变和人工疏通合力营造的结果，这个演变过程长达数千年。据考古部门测定，今天的天津在四千年前还是渤海的一部分，直到距今四千年时，海浸结束，天津平原自张贵庄以西才开始形成陆地。海河水系的形成与历史上黄河下游河道变迁及华北平原的形成有着密切的联系。

四千年前海浸结束后，经过地壳运动，沿海大陆架逐渐上升为陆地，那时候海河各支流及黄河均分流入海。这些河流发源于山区，从山区冲下来的大量泥沙逐渐在流速缓慢的地方沉积下来，从而在山前形成若干个冲积扇，其中黄河的沉积作用最为巨大。长期的沉积使各河冲积扇不断扩大，以后连在一起，逐渐形成了河北平原。各河顺地势流向最低的天津附近入海，于是扇状的海河水系雏形逐渐形成。

海河水系的形成过程事实上也是华北地区各大河下游迁徙改道的过程。历史上的黄河下游河道曾多次南北来回迁徙。据史书记载，从春秋至中华人民共和国成立的两千多年中，黄河决口改道1500多次，其中重要的改道达26次。改道的范围，最北经海河河道，最南夺淮河河道入海。黄河的每次改道都对海河水系的形成与变迁具有很大的影响，今天的海河水系中的大部分河流在历史上不同时期都曾汇入黄河河道入海。

大约在夏商之际，传说中的禹河（即现在的黄河）开始成流，并在今天津市与宁河之间入海，直到春秋时期的周定王五年（公元前602年）才迁离天津，从浚县改道，从河北省大名县、交河县至

天津东南入海。大致循着今天的卫河、清凉江、南运河一线入海。当时黄河以北的呼沱河（即后来的滹沱河）、泒河（后称沙河）、滱水（后为唐河）、治河（后为永定河）、沽水（后为北运河）都经天津附近的洼淀分流入海，海河水系尚未形成。但黄河及各条河经天津地区入海，经过长年累月的沉淀、堆积、抬升，天津地区陆地开始逐渐形成，并奠定了天津平原人类生活的基础。

战国时，天津地区已是古燕国的组成部分，司马迁在《史记》中说，燕多"渔盐枣栗之饶"，其中的渔盐显然来自渤海沿岸，天津平原与北京最早的联系正是从这时候开始的。中华人民共和国成立后天津地区出土的大量燕国铸币"燕明刀"，也有力地说明了这一点。

西汉末年，渤海沿岸又发生了一次巨大的海浸，天津陆地文明又被鱼虾世界所代替，北京地区与天津地区刚建立起来的联系被迫中断。与此同时，公元 11 年，黄河又发生改道，南徙至山东利津入海，海河水系一度摆脱了黄河的影响。

后来，海水渐退，大约到了东汉末年，这片土地才又焕发了生机。但直到汉末，华北平原的各大河流大都各自独立。自南向北有清水（古白沟，今卫河）、漳河、呼沱河（今滹沱河）、泒水、易水、拒马河、漯水（今永定河）、沽河（今潮河）、濡水等。这些河流大都分别入海，华北平原呈现出河网交织的现象，南北方向的水运交通极为不便。此时，天津的水利枢纽作用尚未形成，幽燕虽为军事要地，但其作用受到了很大的限制。

促使北京和天津地区关系真正密切起来的主要因素是中原王朝对东北地区的开发和拓展，如同中原王朝把长安作为拓展河西走廊和西北的基地一样，当中原王朝把目光投向东北时，北京作为基地的重要性便显现出来。而为了使北京有足够的支撑作用，就必须修通华北地区的运河，使其和江淮之水相连接，以保证粮食等军用物资顺利运达北京。这个过程大体上经历了两个阶段，而在这两个阶段中，天津逐步完成了聚落，形成了枢纽的位置。

从曹操讨伐袁绍诸子和征乌桓开始，海河水系进入了形成的第一阶段。

东汉末年，河北是袁绍的势力范围，曹操想攻占河北，必须保证粮草供应，而曹军的粮草多屯于淮河两岸。为了将这些粮食运至河北，就必须打通由淮河至黄河乃至整个河北的南北水道。当时淇水从太行山流出后向东南流入黄河，曹操在淇水和黄河的汇流处（今淇县南）筑堰堵截淇水，使其流向东北方向和清水汇合，称为白沟，再向东北流至沧州附近与漳水汇合后流入大海。这样一来，淮河的粮米便可经颍水，入菹荡渠，进黄河，再经白沟到达河北中部。在军粮运输得已保障的前提下，曹军连续击败袁氏兄弟，幽州及黄河下游一带尽归曹操所有。袁尚逃到塞北后，依附乌桓想卷土重来，曹操于是带兵出征乌桓。公元206年，曹操为保证幽州地区的军粮运输开凿了泉州渠和平虏渠，这两条渠修通后，沟通了蓟运河（古鲍丘水），并使蓟运河成了运兵运饷的北入山区的大动脉。这样，原来分别入海的漳水、呼沱、派水、沟河便连成一片。此后，曹操又自沟河口向东开渠入滦水（今滦河），名新河。这三条运河与原来的白沟相接，使河北诸水相互沟通，曹操由此得运粮草，一战而捷。

曹操开挖和疏通天津水系的举动，无意中使天津平原的河渠交汇处有了作为航运中心的初步功能，造成了天津地区的水运枢纽形

势，为天津后来的诞生和发展奠定了地理基础。此后，魏国和西晋政权都在幽州地区专门设护乌桓和护鲜卑校尉，驻节督军，大大加强了幽州的防卫和对东北的控制，使幽州成为对全国有重大意义的军事重镇，这一情况的形成明显和天津地区水运枢纽形势的出现有极大的关系。

大运河的修通是天津水运形势发展的第二个阶段。隋炀帝三次征高句丽，需要在涿郡地区集结军队，由此就需要再次疏修运河以供幽州军需。在此之前，隋炀帝为了游乐，于大业元年（605）已修通了通济渠。

通济渠自河南郑州市荥阳的板渚（今汜水镇）出黄河，经鸿沟、蒗荡渠、睢水，沟通了江苏盱眙境内的淮河，全长650公里。通济渠连接了黄河与淮河，打通了帝都洛阳和江南富庶之地扬州之间的水道，因此隋朝时也称通济渠为御河。

大业四年（608），为了征高句丽又修通了永济渠。自沁河向北，经今新乡、汲县、滑县、内黄（以上属河南省）、魏县、大名、馆陶、临西、清河（以上属河北省）、武城、德州（以上属山东省）、吴桥、东光、南皮、沧县、青县（以上属河北省），抵达今天的天津武清、河北的安次，然后到达北京境内。

永济渠是隋炀帝开凿通济渠、邗沟之后开通的又一条重要运河。永济渠也是隋朝调运河北地区（指当时黄河以北、太行山以东的河北道）粮食的主要通道，也是对北方用兵时输送人员和战备物资的运输线。

大业六年（610），隋炀帝又修通了江南河。这样，江南的漕米就可以由江南河、邗沟北行，再由通济渠到永济渠北上，经天津到达北京。这条人字形的大运河绵延四五千里，将海河、黄河、淮河和长江水系沟通，北京成为这条大运河的顶点，天津则成为向北京转输人员和物资的枢纽，天津之津要形势至此已充分显现。隋炀帝三次征高句丽，每次数百万人皆集中于涿郡，所需粮草、军械都经大运河由天津地区向涿郡转输。

唐代，无论是唐太宗几次征高句丽，还是唐高宗灭高句丽、平新罗、百济及东北诸部，都是以幽州为基地，依然使用隋炀帝开凿的大运河运输物资。此后，唐朝长期在幽州地区驻扎军队，而由江南通渤海的海运事业此时也开始发展起来，天津地区则出现了专门为转输、仓储而设的军城。此时的北京地区已成为重要的军事要地，使大唐由盛转衰的安禄山正是以北京地区为依托，发动了著名的安史之乱。

据天津文物考古部门考证：在今天的天津军粮城以西发现了一处唐代军城遗址，边长近一里，其上有唐代遗物。这座"军粮城"可能正是当时接纳海运物资和屯集漕粮之地。而正是军粮城的出现，正式揭开了天津城市发展的序幕。

一系列的考古和史实均可证实，天津早期的每一步发展几乎都与北京的军事活动有关。由于中原王朝开发东北的需要，幽州逐渐成为北方的军事重镇。而正是天津一带运河的开凿才使得幽州真正成为军事重镇，运河的开发和修通也推动了天津枢纽形势和城市的形成。运河成为天津城市发展的源地，而运河文化也成为天津地区文化发展的源头，以后天津地区一系列的叠加文化都是在运河文化的基础上发展起来的。

天津地区虽然在汉代就出现了运河文化的雏形，但是这种文化

并不稳定。从汉代到金代，这种文化虽然脉络清晰却因为城市聚落的起伏而呈现出时隐时现的状态。这是因为北京古代军事活动和运河的开发利用虽然促成了天津水运枢纽地位的形成，但由于这些大的军事活动时有时无，天津的水运交通和漕运活动也就时盛时衰。唐代虽然有军粮城等屯粮聚落的出现，但不过是临时屯集军粮的地方，并未形成稳定的聚落和城市。

天津地区运河文化的成形是和天津中心聚落和城市的形成密切相关的。而天津城市的形成又与北京向都城转化密切相关。

五代以后，少数民族接连入主中原，这些少数民族进入中原后，既想以中原故地为首府，以中原首府为基地，辐射和统治中原民众；又不能离北方草原太远，以免失去原有草原基地的依托和影响。北京作为草原文明、农耕文明、海洋文明、森林文明的结合地，东北、华北、西北的连接点，传统的民族融合地，便成为理想的建都地点，但北京当时的经济情况又无法支撑起庞大帝国首府的各项支出。尤其是唐代中期以后，中国的经济中心已经转移到长江流域。为了维持北京的政治地位，就必须从南方调运大量的粮食，这就要求漕运的经常化和码头集散地的固定化。由此经由天津的水运活动便成为持久的举措，这就为天津地区形成稳定的中心城市逐步创造了条件，运河和运河文化也由此产生并逐步成型。

北京向都城转化的过程，也是京杭大运河形成和发展的过程，同时也是天津聚落形成和城市发展的过程。北京从辽代开始，名称不断变化。辽代叫幽州，金代叫燕京，元代叫大都，明代一开始仍叫燕京，朱棣定都后改称北京，清代仍沿用北京的名字。而天津地区在金代时叫直沽寨，元代时叫海津镇，到明代时才正式起名叫天津。

北京和天津两座城市名称的变化也反映了它们的深刻关系。

辽代升幽州为南京，作为陪都。当时黄河再次北迁，由今天的海河流入大海。辽国和北宋以白沟和黄河下游为国界，被称为界河。今天津地区界河以北属于辽国，界河以南属于北宋。双方都在界河附近设置了一些戍守的军寨。宋朝最东的军寨叫泥沽，辽国虽未在天津一带设置中心城寨，却开辟了天津北部海岸通往辽东的海运线路，这个举措既扩展了运河文化的外延，又为北京和天津地区通往辽东地区的海上运输奠定了基础。

女真人建立金朝后，其南部边界一直到淮河。燕京也正式升为金朝的都城，叫中都。和辽南京陪都的地位不同，作为金朝的都城，中都不仅拥有庞大的行政机构，还有庞大的军队驻扎。它不仅需要从各地调集物资供给自己的需要，而且负有沟通中原、华北、东北各地、调节各地经济平衡、稳定金朝政局的重任。因此，内河漕运和海上运输需要进一步发展。正是由于这种情况，金代在今天津三岔口地区形成了著名的军事和漕运聚落，这就是直沽寨。当时，运往中都的漕粮大部分来自山东、河北两路。各地漕粮先入御河（今南运河），然后经直沽寨入潞水，达通州，再入匣河进入中都。直沽寨成为连接河北、山东沿河诸州和通往中都的枢纽。

元朝统一全国后，建大都于北京，完成了北京向全国政治中心的转变，这就需要大量的漕运满足大都的需要。隋炀帝所开凿的大运河以洛阳为中心，呈人字形，对元大都北京而言，道路太远。元政府采用天文水利专家郭守敬的设计，先后修通济河、会通河，取直大运河，从江南穿淮河，经山东西部至临清直达直沽。这条新修通的京杭大运河比隋朝时期的京杭运河要缩短一千多里，但运河漕

运每年不过三百万石。为满足元大都庞大的需要，元政府又开通了海运，每年海运的粮食也达到三百万石。这样一来，地处南北运河交接之地，同时又是海运登陆点的直沽寨，便兼有河、海两用码头的性质。这个在金代已经发展起来的军镇，至此空前繁荣起来，并成为附近一系列聚落的中心。元代内河漕船一般停泊在今天的南仓、北仓、丁字沽一带。海运兴起后，由于航船巨大，需要停泊于吃水更深的海河。如此，三岔口以东地区便迅速发展起来。延祐三年（1316），元朝改直沽为海津镇，设镇抚使，派重兵戍守。

以运河的开凿和开通为脉络，天津城只用了几百年时间便由一个村寨码头迅速发展为可以和北京并驾齐驱的大都市。

如果说汉、唐时期和金、元时期分别是天津城市的萌芽阶段和奠基阶段，那么明代和清代则是天津城市的形成和高速发展阶段。

据史书记载，金朝初年，驻守武清的官员为巡检，到金中期时，驻守直沽寨的武官已经是都统。按金代官制，巡检为正七品，而都统则是高级军事职务，属中央都元帅府，由此可见，在金代中期形成的直沽寨比金代初年的武清要重要得多。而到元代设镇抚使，其地位则进一步上升。

明代天津设卫筑城，永乐二年（1404），天津卫的名称正式确立，明代在天津设都指挥使，以指挥同知（正三品）等高级官员来管理城市，其管理职能和管理人员的级别显然比元代又上升了一个层次；到清代时，天津由卫到州，后来又由州改府，管辖六县一州，其地位直线上升。到清中晚期时，其官员已上升为从一品的直隶总督了。从各代管理天津官员官职的变化，我们也可以观察到天津城市发展变化的节律。

明代天津设卫筑城以后，开始大量进驻官吏和官兵，当时规定行政官吏和军人都可以携带家属，所以天津筑城后人口骤增，很快就成为京师东部的第一大城市。到明朝末年，天津已远超一般市镇，成为北京周围首要的经济辅助城市和东部军事门户。

清代天津由州改府后，人口急剧增加，当时中央许多派出机构都设在天津。鸦片战争爆发后，天津的经济地位和军事地位不仅得到进一步强化，其商业地位和洋务外交地位也骤然加强。到19世纪70年代后，天津城市的性质已经发生了巨大的变化，它不仅在许多方面与北京并驾齐驱，甚至超过了北京。

促使天津城在几百年内发生巨大变化的因素，毫无疑问是水。我们甚至可以说，天津简直就是一座水上漂来的城市。

塑造天津陆地形成的主导因素是黄河之水；

支持天津居民早期生存的是渔盐之水；

使天津成为华北地区枢纽的是海河之水；

支撑天津城市奠基成型的是漕运之水；

促使天津城市快速发展的是漕运、海运和海洋之水。

经过两千多年的沉淀，天津水系之广、水量之大、水网之密、水利之实、水韵之美，中国北方所有城市无出其右者。

经过上千年的冲刷和疏通，天津终于成为华北平原众多河流的汇聚之地，由此也奠定了它中国北方古老水网航道中枢的地位。众多河流在向大海流动的过程中，自然会将它承载的气息、人流、物流、文化基因顺畅地汇到一处，形成了一个聚集交汇的空间。天津的这一优势造就了天津先民对水网河渠的亲近感，也使天津的文化空间里弥漫着亲水的文化基因。

以"天津"两个字为代表，天津的很多地名都折射出天津民众的亲水心理。如水边的大块地貌用"沽"来表示，其他与大沽地相联系又有区别的聚落地也各有名称：较大河流的出口、渡口和开堤留出的出口都叫口，河汊中的小码头叫港，水边的平地叫汀，大河中的小湾叫圈，水边退水而开垦出的耕地叫垒，水沽露出水面的大片土地叫滩，较小和较窄河道凸起的岸边叫嘴，甚至河边防汛的堡房也成了地名，历史上曾留下直沽、海津、天津、静海、武清、宁河、河东、河北、河西、独流、东流、滨海等地名，很多地名沿用至今。从这些天津文化中大量使用的基本地理概念中，我们可以体会到天津先民观水、用水、治水、敬水的情感。

天津水多，曾有"九河下梢""河海要冲""七十二沽"之说。曾有一副楹联"七十二沽往来帆影，一百八杵早晚钟声"，描写的正是天津河湾处错落有序的村落里冒出了清晨的袅袅炊烟、大小舟楫在水面往返浮动的情景。又有"一路通春水，春风漾绿波。过桥人影乱，夹岸橹声多。客子匆匆去，渔家缓缓歌。垆头新酒熟，未暇醉颜酡"的诗句描绘西沽之美。

有水就有桥，天津因水网密布，因此也拥有众多的桥梁，其中尤以海河干流的桥梁最密集，知名度也最高，几乎达到了"一桥一景"的地步。

历史上，天津早期的桥梁大都是木桥和石桥。当时海河和海河的支流如南运河、北运河、子牙河都是依靠渡船来连接两岸交通。

清康熙五十四年（1715），在现今的红桥区西沽，天津修建了最早的浮桥。此后，东浮桥、盐关浮桥、院门口浮桥、北大关浮桥、大红桥浮桥相继修建。

天津解放桥

浮桥的增多意味着通行人流量的增多，反映了当时行政社会事务的增多（相对于军事事务），事实上这也成为天津改卫设州的前奏，而"浮梁驰渡"也成为清朝时的"天津八景"之一。

光绪十三年（1887），天津的第一座钢结构大桥大红桥建成，在其后百余年间成为周边的地标，天津市的红桥区也因此而得名。

大红桥建成的次年，天津第一座悬臂式开启桥在直隶总督行馆前的南运河上建成，取名金华桥，这座桥也是我国最早的开启式钢桥。

1906年，金汤桥在海河上建成。

1926年，在老龙头火车站旁新建了一座悬臂式开启桥，因为当时该桥处在各国租界之内，因此被称为万国桥。这座桥是现今全国旧钢桥中唯一还能开启的桥。

1985年，海门大桥成为中国第一座最大的垂直提升式钢结构跨河大桥。

天津在近代百年历史上，由于开埠后租界的建设，使得天津拥

有了一批西方开启式钢桥，如吊旋的解放桥、金钢桥；平转的金汤桥，平拖的金华桥。著名的桥梁专家茅以升曾说："几乎全国的开合桥都集中在天津。"

在今天的天津市区河海干流上拥有众多的桥梁：金钢桥、狮子林桥、金汤桥、进步桥、北安桥、大沽桥、解放桥、赤峰桥、金汇桥、大光明桥、金阜桥、直沽桥、海津大桥等；市区内跨越海河主要支流的子牙河上还有河北大街立交桥和永乐桥两座大型桥梁；在滨海新区海河上的桥梁有滨海大桥、海门大桥、海河开启桥、海河大桥、南疆公路大桥等。其中，永乐桥上的天津之眼摩天轮是世界上唯一的桥上摩天轮。作为历史文物的金汤桥和解放桥（万国桥）也会在节假日不定期地向市民和游客展示性开启，而天津的桥文化也在这一次次的展示中得到了升华。

在天津所有的桥中，金钢桥的地位最为特别，金钢桥所处的三岔河口，史称"三会海口"，位于天津市区的西北部，老城厢北隅，为子牙河、南运河、北运河的三河交汇处，也被称为天津的发祥地。这里曾是天津最早的居民点，最早的水旱码头，最早的商品集散地，有"天津摇篮"的美称。附近的"天津之眼"摩天轮已成为三岔河口的新地标。

与河水相呼应，天津地区历史上有许多淀洼，其中最有名的是七里海和塌河淀，它们当初是两个相连的古泄湖。两处浩渺的水面是天津重要的景观和明代移民的聚集地。七里海是五河之尾闾，周边地区派生了种稻、打渔、割苇、猎鸟等亲水经济景观。塌河淀为天津北部最早的种稻区，其中一个最大的村落为"宜兴埠"。宜兴埠的大姓居民大多来自山西洪洞县，是明朝初年山西大移民时由移民集散地山西洪洞迁徙而来。这里人杰地灵，对教育尤其重视，是远近闻名、学风持久的文化名镇。

天津是临海地，属于大陆季风气候，再加上海滩地势平坦，故成为理想的晒盐之地。中国著名的长芦盐就出自天津，其产量之高、质量之优超过别处。自古以来，盐就是国家的经济命脉，盐文化历史也悠久而深远。天津拥有长芦盐的生产和经营基地，使得天津城市一开始就有区别于一般农业城市的重要特征。

天津的盐文化历史悠久而清晰。从西汉开始，汉沽一带的海盐生产就已达到一定的规模。西汉政府实施盐铁专卖制度，从那时起，天津的盐业就已纳入政府的管理。东汉末年，曹操在修凿泉州渠运送军粮的同时又开凿小盐河以方便运输该地区的盐，而这也是天津地区以后开挖大型漕运河道的一个重要原因。

汉沽在辽、金、元时期是其统治区最靠北的产盐地，也是其王朝统治最重要的经济支柱之一，当时北方少数民族政权都把这些海盐源源不断地运往辽东和辽西，以盐税充实国库。

由于盐业发达，汉沽地区还催生了新的行政设置。如宝坻区所在的区域，在公元 10 世纪 20 年代时，就因其位置"高阜平阔"而设置了专卖盐院，时称"新仓"，成为朝廷的贮盐基地。坻的字面意思为"水中的高地"，可见当时宝坻所在的位置非常接近海岸线。过了两个半世纪，到金大定十二年（1172），因这里人烟繁庶，贸易兴旺，遂专门设县，这是天津地区因盐业专门派生的置县。当时这里的盐产收入占到全国盐利的 1/10，因此这里的盐甚至被金人视为国宝。

明代是长芦盐的高光时刻，明朝从建立之初就在长芦镇置北平

河间盐运司,属户部专门管理。这里的长芦是盐区名而不是原始地名,其核心地点就是天津汉沽至宁河芦台的周边地区。明初实行开中制,边境粮草等军用物资由商人运往军中换取盐引,进而到指定区域贩盐销售。长芦盐区成为当时中国北方屈指可数的盐场,大批晋商从盐业贸易中获利,长芦盐区至此催生了不少靠盐业致富的晋商巨头,进而成就了北方贸易的繁荣和晋商纵横商界 500 年的荣光,并将长芦区域的盐文化传播至大江南北。

长芦盐业的长期发展甚至使单纯的经济活动逐步变成了区域文化景观。秋高气爽时节,一队队运粮运盐的船队满载粒粒皆香的粳稻和洁白如玉的精盐航行在古运河的河道。此时,在陡峭的高地观看扬帆的漕船就成为当地人们的一项文化休闲活动,一如今天人们的钱塘江观潮。长芦地区的上品精盐被称为"芦台玉砂"。在元代或元代之前,芦台镇就有了观景建筑,叫"芦台峭帆亭";清代把蓟运河漕运的胜景定为"潮河银练",曾有专门的绘画作品描绘这里的漕运和盐运;清乾隆年间的宁河县令关廷牧甚至专门作词《西江月·潮河银练》,描写漕运古道碧波浩淼的盐运、粮运场面:

野港参差细浪,秋风上下寒潮。
鲛人出水卷生绡,恍惚洞庭波渺。
飘渺源通碧海,潺缓气泊青霄。
澄江好句倩谁描,笑指归帆如鸟。

天津区域水系的发达催生了运河的开凿,运河的修通直接服务于漕运,在历史上,天津地区是中国漕运最为发达的区域。也可以这样说，天津是一个漕运带来的城市，漕运对天津市区的形成和发展有着深刻的影响。从东汉开始至第二次鸦片战争之前，这一地区都是历代王朝转运漕粮的必经之地。

东汉时期曹操的无意之举，揭开了天津地区漕运历史的序幕。当时北方战事频繁，出于运兵和运粮的需要，曹操在此开河凿渠，使诸河相通，合流入海，形成了以海河为主体的区域内河航运网；隋朝大运河的开通，使天津进一步"联网"，海河与黄河、淮河、长江三大河流打通，并巩固了海河水系各河流汇集天津入海的格局，奠定了天津作为南北运输枢纽的地位，当时每年经这一带转运的漕粮在 200 万石左右；唐代开海运后，沠河北岸的军粮城（古称三会海口）曾是转运军需物资的重要港口；金贞元元年（1153），金迁都燕京后，需要从南方调集粮食供应燕京地区，直沽地区的漕运自此日益繁荣。

元朝定都北京，直沽作为转运漕粮的重要港口，地位日益重要。元政府在直沽地区设立了一系列机构对漕运进行管理：1283 年，设海运万户府驻直沽；1309 年，在直沽设漕粮接运厅；1316 年，在直沽设海津镇，并设按察厅专司河海漕运；同时开辟航线，进行海运。

明朝是直沽港由单纯转运漕粮向商港发展的重要时期。促使这一城市功能转变的是明朝运输政策的调整。

从金定都北京后，直沽地区所运输的漕粮开始大幅增加：金朝时每年运输 170 万石左右；元朝时每年增至 300 万石左右；到明中期成化八年（1472）时已增至每年 400 万石。为了降低运输成本，促进商品经济的发展，弘治元年（1488），明王朝允许每只漕船可以捎带私物 10 石，进行买卖交易，至万历元年（1573），这一数字

已增加到 60 石。在这一政策的持续刺激下，北上南下的漕船竞相发舟，大量商船泊集津门，大批商货涌进京城。南来的杂货有茶、糖、竹、干果、糯米、丝绸等，北往的杂货以海盐、山货、畜毛为主，日夜吸引各地商贾、各方之民云集天津。

贸易规模的扩大、贸易的频繁以及贸易场所的固定使天津开始出现专门的商业区，今天天后宫和北门外沿海地带正是当时南北货物的集散地。漕运的发展不仅推动了南北物资交流和民间贸易的发展，而且还推动了城市商业文化的发展。天津地区在亲水文化的氛围下，由运河文化先后催生和带动了盐文化、渔业文化、码头文化、移民文化以及商业文化的发展。到清代，随着天津地区政治、经济的发展，文化方面也取得了重要的成就。

康熙二十三年（1684），清廷持续了三十年的海禁正式结束，海运贸易重获发展，福建、广东、江苏、浙江的商人纷纷将南方的糖、烟草、木材、茶叶、瓷器、竹具等经河海运抵天津，繁盛的漕运使三岔口地带成为连接南北、沟通东西、河海同漕、水陆联运的枢纽，八方商贾云集天津，形成了以港口为中心的商业活动区。天津的港口经济进一步得到发展，与此同时，河港文化在码头文化的基础上逐步形成。

第二次鸦片战争后，天津被迫开埠，天津作为对外开放的通商口岸，其港口和运输逐渐被外国势力控制，成为各国倾销商品、殖民掠夺的场所，传统的漕运随之衰落。

1867 年，外商首次参加漕运，从上海、香港运大米 11 万担，小麦 7.9 万担，从牛庄（今营口）运大豆 6000 担抵津，此后外商凭借海上运输的优势在漕运中逐渐占据主导地位，中国传统的漕运队伍逐渐被外国轮船公司取代；与此同时，原以接卸帆船为主的三岔口港区，由于河窄水浅，大型轮船不能上溯，三岔港区逐渐失去了转运的功能，港口功能的丧失进一步加剧了传统漕运的衰落。到 20 世纪初，经过天津港转运的漕粮减少到 100 万石左右，仅及明朝和清朝前期的四分之一。

光绪二十七年（1901），因财政匮乏，清廷正式下令停止漕运，此令虽未认真执行，但对传统漕运却是一次致命的打击。至清末，天津港由于河窄水浅，已经不能适应现代大轮船的航行和停泊，加之塘沽至北京已经开通铁路，三岔口逐渐失去转运功能，港口逐渐向塘沽转移，河港文化至此也慢慢向海港文化转移。

港口位置的转移，不仅仅是商业要素的转移，也是城市重心和人流的转移，同时也是文化重心的转移。历史上的天津港共经历过三次大的地点上的迁移。

天津地区最早的港口位于现在的军粮城（古称三会海口），唐代曾是转运军需物资的重要港口。北宋和辽对峙的百余年中，三会海口失去了南北转运的功能，北宋庆历八年（1048），黄河北迁夺界河入海，海岸线逐渐东移，军粮城一带作为海港的历史至此结束。

金、元、明、清时期，直沽取代三会海口成为转运漕粮的内河港，完成了天津港区重心的第一次迁移。直沽地区在长达七百多年的时间里作为首都漕粮的转运港而不断发展，将漕运和运河文化推向了高峰。

天津开埠以后，天津港区的位置再次发生转移。随着紫竹林码头的兴建和外国航运业的入侵，三岔口港区逐渐失去了转运功能，至此兴盛了七百多年的漕运枢纽——三岔口港区衰落，港区中心沿

海河东移至紫竹林码头，此为天津港区的第二次迁移。

为了适应航运业船舶大型化的发展，第二次鸦片战争后各国殖民者纷纷在海河下游的塘沽地区抢占地盘，修筑码头。此外，清政府主导下的轮船招商局、开滦矿务局也在塘沽地区海河两岸修筑了一些码头，形成了与紫竹林港区并存的海河深水河段码头区，这虽然算不上港区重心的又一次迁移，却表明了港区向深水区域延伸的趋向。此后港区逐渐向海边延伸，如今已完全转移到塘沽地区，完成了港区的第三次迁移。

天津港口重心由三岔口向紫竹林再向塘沽转移的过程，正是天津与西方文化碰撞的过程和拥抱海洋文化的过程。而造成这一剧变的外部因素无疑是第二次鸦片战争后天津的开埠。

第五章

九国租界

　　第二次鸦片战争后，天津被迫开埠，随着《天津条约》《马关条约》《辛丑条约》的签订，昔日的八国联军中的八国和比利时共九个国家分三批在天津设立租界，天津至此成为九国租界的所在地。九国租界的形成，在给天津带来了教堂、学校、工厂、西餐等西方文化和西方生活方式的同时，也给天津带来了入侵的枪炮声，中西文化在此经历了激烈的碰撞，成为海河两岸挥之不去的记忆。

1890 年，在今天的天津丽思卡尔顿酒店所在的位置，一座大楼举行了隆重的落成开放仪式，时任直隶总督兼北洋大臣的李鸿章参加了这次活动。

　　这座名噪一时的大楼的名字叫天津英租界工部局大楼。这座规模宏大的两层建筑有青砖外墙，房顶上是垛口状的女儿墙，两侧各有一座八角形的高出建筑主体的三层塔楼，中间的大门向前突出。大楼的大门和窗户借鉴了中国"天圆地方"的传统文化元素，被设计成下方上圆的形状，远远看上去显得既宏伟又灵动。这是 19 世纪天津体积最大的一幢建筑。楼内设置了英租界参事会、图书馆、餐厅等区域，因而这幢建筑也是当时在中国的外国人居留地中最早出现的公共建筑。

　　这座大楼在当时被命名为戈登堂，原因是为了纪念戈登在开辟和规划英租界方面的贡献。在落成典礼上，戈登的巨幅照片挂在了会场中央。英租界工部局董事长、清末民初在中国近代史上赫赫有名的英籍德国人、天津海关税务司德璀琳主持了大楼的落成典礼。除李鸿章外还有很多天津地方官员和美国驻华公使及各国驻津领事

应邀参加典礼。身为清朝重臣的李鸿章在典礼上盛赞了戈登的军事指挥才能后，宣布大楼正式开放。

今天的中国人对戈登的熟悉程度几乎可以比肩天津人对戈登的熟悉程度。

1860 年，出身于英国皇家工兵军团、被授予上尉军衔的戈登在第二次鸦片战争中随英国远征军来到中国，并于当年 9 月 26 日到达天津。10 月 6 日，他与工兵队一起，随大军进攻北京。数日后，按照英国公使额尔金和英国统帅格兰特的命令，戈登指挥部队洗劫了圆明园。事后在给母亲的信中，戈登写道："我们在那里先是每个人发狂地尽量抢劫，然后才把整个园林烧掉"，"以最野蛮的方式，摧毁了世界上最宝贵的财富"，"这个财富即便花费 400 万镑也很难恢复"。

当年 11 月 8 日，戈登随军回到天津。作为英国工兵队的技师，他带领属下主要从事搭建账篷、侦察地形、修建碉堡等工作。而从他的信件中可以得知，这段时间他曾多次到北京侦察情报，又沿着万里长城长途旅行以测绘山川地理。他的这一行为在 76 年后很快就有了效仿者——1936 年，阎锡山昔日在日本军校的老师、日军侵华先锋坂垣征四郎以看望他为名，不坐汽车，骑马沿河北蔚县进入山西代县，沿途暗中勘测从华北平原进入山西的路线。而日后坂垣师团进攻山西的路线正是前一年他"旅游"进入山西的路线。

暗中收集情报的戈登很快有了新的工作。1860 年 12 月，《北京条约》签订后，天津开埠。当月，英国公使照会直隶总督恒福、三口通商大臣崇厚等，提出要划天津城东南海河右岸自紫竹林至下园一带为英租界。其范围东至海河，西至海大道（今大沽路），南至博目哩道（今彰德道），北至宝士徒道（今营口道），占地面积约为460亩，清政府被迫同意。戈登随即带人开始勘测，并初步绘制了英租界包括道路、街区、河坝等在内的区域详图。此后，英租界当局依照戈登提供的规划方案，在圈定的租界范围内排除了积水，垫高了地基，修建了码头，并修建了大批房屋。天津历史上第一个租界区就这样在戈登的规划设计下诞生了。

戈登和李鸿章的"友情"来自两人共同合作镇压太平天国运动。1862年初，太平天国将领李秀成带兵逼近上海。为了抵御太平军，保护英法在上海的利益，英法两国与江浙巨商、士绅等组织了一支雇佣军——"洋枪队"，并由美国人华尔统率。当年9月，在浙江慈溪同太平军作战时，华尔受伤身亡。其继任者为美国人白齐文，队伍更名为"常胜军"。不久后，白齐文因劫掠清军饷银被撤职。时任江苏巡抚李鸿章要求英国公使另派军官来指挥"常胜军"。1863年3月，戈登被正式任命为"常胜军"的新统帅。戈登上任后，只用了三个月时间便将这支杂牌军扩充至三千多人。在他的带领下，"常胜军"配合李鸿章的淮军，对太平军发起一轮又一轮的围剿，两年内参加了30余场战斗，攻克的城池达数十座，使太平军遭受了巨大损失。1864年5月，英国政府解散了"常胜军"，而戈登却因为镇压太平军"有功"，受到清廷的厚赏，不仅赐黄马褂和顶戴花翎，还授予其提督衔。

戈登后来离开中国返回英国继续从事他的侵略"事业"，他曾两次带兵入侵苏丹，并被英国政府任命为苏丹总督，不仅将他晋升为少将，还封他为巴兹勋爵士。当1890年天津英租界当局为纪念戈登在开辟英租界过程中的"贡献"而把英租界工部局大楼命名为"戈

登堂"时，戈登离世已整整 5 年了。1885 年，入侵苏丹的戈登在苏丹喀土穆城被苏丹起义军击毙。

戈登和戈登堂故事的背后是 1860 年天津开埠后中国近代屈辱的历史。

第一次鸦片战争是西方列强旨在改变中西关系格局、进攻和奴役中国的开始，也是中国跌入半殖民地半封建社会的开始。

英国侵略者早就认识到要尽早使清政府屈服，莫过于直接威胁京师北京及其周边地区。早在 1835 年，东印度公司广东商馆高级职员胡夏米就根据 1832 年的沿海侦察提出了一个作战方案，并以私人信件的方式递交给英国外交大臣巴麦尊。他认为对中国作战，只要策略得当，"一支小小的海军舰队，就万事皆足了"。这支小小的海军舰队，只要 1 艘主力舰、2 艘大型巡洋舰、6 艘三等军舰、三四只武装轮船，共计兵丁 2940 人，加上一些运输船，"就能达到我们想要的一切目标"。他认为把攻击目标选在天津最为适宜，因为"天津距北京不足 50 英里，我们在天津所造成的惊恐，大可逼迫清政府早日结束战争"。另一鸦片贩子查顿在 1839 年 9 月谒见英国外交大臣巴麦尊时，也详细陈述了武力侵华的意见，其中一条就是封锁白河口（即海河），以威胁北京。

后来的战争发展进程基本与胡夏米和查顿等人的建议相吻合。1840 年 6 月，英国舰船 40 多艘、军队 4000 余人相继到达广东海面，并立即封锁珠江海口。之后，英军继续北上，封锁宁波和长江海口，并于 8 月 7 日抵达天津白河口外。在白河口，英方向清政府投递了《巴麦尊子爵致中国皇帝钦命大臣函》。经过一系列战斗和谈判后，清政府于 1842 年 8 月 29 日和英国签订了近代中国历史上第一个丧权辱国的不平等条约《南京条约》。

《南京条约》签订后，英国资本家们怀抱的"对华贸易额可以迅速增大"的愿望并没有立即实现，于是，一场旨在扩大对华侵略利益的新的战争阴谋又在酝酿。

1857 年 12 月，英法联军在攻陷广州后，紧接着在 1858 年 4 月进抵天津白河口并发出照会，限清政府 6 天内派出全权大臣谈判。谈判未果后，英法联军于 1858 年 5 月 20 日向大沽炮台发起进攻，经过激战，英法联军攻陷大沽，兵临天津城下。在"用手枪抵在咽喉上"的情况下，清政府派大学士桂良、吏部尚书花沙纳急赴天津，分别与英、法、美、俄四国签订了《天津条约》，主要内容有外国公使驻京、增开口岸、内地游历通商、修改关税、赔偿军费等，其中法国在条约中特别规定：法国人可以在通商口岸任意租地盖房，设立教堂、医院、学校、仓库等；英国在条约中特别规定：中国海关需聘用英国人帮办税务。从此，中国海关行政管理主要权力落入英国人手中长达半个世纪。海关自主权的丧失，是中国半殖民地化程度进一步加深的标志之一。

清朝的海关税务司设立于 1861 年，税务司隶属于总理各国事务衙门管辖。海关三任总税务司完全由英国人把持。第二任总税务司赫德从 1863 年接任一直到 1908 年慈禧太后去世那年才离任，统治中国海关税务司长达 45 年，和慈禧太后统治晚清政权的时间大体吻合。1911 年 9 月 20 日，赫德在英国病逝。20 天后，导致清王朝灭亡的武昌起义爆发。而在天津，德国人德璀琳担任天津海关税务司职务近 30 年，成为李鸿章身边最重要的洋顾问之一。

《天津条约》中并没有天津开埠的条款，但 1859 年英法联军

在大沽口的惨败,让西方列强意识到必须加强对天津的控制和渗透。因此在 1860 年 10 月签订的中英《北京条约》中,特别增加了"增开天津为商埠"的条款。至此天津门户大开,列强依次进入城内开设租界。

西方列强在天津设立租界共分三个阶段。而每一批租界的设立又和中国当时的局势有关。

天津租界始设于 1860 年,当时正值中国在第二次鸦片战争中失败。咸丰十年(1860),《中英续增条约》签订,规定:"天津郡城海口作为通商之埠",准许英国人"在此通商贸易"。不久,法国与清廷也签订了《续增条约》:"直隶之天津府,克日通商,与别口无异。"同年,把海河西岸紫竹林村以南一带划定为英租界,紫竹林村以北一带划定为法租界,不久又在英租界以南划出美租界。

1895 年,中国在甲午战争中失败后,德国、日本先后在天津强行划定了租界。

1900 年,八国联军入侵天津后,俄国、意大利、奥匈帝国、比利时又先后在天津强占了租界地,至此天津遂有了九国租界。光绪二十八年(1902),英、美两国私相授受,将美租界并入英租界,天津由九国租界变为"八国租界"。

据中国科学院陈明远先生考证:从 1845 年 11 月英国在上海划得第一块租界起,到 1947 年 5 月中国正式收回天津意大利租界及意大利在上海、厦门的公共租界,这 102 年间,在上海、广州、厦门、天津、汉口、镇江、九江、杭州、苏州、重庆等 10 座城市中,存在的外国租界有 24 处(加上天津美租界为 25 处),其中 22 处为"一国独管租界",上海和厦门(鼓浪屿)2 处为"公共租界"。天津的租界数量占了全国租界数量的三分之一。

这 10 个城市的 25 处租界分布为：上海租界两处（公共租界、法租界）；天津租界九处；汉口租界五处（英租界、德租界、俄租界、法租界、日租界）；广州租界两处（英租界、法租界）；厦门租界两处（英租界、鼓浪屿公共租界）；镇江英租界一处；九江英租界一处；杭州日租界一处；苏州日租界一处；重庆日租界一处。

全国 24 处租界面积总和为 53.6 平方公里。其中上海租界总面积 32.43 平方公里，占 60.5%；天津租界总面积为 15.51 平方公里，占 28.9%；汉口租界总面积 2.05 平方公里，占 3.82%；厦门租界总面积 1.92 平方公里，占 3.58%；广州沙面租界总面积 0.22 平方公里，占 0.41%；其他各地租界的面积合计 1.47 平方公里，占 2.74%。天津和上海的租界面积合计占到全国的 89.4%。

这几十处租界中，上海英租界（及公共租界）存在时间最长，达 102 年；其次是上海法租界，97 年；天津英租界存在时间长达 87 年，法租界 85 年，日租界 47 年，意大利租界 45 年，比利时租界 29 年，德租界 26 年，俄租界 25 年，天津奥租界存在的时间最短，仅为 17 年；汉口英租界 66 年，法租界 51 年，日租界 48 年，俄租界 28 年，德租界 22 年；广州英、法租界皆为 46 年；镇江英租界 68 年；九江英租界 66 年；杭州日租界 49 年；苏州日租界 48 年；重庆日租界 30 年；厦门英租界 78 年；鼓浪屿公共租界 45 年。

天津租界的面积仅次于上海，但租界的数量却是全国最多的，租界存在的时间也相当长，因而租界对天津社会各方面的冲击也相当巨大。

天津的九国租界分布在海河两岸，西岸有英租界、美租界、法

天津英租界码头

租界、德租界、日租界，东岸有奥租界、意大利租界、俄租界、比利时租界。

　　天津开埠两年后，英、法首先设立租界，到20世初时，九国租界的面积已扩张至15.51平方公里，而此时天津旧城的总面积只有1.76平方公里，租界的面积竟为老城厢面积的8.8倍。即使是袁世凯后来规划开发的"河北新区"面积也只有6.53平方公里，不及九国租界区的一半。如此大面积的租界区域，如此多的租界国家，不仅在租界区域修筑了城市道路、排水等基本设施，还建成了众多商业区和工业仓储区，同时修建了众多风格迥异的西式住宅，天津由此成为我国北方首先进入初级阶段的资本主义重镇。

　　英租界最早只有紫竹林附近的429亩土地，经过三十多年的不断扩张后，至 20 世纪初已扩张至东临海河南沿马场道至佟楼，西至海光寺大道（今西康路北沿）宝士徒道，与法租界毗邻，共占地 6100 亩，为天津第一大租界。1945 年抗战胜利后，中国政府收复沦陷区的同时开始收回天津英租界，1947 年 5 月完成。

天津法租界的界址为东、北临海河右岸南，西岸西南至海大道（今大沽路），东南与英租界毗邻，为近代中国四个法租界之一（另外三个为上海法租界、汉口法租界和广州法租界），占地 439 亩，1900 年 12 月，扩张为 1380 亩。法租界是当时天津商业最繁荣的地区，法租界划定后即不断向西南方向扩张，越过墙子河扩张至"老西开"地区，并在老西开建立起天主堂、主教府、医院和学校。经过不断扩张，法租界共占地 2800 余亩。1916 年竟出动警察强行占领老西开，进一步要求将墙子河西南方、面积达 4000 亩的老西开地区划入法租界，此事激起了天津民众的反法怒火，即著名的"老西开事件"，最终老西开地区未能正式并入法租界。抗战胜利后，中国政府接管了法租界并于 1946 年 2 月与戴高乐政府签约，确认了收回法租界。

天津德租界划定于 1895 年 10 月，最初占地 1034 亩，1905 年又扩张至 3200 亩。德租界是著名的住宅小区，其界址东临海河右岸，南至今琼州道，西至今大沽路，北至开滦胡同（今开封道）与英租界毗邻。第一次世界大战中德国战败后，中国政府于 1921 年正式收回德租界，改为天津市第一特区。

天津的日租界南临法租界，西北与老天津城相望，共占地 2150 亩。1945 年抗战胜利后，中国政府首先收回了天津的日租界。

天津俄租界设立于 1900 年。八国联军侵华期间，俄国军队占领了天津火车站和海河左岸的大片土地。几经周折后，俄国最终占据了海河左岸至津山铁路约 5474 亩土地，成为天津第二大租界区。俄国十月革命后，新成立的苏联政府于 1924 年 8 月 6 日正式将租界归还北洋政府，改为天津市第三特区。

天津的意大利租界设立于 1902 年，位置介于天津奥租界和俄租界之间，这也是意大利在境外的唯一租界。意租界离天津火车站不远，占地 771 亩。1947 年中国政府正式将意大利租界收回。

天津的奥租界临近意租界，占地 1030 亩。其界址东临津山铁路，南临意租界，北至金钟河（今狮子林大街）。第一次世界大战爆发后，1917 年 8 月 14 日中国政府对奥宣战的当天，中国军警进驻天津奥租界，1919 年由中国政府正式收回，改为天津市第二特区。

1900 年八国联军入侵天津、北京时，比利时并没有派兵参战，但当年 11 月 17 日，比利时驻天津领事却向天津领事团宣布，他奉比利时驻华公使之命，占领海河东岸俄国占领区以下长一公里的路段。直到 1902 年 2 月 6 日，清政府天津道台才和比利时驻天津代理领事签订《天津比国租界合同》，占地面积为 740.5 亩。同时还规定，如果日后比利时租界商务兴旺，可以开辟由此租界到津山铁路的通道，作为比利时租界的预备租界，这片土地不得租给别国。1929 年 8 月 31 日，中国和比利时签订交还天津比租界的条约，规定该租界的行政管理权以及所有租界公产移交中国政府；比租界工部局所负的九万三千两白银（包括利息）由中国政府偿还。1931 年 3 月，正式举行交接典礼，天津比利时租界改为天津市第四特区。

租界区的开辟，使天津的城市中心区以海河为轴线迅速向东南方拉长了约 5 公里，基本上奠定了今日天津城区的发展格局。在租界区，各国当局各自为政，分别进行了不同程度的规划并依次展开了道路、交通、供水、供电、住宅、排污、能源、邮电建设。从城市经济学角度看，这些属于城市基础设施范畴，而城市现代化的实质，是由小生产城市向社会化大生产城市的过渡过程。这个过程最显著的特点就是人口与非农业经济活动在空间上的高度集中，而其中首先要解决的就是城市基础设施问题。天津租界的形成，一方面是列强对华政治、经济、军事、文化侵略的需要，另一方面在客观上对天津由小生产的城市向社会化大生产城市的过渡起到了催化作用。租界的形成与天津城市近代化有着密不可分的联系。换句话说，天津的城市近代化，正是从租界形成开始的。

天津租界的规划以紫竹林地区的英租界最早。租界划定后，英军工兵上尉戈登即着手对英租界区域进行规划，他采取方格状的路网，并以路为界，把区内分为10个街区，在维多利亚道（今解放北路）安排租界的行政、官署、金融、贸易等机构。由于英租界开发较早，因此最初的美国、瑞典、加拿大、芬兰、挪威、日本等国领事机构，也都设于英租界内。

由于租界所处的位置标高较低，除原有的村庄外多是水塘、洼地，而且皆濒临海河航道，因此在建设上各租界都采取了大致相同的步骤：先建设码头、河堤，再疏通河道，进而再规划路网和市政设施，划分建设地段，接着填土垫地（先是就近挖土，后来利用海河挖泥吹填），然后进行各种建设。

天津地处九河下梢，河床高于地面，雨水积于洼地，时间久了就形成了许多池沼，开埠前天津旧城区外几乎全部被沼泽地和荒地包围。当时，被划为租界的土地，大部分属于这种沼泽地。要在这种地面上搞建设，首先需要开展大规模的填垫工程。与此同时，海

河也面临严重的淤塞。租界在建设过程中，从海河中挖出大量淤泥，正好用来填建租界内的洼地。疏浚河道和吹填洼地相结合，成为天津租界建设独具特色的开端。

在填充洼地和疏通河道的基础上，租界内开展了筑路排污的工作。1900年夏至1902年7月，八国联军各派代表组织了"都统衙门"，临时接管天津，其首要的工程就是加宽城内道路，改铺碎石子路面，并用三个月时间把长达十里的天津城墙拆除，在其遗址上建成了一条宽24米的环城交通干线（即现在的东、西、南、北马路）。不久后，又在这条环线上通了电车，修建了商店，使这里成为繁华的商业区。与此同时，租界内的街道也不断拓宽。加宽道路的同时又重新修建了水沟和下水道以及其他公用工程。

天津市的第一条沥青道路出现在意租界。早在1914年，意大利人就在大马路一带进行沥青铺路的试验。这样，当别的租界还在制订修建现代化道路计划的时候，意大利租界已有了天津灰尘最少、最平坦的道路。20世纪20年代前后，各租界才开始修建沥青路面，以取代开埠初期铺设的碎石子路面。

一个城市的下水道工程系统，是这个城市现代化程度的重要标志。20世纪20年代，英、法、日租界普遍采用了逐级加宽的排水管道。这种现代化的下水道工程使英租界墙子河西岸成为当时华北最舒适的区域。不久后，各租界停止使用粪车，推广化粪池，并与污水管道相连接。很快各租界内的所有房屋内就装置了最新式、最卫生的厕所设备，大街上通行粪车的时代终于结束，天津向现代化城市的发展又迈进了一大步。

供水和供电也是城市现代化的必备内容。天津第一家自来水厂

天津老龙头火车站

建于 1898 年，是继上海、旅顺两家水厂之后国内的第三家自来水厂。1925 年，该厂在扩建时，已开始用深井产水，极大地提高了水质。而在发电方面，则由法租界开了集中供电的先例。1902 年，法租界工部局建起了天津第一座发电厂，位置就在今天的解放桥旁。到 1936 年时，该厂发电总容量大增，供应范围除了英租界外还包括德租界。当时，除日租界自备发电设备外，其余租界和华界的供电，全部由比商天津电车电灯股份有限公司包下来。该公司成立于 1904 年，通过当时的直隶总督袁世凯获得了经营 20 年以上的专营权，投资 25 万英镑，厂址就设在今天的河北区金家窑一带，为当时天津最大的供电企业。

此外，1904 年比商电车电灯股份有限公司开通的有轨电车，使天津成为国内第一个建立现代公共交通的城市。该公司先后开辟了七条线路，总长度为 25.3 公里，遍布天津租界内外，成为当时天津

市内的主要交通工具。

城市现代化的另一个重要特征反映在城市建筑和建筑技术上。建筑是城市的物质基础，是经济技术水平与文化传统的综合体现。在国内有租界的城市中，天津由于租界国家最多，且集中了多国的建筑技术与风格，因而在国内的租界建筑中独树一帜，别具风格。

天津的租界建筑活动始于19世纪70年代，到第一次世界大战时已初具规模。这一时期的建筑保持了各国中古时期的建筑风格，基本上采用砖木结构，楼层不高，但从使用要求到造型处理，都对晚清和北洋时期天津的传统建筑产生了一定的影响，呈现出以西方建筑为主要特色并在一定程度上中西合璧的倾向。

第一次世界大战到抗战全面爆发前，外国资本势力在天津已基本巩固，此时的民族资本也有较大的发展。经济发展反映在租界建设上，使天津城出现了前所未有的建设高潮。这一时期金融、商业、娱乐、教育、住宅等各类建筑施工全面铺开，建筑风格由古典式逐渐转向摩登式，构造方面也向多层次、大跨度方面发展。客观需要和科技引进，使钢筋水泥和混合结构成为这一时期租界建筑的显著特点。

租界建筑的兴起，使西方当时流行的各种建筑形式，如古典主义、折中主义、现代主义等在天津租界区得到展示和发展，同时也使天津当时的建筑形成了多元包容的特点，被时人誉为"万国建筑博览会"。这一特殊历史时期兴建和保存至今的数千幢形式各样、风格别致的西洋建筑不仅使天津的"小洋楼"获得了与北京"四合院"齐名的机会，也使它博得了"万国建筑博览馆"的雅誉。

至今，天津租界区域的建筑作为一笔特殊的文化遗产，虽然遭到了现代城市建设的强烈冲击，但"九国租界"的基本格局依然依稀可见。目前保存完好的租界历史街区包括解放北路、中心公园、赤峰道、劝业场、五大道、鞍山道以及宁波道一带，涉及英、法、德、日、意等国租界，这些区域包括的著名公共建筑和名人旧居数以百计，天津的近现代不可移动文物也主要集中在这里。海河东岸的俄国、奥匈帝国、比利时等国租界，虽然整体风貌损坏较大，但仍然顽强地保留了相当一批历史建筑。如奥租界的奥国领事馆、奥国俱乐部、袁氏宅邸、冯国璋旧居、曹锟旧居、民国天津市政府遗存等，数量虽不多但却很重要。由于两次世界大战都以欧洲为中心展开，所以同时代的原生态建筑有的在欧洲本土几乎消失一空，却依然可以在天津觅到踪迹。当时，俄、比租界地区的建设相对落后，且受1976年地震影响破坏严重，但仍有一定数量的历史建筑矗立至今。如俄租界的俄国领事馆、俄国巡捕房、美英烟草公司高级职员住宅以及比租界的比国工部局、北京铁路局天津供应段日本小楼等。原奥、俄、比租界地区的现存历史建筑虽然数量有限，但作为天津历史上"九国租界"格局的见证，尤其值得珍视。

租界地区的建筑按照功能分类可分为：办公建筑、宗教建筑、企业建筑、教育建筑、娱乐建筑、交通建筑、银行建筑、商业建筑以及民宅建筑。

办公建筑

戈登堂是英租界工部局的办公大楼，建筑为英国中古风格，面对维多利亚公园，中间门楼向前突出，两端为办公室，系对称的三层角楼，视野十分开阔。

俄国领事馆位于十一经路 88 号。光绪二十八年（1902）建成，砖木结构，二层仿中世纪俄式楼房，局部立面呈三角形。

奥匈帝国领事馆位于建国道 153 号和海河东路 33 号。奥国领事曾长期由英国驻天津领事兼任。1900 年起，奥匈帝国才正式派出首任驻津领事。1902 年，天津奥租界划定后，租界当局于 1908 年修建该建筑，具有浓郁的中欧风格。

宗教建筑

大名鼎鼎的望海楼教堂位于狮子林桥东口，是全国重点文物保护单位。同治八年（1869）由法国天主教会修建。1870 年反洋教斗争和 1900 年义和团运动中两次被焚毁，是中国近代史上著名的"天津教案"发生地。光绪三十年（1904）重建，是具有哥特式风格的建筑。

紫竹林教堂位于营口道 16 号，于 1872 年落成。设计采用意大利文艺复兴晚期样式，砖木结构，外立面采用四根立柱支撑，中部入口呈拱券形，青砖外檐，腰檐砖雕采用中西合璧式图案。

企业建筑

比商仪品放款公司大楼位于解放北路 111 号，建于 1880 年，1896 年大清邮政津局曾设于此。建筑为罗马券柱式，并与中国传统的青砖外墙相结合。青砖方壁柱用中国砖雕手法刻出罗马古典花饰，是中西建筑文化融合的典型例证。

比商电车电灯公司办公楼位于进步道 29 号，建于 1904 年。办公楼为文艺复兴晚期对称式立面，有着浓郁的南欧风情。中部外廊采用双柱式，体现了古典主义的影响。两端三层塔楼 1976 年在地震中损坏，2008 年在整修时恢复旧观，辟为天津电力科技博物馆。

教育建筑

南开中学东楼和北楼位于南开四马路 20 号，建于光绪三十二年（1906）。东楼今称伯苓楼，北楼今为国际部教室。东楼建筑坐西朝东，造型为罗马式，施以中国民族形式装饰。

天津南开中学校舍

砖木结构，坡式瓦顶。正立面门厅伸出，以两根圆柱支撑，砖砌大拱券。首层设长方形窗，二层为连接拱券式窗，堪为教育建筑的代表。

娱乐建筑

东天仙戏园位于建国道 121 号，建于光绪十六年（1890），是天津较早的戏园之一，著名演员谭鑫培、梅兰芳等都曾在此演出。该建筑为砖木结构二层楼，建筑面积 2361 平方米。剧场正门有仿伊奥尼亚立柱，台阶呈半圆形。

英国俱乐部位于解放北路 201 号，建于光绪二十年（1894），砖混结构，二层楼房。台基之上立有十多根高大的石柱，扇形高石阶入口。楼内设网球厅、台球厅、舞厅、客厅、餐厅、酒吧及浴室。各厅有希腊式立柱，屋顶、走廊及护栏有精美花雕，属巴洛克风格建筑。

天津西站

交通建筑

天津西站主楼原位于西站前街。建于光绪二十八年（1902），砖混结构二层楼房。坐北朝南，正立面中部前突，呈凸字形。大坡顶，舌形瓦。中部筑方形塔楼，具有德国中古别墅风貌。2010年实施了平移工程，先向南平移135米，后向东平移40米，总平移距离175米，创下了国内外砖混结构建筑物平移距离之最。

金融建筑

第一次世界大战结束后到抗战全面爆发前，外国资本在天津的势力逐步巩固并大肆扩张，民族资本在这一时期也快速发展，反映在租界建筑上，出现了大量的金融建筑。最具代表性的是这一时期出现于中街的各国银行建筑，如英商汇丰银行（今市档案馆）、麦加利银行（今解放路邮电局）、美商华旗银行（今农业银行天津分行）、日商横滨正金银行（今中国银行天津分行）、中法工商银行（今

天津原汇丰银行旧址

市总工会大楼），以及被公认为当时华北最好建筑的开滦矿务局大楼都采用了西方古典柱式造型，钢筋混凝土结构，有的还用大理石等贵重材料做装饰，气势雄浑而华丽。与中街其他银行、洋行、饭店等建筑一起，构成租界的金融中心，被人称为天津的"华尔街"。

商业建筑

租界时期的商业建筑集中于法国租界（今劝业场一带），构成商业中心的四所著名建筑物（今和平路滨江道口）都是由中国商人投资。1925 年首先落成的是北角的浙江兴业银行，这是一座由中国工程师设计的仿西欧古典柱型造型的建筑，其建筑风格深受租界银行建筑的影响。1926 年建成的惠中饭店，位置在南角，由宁波商人投资建造。西角的劝业场与东角的交通饭店都是天津巨商井陉煤矿买办高星桥投资兴建的，于 1928 年同时落成。其中"劝业场"仿照当时上海"大世界"的模式，由法国永和公司设计，钢筋水泥结构，

天津法租界劝业场

外观七层，转角入口处达九层，塔顶和各层间檐部都采用西欧古典技法，场内除可容纳 500 户客商外，还设有球房、茶社、餐馆、戏院、电影院，是当时天津最大的商业建筑。而 1930 年在劝业场东边由法租界工部局翻译周振东和天津商人孟少臣投资兴建的中国大戏院是当时最大的新式剧场。1935 年，高星桥之子高渤海在附近又建起天津当时最高的楼房——渤海大楼，也采用了西方流行的摩登式造型。

住宅建筑

20 世纪 20 年代至 30 年代初期，随着租界基础设施的逐步完善，同时为了躲避战乱，寻求庇护，中国的商人、企业家、买办、军阀、官僚、政客争相在天津租界购地建房。这些建筑大都直接吸收了当时西方较为流行的造型和施工技术，内外装饰材料也大都是进口的。

当时华人兴建的住宅主要集中在英租界墙子河西南的"六大道"（今成都道、重庆道、常德道、大理道、睦南道和马场道）、法租界的花园路（今中心公园周围）以及意租界和日租界部分地区。例如启新洋灰公司董事李家四兄弟的四幢小楼（今睦南道桂林路口）全部用小鹅卵石做外墙装饰，造型别致，体现了高直式英国别墅的特点。英租界工部局华人董事庄乐峰的住宅（今花园路），墙间有古典壁柱装饰，内有两层楼高的大厅，周围有回廊。法租界 32 号（今赤峰道）路，被人称为"督军街"，沿路建筑几乎全为下野军阀官僚所有，孙传芳、张学良、张宗昌等人，均在此购置房产。曹锟、王占元、潘复以及天津四大买办梁炎卿、郑翼之、王铭槐、吴调卿等，都在租界内建有高级宅邸。如梁炎卿的旧居位于新华路 201 号，建于清朝末年，为砖木结构，二层青砖楼房。入口门楣为木质人字形雨厦，小门厅，坡顶大出檐，具有中西合璧风格。

如此大面积的租界区域在天津存在，不可避免地会在文化上与中国传统文化产生交集和碰撞。天津一时间成为中国北方最大的中西文化的交汇地。这种异质文化的交汇使得近代中国文化在与西方文化交汇时，出于自我保护的本能而去影响和改造西方文化；而西方文化出于生存的需要，也会主动吸收中国文化，并积极做出迎合本土化的调整。这种吸收和调整在租界建筑和装饰领域体现得最为明显。

建筑是文化的重要组成部分，不同的文化造就了不同的建筑风格，中西文化的碰撞、融合产生了许多独具一格的近代租界建筑。

中国经过 2000 多年的发展，到封建社会末期已经形成了一套独特完整的传统建筑体系，建筑形式、建筑技术、建筑类型与西方

天津怡和洋行

建筑文化截然不同。租界的出现，使大量西方文化涌入天津，并渗透到城市生活的方方面面，这其中也包括在租界设立过程中出现的大量西方建筑，这些西式建筑，其建筑风格和形式与天津旧城区的传统建筑大相径庭，也打破了天津原有的中国北方传统建筑风格的格局；当时西方建筑设计中流行的各种建筑形式，在各国租界的这些建筑中基本上能够体现出租界所属国家的建筑文化特点、民族传统、风俗习惯等。它们与天津的地方文化、气候特点、材料运用、施工工艺等因素交织在一起，从而形成了近代天津城市独有的建筑风貌。

　　租界时期天津中西建筑文化的碰撞交流、融合以三种方式逐步展开：一、以西方风格为主体的建筑群落出现；二、介于中西建筑风格之间或吸收了部分西洋元素的城市建筑；三、融合了天津传统文化的西洋建筑。

租界设立之初，各租界都是自行管理的"国中之国"，彼此之间不考虑协调配合，各自营建。这样的建设虽然对天津城市的发展有所推进，但各租界各成系统，没有统一的管理和规划，城市建筑物也杂乱无章。如英租界就"严格规定必须是外国式建筑，营造计划必须先送工部局批准，对房屋的取暖、采光、卫生、安全及街道绿化也有详细的规定"。意租界地区则有凡临街建筑物形式不准雷同等建设要求。各租界基本以本国建筑风格为基准，为适应天津的气候和风土人情，多少也会做出一些改变，再加上建筑工人大多为中国工人，基本上可以理解为这种租界建筑是使用中国本土的建材和工匠而建造的西式房屋。

租界建设期间，各租界内都陆续营建了先进体面的大型建筑，银行、洋行和商场等建筑风格各异。英、法、意租界都规划有高级别墅住宅和新式里弄住宅，借鉴了当时西方流行的多种布局方式，而且中高级住宅中都配备了卫生取暖设施，建筑周围还有花园绿地，租界内街道四通八达，道路都铺设了柏油或混凝土路面，主要街道都设有路灯，通夜长明，和同时期的西方城市景象相差无几。

租界区在扩张的同时，天津的老城区却止步不前，尤其是1900年八国联军占领天津后拆掉了老城墙，让天津老城元气大伤，再加上1902年袁世凯接管天津后开辟的河北新区，与老城区和租界共同构成了天津城市空间布局的三大板块，这三大板块在城市建筑方面按照各自的习惯独立发展又相互碰撞和融合，呈现出多元发展的态势。

开埠以前，天津城是"令人惊叹的物资交流枢纽、京师储运中心，也是整个河北地区的仓储中心"。开埠以后，由于租界和租界文化的强行进入，天津城市文化开始了急剧的变化。因历史原因，由诸多移民组成的传统天津城市，本身的城市文化就呈现出多元性色彩，这种情况导致了天津的城市文化包容性强且本土文化底蕴不深，因此在接触到租界文化后，很自然地趋向对西方文化的好奇、触碰、交融和相互渗透，从而形成了一部分近代天津城市建筑介于中西风格之间的形象特征。

在租界建筑快速发展的同时，老城厢也有少数新增建筑，最典型的要数天津八大家之一"益德王"王奎章家的住宅以及庆王府。王家的这幢建筑主体仍是中国传统式建筑，但局部装饰采用了中西合璧式的廊柱及大门上方的椭圆拱券石材雕花。而作为典型的中西合璧式建筑——英租界的庆王府，其建筑外观采用了西洋风格，与中国传统的琉璃栏杆交相辉映；建筑内部的房间安排按周边式设计，采用明三暗五对称式排列，这实际上是一种四合院模式的变体；为适应当时的西化生活，室内设有宽敞的大厅；门窗玻璃采用的是以比利时工艺雕琢的中式传统花鸟纹样；庭院花园的布局、太湖石和凉亭则都是中国传统园林的设计手法。

当老城区的中式建筑在吸收西洋元素时，租界内的西洋建筑也在吸收中国传统的建筑手法。

天津传统建筑中，很多豪门大户喜欢将砖雕、木雕和石雕作为装饰运用到住宅中，从庭院到大门、从厅堂到内房，雕刻艺术可以运用到各种建筑构件上，如照壁、屋脊、柱础、挑檐、梁柱等，在图案方面还广泛吸收南北各地的艺术特色，建筑的装饰纹样十分丰富。随着时间的推移,天津的砖雕石刻艺术也逐渐形成了自己的风格。在租界建筑中也有不少中国传统建筑装饰元素融入其中。无论是紫竹林教堂上的石刻还是哥特式的望海楼上的砖雕花纹,都表现了中国传统的莲花、珠宝和万字图案主题。这种精美的雕工手艺是天津旧城遗韵中天津手工艺术在洋教堂上的发挥。这种天津地方建筑文化与外来建筑文化的交相辉映,正是近代天津建筑的独特风格。

　　建筑上的中西合璧只是中西文化碰撞融合的一部分。在学者们看来,天津在近代以租界区域逐渐形成的殖民性、商业性、现代化、都市化、市民化的中西杂糅的文化形态,是与中国传统文化、海派文化、都市文化既有一定联系,又有明显区别的一种文化模式。这种文化模式可以简单地称之为租界文化,其本质和特征体现在与租界现象相联系的独特的市政制度、文化体制、城市空间、市民体验和审美风尚等多个文化层面,建筑只是其中的显性部分。

　　庆王府和紫竹林教堂的建筑形式反映了近代天津中西建筑文化互相渗透的现象,而美国"美以美会"创建的维斯理教堂却显示了强烈的"中国特色"。这座教堂由八根柱子撑起,人们称其为"八角楼"。其主要建筑大礼拜堂,砖门结构,铁棱瓦顶,内圆外方,堂内矗立八根圆柱,拱形圆顶,形成了自然的八角形体。"青瓦""角楼"等都有很强的中国元素。19世纪60年代末70年代初,中西合璧式的砖木结构的两层石库门式的民居建筑在租界出现后,因其设计合理、占地面积少、坚固耐用、美观大方,同时又适合市民的消费水平,因而很快便风靡一时,并逐渐形成了天津独特的小洋楼建筑。

　　除了住宅以外,西餐也逐步进入天津城的视线并冲击着人们的餐饮观念。租界建立后,大批侨民进入租界内居住,为了适应本国

侨民的生活需要，西餐业进入了租界。

西餐馆进入天津的最早的文字记录是 1898 年。当年出版的《津门纪略》就记载过两家西餐馆：紫竹林的第一楼和坐落于海大道（今大沽路）上的鸿春楼。而 1911 年出版的《天津指南》中记录了天津共有 14 家番菜馆。最初，天津的西餐厅大都由外国人在租界里开设的旅馆经营。此外，租界里也开设了一些西点店，这主要是为了适应大批侨民的需要。

中国人吃西餐、吃西点也经历了一个过程，最早在天津吃西餐的大部分是外国洋行的经理或买办。当时最早从事这一职业的大抵是广东人和上海人，这两个地方尤其是广东和西方接触最早，最频繁，因而受西方餐饮文化的影响也最深。如 1870 年直隶总督曾国藩在天津办理教案时，随行的幕僚中有一位大名知府叫李兴锐就喜欢吃西餐。这一年的 8 月 29 日，他去紫竹林同昌洋行访友，主人给他预备了西点，他在这天的日记中专门记录说"洋点有鸡蛋糕、葡萄糕之类"。但直到 19 世纪末 20 世纪初，西餐馆的经营者和顾客主要还是外国人，像著名的起士林，就是由德国人经营的。"起士林"是天津最早、最有名的西餐厅，它与上海雅克红房子西餐厅、北京马克西姆餐厅和哈尔滨梅西餐厅并称为中国四大西餐厅。最初光顾起士林的大多是外国侨民，其中也有中国的上层人物，如清朝逊帝溥仪就是起士林的常客。后来，由于价格适中，一些中产市民也开始光顾，起士林逐渐发展成为天津最有影响、最有韵味的西式餐厅。慢慢的，外国侨民的饮食习惯也逐渐影响了中国居民，人们开始接受并欢迎西餐，甚至在一些达官贵人家中还雇有外国厨师专门做西餐。

天津的西餐业在 20 世纪 20 年代异军突起，当时的租界内西餐馆林立。据不完全统计，在20世纪30年代，天津约有西餐馆38家，其中法租界就占了23家；洋酒馆、咖啡馆、洋点心铺13家，法租界就占了8家。著名的有利顺德、国民、惠中、福禄林、福德、义顺合等，天津在当时已成为中国北方的西餐业中心地。西餐当时之所以在天津大行其道，主要是由于从20世纪20年代开始，西餐的经营对象由洋人转为华人。小型西餐厅大量涌现，许多中国人也开始经营西餐馆，如1923年开业的国民饭店，大股东系清末刑部尚书潘祖荫的后代潘子欣；曾任热河督军的汤玉麟和天祥市场的创办者李魁元投资了惠中饭店。这些西餐厅不但博采众长，品种丰富，而且适合国人口味、消费习惯和消费水平。

天津文化的包容性也体现在餐饮文化的交流中，最具代表性的是在天津餐饮业里首开了中餐、西餐的交流之风。当年天津中餐馆里的沙拉、铁扒鱼等大都由西餐馆传入，很多中餐馆流行"西法大虾"这道菜。此外，许多中餐馆还流行"中菜两吃"，其实就是从西餐学来的套餐或份饭，店家用七寸碟盛菜，但减少菜量，降低价格，一个人一顿饭可以吃上三四个菜，而且花费不多。体现了天津人在饮食上的中、西合璧创举。

租界的设立和租界文化对天津的冲击和影响是多方面的，除了吃、住等基本生活需求外，还涉及到许多文化艺术领域。进入20世纪以后，国外的音乐、歌舞、戏剧、马戏、魔术团体不断来租界演出，不仅丰富了侨民的文娱生活，也开阔了天津人的文化视野。西方娱乐文化传播最广、影响最大的电影艺术，也是首先从租界引进，而且天津租界电影放映之早几乎与世界同步。

世界上最早的电影放映发生在1895年12月28日的法国巴黎，

中国近现代化的窗口

仅仅过了几个月，也就是1896年，法国百代公司就捷足先登，在天津法租界的天丰舞台（今新华路与滨江道交会处）放映外洋灯影（即电影），这是天津最早的电影放映。这以后，在市民经常出入的杂耍馆子中，除了经常上演的大鼓书、相声外，还增添了电影。如1906年2月30日天仙茶园晚8点至12点开演电影，分座位等次收费，最贵的大洋10元，最低的5角。

到20世纪30年代中期，天津电影院的兴建达到高潮，1926年，天津只有6家电影院，其中4家建在英法租界，到了1934年，全市电影院已增至21家，甚至一些戏院已改放电影。随着电影院的蓬勃兴起，国外许多电影公司纷纷来到天津占领市场。以1929年为例，在全年放映的82部影片中，有派拉蒙24部、福克斯10部、华纳5部、百代3部、环球2部。当年《姊妹花》连映90天满座，《渔光曲》连映100天满座，每年放映的外国影片上百部，最高时达到300多部。

电影作为一种发源于欧美的新型文化形态和娱乐方式传入天津城，打破了人们精神世界的封闭、单调和宁静，它把市民从家庭引向社会，把商人、绅士从商人会所、会馆、戏院引入大众文化娱乐场所，使传统文化生活的个体性、家庭性欣赏转化为集团性、社会性消费。这种大众娱乐方式在一定程度上冲击了等级森严、尊卑贵贱的身份界限，营造了一种自由、开放的文化生活氛围。电影因此成为市民接受新思想、认识社会、了解社会，尤其是了解西方社会的大众文化媒介。

作为一种和中国传统舞蹈相异的娱乐形式，交际舞也是由西方列强带来的。1850年11月，侨居上海租界的西方人举行了第一次正式的交际舞会，开始将交际舞会带到了中国。继上海之后，跳舞

162

之风很快在天津、北京流行。据《大公报》当年记载："跳舞一事，在天津已经是很盛行，一般沾洋气的饭店，因为想求事业的发达，经济上的胜利，不得不有极精美的跳舞场所，去迎合一般自以为新青年人们的心理，所以这些爱出风头的男女们，如痴如狂，争先恐后，去学习跳舞。"

天津的跳舞之风源自租界洋人饭店起士林，而从根源上说，由英国侨民集资修建的"英国俱乐部"是天津最早举办交际舞会的舞厅，但它只限其侨民参加。1914年出现的国民饭店内的"皇宫舞厅"则是面向社会开放的第一家营业性舞厅。到1945年，天津的舞厅已发展到20多家。在当时，跳交际舞与剪发、穿皮鞋、穿洋装一起，成为都市民众的时髦。而传统的娱乐场所如戏园、茶园也逐渐被新的舞台、影院所取代。

与曲艺节目相伴而来的是西方的竞技体育运动。天津开埠以后，前来天津从事进出口贸易和投资的商人，在冬季港口封冻期间业务清淡，正是开展各类体育活动的最好时节，于是便筹划起各类体育活动和赛事。

最先在天津开展起来的体育活动是赛马活动。1863年5月，由英法联军炮场工程师共同出资创办了天津赛马会，俗称英商赛马会，并于当月在海光寺一带的空地上举行了第一次赛马，以后每年举行，持续不断。最初围绕大街划定比赛路线，直到1886年才在佟楼附近建造起正规的跑马场。1900年被义和团焚毁后，又于1925年建成混凝土结构的新跑马场。赛马始终是英租界当年最具轰动效应的体育活动。1887年，随着西方各国商人参加赛马活动人数的增加，英商赛马会更名为"西商赛马会"。20世纪20年代，天津本埠商人

看到赛马有利可图，于是成立了一个"直隶华商赛马会"，与"西商赛马会"相呼应，每年春、秋两季单独或联合举行赛马比赛。1928年春，由日商与部分华商又成立了一个"万国赛马会"，至此，天津的赛马活动达到空前的狂热程度。

除了赛马活动外，天津当年的其他竞技活动也非常活跃，如垒球、马球、板球、网球、游泳以及各种田径比赛。1895年基督教青年会举行篮球游戏表演（当时称"筐球"），为篮球运动传入中国之始；1914年该会又引进乒乓球比赛（当时称"桌球"）；1902年又发起举办每年一届的学校田径运动会。足球比赛是从英、法驻军开始引进的，逐渐扩大到各中学，并在1917年由北洋大学堂、新学书院、南开学校等发起组织学校足球运动会，举办每年一度的校际足球联赛。正是在这种群众体育热情高涨的背景下，才有了天津当年著名的"奥运三问"。

1908年10月22日，天津基督教青年会举行第六届联合运动会颁奖大会。这时正值第四届奥运会前夕，天津青年会会刊《天津青年》发表文章，向国人提出奥运三问：

一、中国何时能派出一位选手参加奥运会？

二、中国何时能派出一支体育队伍参加奥运会？

三、中国何时能举办一届奥运会？

正是当时如火如荼的体育运动开阔了人们的视野，才使得百年前的奥运世纪之问在天津出现。英租界当时比较重视侨民的体育活动。1895年在红墙道（今新华路）建造了第一座游泳池；1918年在剑桥道（今重庆道）开辟了民园体育场。在20世纪20年代以后，英租界成为天津的体育活动中心，不仅促进了天津体育运动的开展，还促使天津体育人才辈出。

随着时代的发展，这些体育运动逐渐走出租界，进入到普通的市民当中，从而促进了天津各类民间体育团体的建立，各种外国体育项目也被广泛引进。体育运动的开展在社会上引起了极大的反响，因而也促进了群众体育运动热情的高涨和各类运动会的召开。

除了体育运动外，西方的许多文化和习俗也逐渐渗透到华人社会中并首先被青年一代所接受。据《津门杂记》记载："紫竹林通商埠头，粤人处此者颇多。原广东通商最早，得洋气在先，类多效西泰所为。如衣襟下每作布兜，装置零物，取其便也。近则津人习染，衣襟无不作兜，凡成衣店、估衣铺所制新衣，亦莫不然。"20世纪初期，代表西方文明的西装在天津率先被买办和青年学子穿着和推广，改装易服的风气日益盛行，并在青年学子的带动下，逐渐把"改装易服"活动升华为"剪发易服"的反清革命活动。

在天津近代百年历程中，租界文化是天津地域文化的重要组成部分。租界内的教堂、建筑、洋行、商家、现代城市管理、西方生活方式，都直接影响着近代天津的文化走向。有学者认为："在近代城市中西文化的碰撞比较中，上海倾向于全盘西化，北京更多地在保存中国传统，而天津则介于二者之间，更善于对外来文化的吸收和中西文化的结合。"

在近代中国北方，天津以其独特的地理位置和历史背景，得领世界风气之先。中西文化在交流中碰撞，在碰撞中融合，在融合中吸收。由于这种碰撞和融合，使得天津的租界文化独具特色，使天津催生了一批具有开放思想和现代意识的市民阶层，同时也奠定了天津现代都市文化的根基。

第六章

风云际会

　　清末民初，天津成为中外名人、要人的聚集之地，晚清重臣曾国藩、李鸿章、末代皇帝溥仪，著名的维新派人士梁启超、推翻帝制的孙中山、复辟帝制的张勋、美国后来的总统胡佛、北洋系军阀袁世凯、冯国璋、曹琨、孙传芳以及张学良等都曾在天津长期居住或活动。清末民初的天津为何会成为全中国风云际会的场所？

1860年9月，中英《北京条约》尚未正式签订，美国基督教公理会传教士白汉理便急匆匆地从上海出发，乘坐英法联军的运粮船进入天津大沽口。9月28日，白汉理在东门外天后宫登陆，成为进入天津的第一个外国传教士。在他登陆天津26天后，中英《北京条约》正式签订。

　　白汉理来天津后不久，就和英国基督教会传教士殷森德不期而遇。此时的殷森德也是刚刚从上海来到天津，在英国工兵上尉戈登的帮助下，他先借天后宫布道，后在宫北大街购买了一处房子作为礼拜场所。1862年，白汉理和殷森德在天津城鼓楼东部的仓门口附近租了房子，后扩建成仓门口教堂。

　　仓门口教堂建成不久，殷森德就参与了英租界工部局的工作并成为董事之一。1863年年初，殷森德与英国女王驻津代表吉布逊签订租约：以纹银600两承租英租界29号地基19.9英亩（120亩）土地，租期99年，每年每亩交纳租金1500铜圆。殷森德在这块地的最南端盖起一所印度风格的平房，作为货栈、洋行、旅馆，专门招待外侨，这就是利顺德饭店的雏形——泥屋饭店。

　　1883 年左右，泥屋饭店被英国人乔治·瑞德购买后扩建，英租界工部局董事长德璀琳、商会董事长狄更生、怡和洋行买办梁炎卿等入股，扩建后的泥屋饭店改名为利顺德饭店。这是天津英租界最高大的建筑，也是英租界的标志性建筑。正因为如此，利顺德饭店成为当时中国外交活动和政治活动的重要场所，目睹了一百多年来中国近现代艰难的历史进程。在八国租界领事馆没有建立起来之前，许多外国人都在这里居住、办公。英国、美国、加拿大、日本等国还先后将自己的领事馆设在利顺德饭店里。

　　由于利顺德饭店的特殊地位，天津乃至全国城市现代化进程中的许多开场戏都曾在这里"演出"。1879 年，后来成为利顺德饭店股东的德璀琳协助李鸿章创办了中国近代邮政，利顺德作为天津第一条电话线的中继站，成为全国最早使用电话的企业；1887 年，天津第一条碎石道路由利顺德饭店出资铺设；1920 年，利顺德开始使用机械式数字统计机，首开中国企业使用现代办公设备的先河；利顺德饭店有一部老式电梯，建于 1924 年。这部电梯是中国现存最古老的一部电梯，至今仍在利顺德饭店正常使用。

　　一百多年来，利顺德饭店留下了 100 多位历史名人的身影。

　　1899 年，一位年仅 24 岁的美国人拿着几年前从美国斯坦福大学获得的地质学专业学士文凭来到天津利顺德饭店谋求职业。在饭店股东德璀琳的推荐下，这个小伙子担任了开平矿务局督办张翼的技术顾问。

　　这个年轻人，名叫胡佛。15 年间，他为他的英国老板在开平煤矿、细棉工厂、滦州煤矿等处谋取了大量利益，自己也从中捞取了巨额财富。1913 年，他带着在中国"积累"的大量资本回到美国，进入美国政府，并于 1929 年当选为美国总统。

胡佛到达利顺德整整 10 年后，又一个重要人物光临利顺德。

1908 年 11 月的一天，一名跛足的英国商人来到利顺德饭店，但他却长着东方人的面孔，这个商人就是化装后的袁世凯。

就在一个月前，光绪皇帝先慈禧太后一天而亡，去世前据说留下了"必杀袁世凯"的遗言。袁世凯闻讯急忙求助于英国公使，伪装成英国商人躲进利顺德。后来在朝廷重臣张之洞和英国公使的协调下，清朝贵族准许袁世凯因"患足疾"而回河南老家养病。

而就在 4 年后，被袁世凯力邀到北京"共商国是"的孙中山，取道天津时也曾入住利顺德。革命先驱孙中山先生曾 3 次来到天津，每次都住在利顺德饭店。居住期间，孙中山除了接待天津的革命者和文化名人外，还在广东会馆做讲演，宣传民主革命。

少帅张学良在利顺德饭店居住期间，与赵四小姐产生的爱情也成为广为流传的佳话。

1929 年，痛失父亲、心怀国恨家仇的张学良在利顺德饭店与两年前相识的赵四小姐再度相遇，爱情弥补了伤痛，他们在 215 房间里曾共同品尝充满中国传统风味的饺子，弹奏从美国越洋而来的汉密尔顿牌钢琴。

而同一架钢琴上，还曾响起末代皇后婉容弹奏的音符。1925 年初，溥仪和婉容在日本特务的保护下化装成商人，乘火车到达天津的日本租界，在这里度过了 6 年多的"逃亡"生涯。尽管靠变卖古玩字画维持生活，但溥仪等人仍然挥金如土。他和婉容、淑妃文秀每隔几日就会乘坐汽车专门到利顺德品尝西餐。

李鸿章、德璀琳、梁启超、孙中山、黄兴、蔡锷、张学良、梅兰芳……走在这家已近 160 岁（截至 2023 年）的饭店的木制板走廊里，不经意间就会碰见这些名人曾经居住过的房间：除了胡佛住过的 388 房间外，还有戈登住过的 213 房间；325 房间曾经住过 1922 年被迫辞职的大总统徐世昌及其家眷；302 房间被称为"兰芳套房"，梅兰芳到天津演出时常住在这里；228 房间里，黄兴曾经在这里草拟讲稿进行"二次革命"；而孙中山先生住过的 288 房间，可谓名副其实的"总统套房"，因为孙中山的几次下榻，这里也被称为"翠亨北寓"。

利顺德饭店只是这些要人公开活动的舞台，在清末民初的岁月里，天津成为当时中国最为重要的风云际会之所。不论是台前还是幕后，不论是在野还是隐居，许多人都把天津作为最理想的场所，这种趋势在清朝灭亡的 1912 年至国民党政权建立的 1928 年间最为明显。

清末民初的时光舞台，让这一时期的名人、要人在天津留下了大量的足迹。天津现在的名人故居，无论是单体数量，还是整体规模，以及故居主人地位之高、声名之著，在全国来说都是十分突出的。这些名人旧居大体上分为五类。

第一类是时代较早的名人故居，主要分布在老城和城东、城北地区，除极少数个案外，基本上都是四合式传统住宅，虽然有的建筑已经有西化的影响，但整体上仍保持着中国传统的建筑格局。天津的世家大族和传统文化艺术代表人物，大多集中居住在这一地区，如徐家大院和卞家大院。

徐家大院位于东门内仓敖街 48 号，现为老城博物馆。主人徐鹤桥，以经营军需被服厂发家。门楼坐北朝南，大院由中部三进四

天津纳森旧宅

合院和东西两侧箭道及多组跨院构成。中部三进院正房、过厅和厢房面阔均为三间，进深各一间，均建有二道门楼，顶为卷棚式。

卞家大院位于北门内沈家栅栏胡同 3 号，卞述卿于 1914 年建此宅。门楼坐北朝南，大院由七进四合院和东西两侧箭道跨院组成。

王家大院位于今铃铛阁中学西侧，毗邻南运河，院内西北角为王氏宗祠。据《天津县新志》记载，王氏祖籍浙江，明初北迁天津，至清代成为津门巨族。王家大院现存房舍百余间，多为清代建筑风格。

第二类是外国人在津的住宅。1860 年开埠后，外国来津人员日益增多，许多人把天津作为冒险家的乐园和淘金地。最初，这些外国人多住在老城区一带，但随着英、法、美租界的开辟，这些早期的冒险家、侵略者、探路者纷纷迁到租界。随着时间的推移和资金的积累，很多人纷纷在租界建起豪宅，如胡佛、德璀琳、汉纳根、纳森、起士林、戈登等，这些人在天津都是耳熟能详的名字。

第三类为清朝遗老遗少的住宅。清朝灭亡，民国新建，旧朝的遗老遗少中有很多人选择到天津定居，把这里作为他们的避难所。

天津张勋旧宅

载沣、载涛、载振、载伦、荣源、荣庆、那桐、铁良、升允、小德张、张人俊、袁大化、罗振玉、郑孝胥、胡嗣瑗等晚清风云人物以及逊帝溥仪都先后到天津居住。

第四类为北洋政要的住宅。袁世凯从天津小站练兵起，积累了大量的军政人脉，北洋政府中和天津有关联的军政大员占据了很大一部分。1916年袁世凯去世后，北洋军阀内部发生权力争斗，相互之间连年混战，你方唱罢我登场。北京为舞台的前台，天津为舞台的后台。进可执掌中央，退可避居租界，天津一时成为军阀们的安乐窝。北洋巨头黎元洪、徐世昌、冯国璋、段祺瑞、曹锟、张勋、李纯、王占元、陈光远、齐燮元、卢永祥、孙传芳、靳元鹏等，都曾长期定居天津，绝大部分人甚至终老于此。远在新疆的杨增新、金树人，远在福建的李厚基、周荫人、王永泉等，也都把天津作为退隐之所。当时的法租界三十二号路（今赤峰道）附近，更是云集了张学良、张宗昌、杨宇霆、孙传芳、周荫人、卢永祥、李厚基、陆锦、汤玉麟、田中玉、谢鸿勋、赵玉珂等军政人物,号称"督军街"。

第五类为文化名人的住宅。近代天津由于经济的发展和资金的聚集,极大地推动了科技的进步和文化的繁荣,同时也吸引了一大批有影响的文化人物来天津居住,具有代表性的如严复、梁启超、李叔同等,他们也推动和影响了天津的文化发展。

研究中国近代的政治史、军事史、教育史、经济史、金融史、科技史、文化史或文学史甚至是移民史,以上名字都是不可或缺的存在。据不完全统计,天津现存的西式洋楼住宅约有 2000 幢,这些建筑多建于 1860 年到 1928 年间,其中可考出主人身份者在 500 处以上,这些人大部分在 1900 年到 1936 年间活跃或隐居在天津。

汤玉麟旧宅

如此多的名人政要在如此短的时间里齐聚天津并不难理解。天津开埠后，其政治地位、军事地位、经济地位、外交地位迅速上升，促进了近代工业、近代教育、近代科学技术的崛起和中西方文化的快速融合。建立起设备先进的火药制造厂、造船厂、现代化煤矿，成为全国铁路交通和电报电讯中心，建成中国第一座近代高等学府。在戊戌变法期间，天津成为当时中国北方的舆论中心，极大地推动了新思想的传播。20世纪初，在推行"新政"期间，天津在城市建设规划、司法制度改革、城市公共交通以及各类新式学堂设立方面都走在了全国前列。五四运动前后，天津的民族工业快速发展，到了20世纪20年代初，天津已经成为中国北方最大和最先进的城市，并快速向现代城市迈进。

进入20世纪后，作为北京的门户、九国租界所在地和中国北方的商贸中心，天津在中国的位置变得极为特殊与重要。自19世纪70年代开始，北洋大臣兼直隶总督府衙在天津设置，天津从此成为首都以外的政治中心与外交中心；政治的风云变幻使天津租界成为政客们理想的避风港；河海相通，优越的地理位置和交通、海关之利，方便这里的人们自由出入；北方最大的经济中心和商贸中心给居住在天津的人们提供了无限的商机；华洋杂处、东西交融的租界文化和近现代城市建设为人们提供了舒适的环境。因此，天津成为列强冒险家的乐园，清廷遗老遗少、北洋下野政客的蛰伏隐居之地，商界学界人士开拓事业的首选都市。另有爱国人士、社会名流寓居津门，从事各类社会活动，几种因素相互交织，使天津很快成为中国近代的风云际会之所。

天津的各类名人故居中以五大道最为集中，在20世纪二三十年代建成的英、法、意、德、西班牙等国不同建筑风格的上千幢花园洋房中，有风貌建筑和名人故居 300 多处。这里迄今仍保持着幽静别致的街区风貌，保存着较为完整的历史痕迹和记忆，蕴藏着丰富的文化内涵，充分展现着近代中国的叱咤风云。

五大道在历史上并非正式的地名，只是流传甚广的地名俗称。五大道并不是单独的五条街道，而是指原英租界内一个风格独特的历史文化街区。其具体位置在今天的天津市和平区体育馆街的管界内，包括总长 17 公里的 22 条街道。其四界的范围为：马场道以北，成都道以南，西康路以东，马场道和南京路交口以西。这个街区平行并列着五条东西向的主干道：成都道、重庆道、常德道、大理道、睦南道，外加一条马场道。

五大道建设的高潮时期在 1925—1930 年，当时正值天津城市的快速发展时期。当时的天津在中国的北方地区，无论工业、商业、外贸、金融、教育、文化、城建还是城市管理等方面都处于领先地位。

五大道地区修筑最早，也是最长、最宽的一条街道就是马场道。19 世纪末，英国商人在佟楼一带修建了一座大型赛马场。为方便往来，就在赛马场和英租界之间修建了一条宽敞的道路，遂以"马场道"命名，整条道路共长 3410 米。五大道上最早的建筑就是马场道 121 号，一座始建于 1905 年的西班牙建筑风格的花园别墅。这座别墅为砖木结构，二层带阁楼，立面呈几何状，水泥拉毛外墙，瓦陇铁坡顶，层次错落。山墙设老虎窗，外表色彩强烈，造型独特。这所房子的第一位主人为英国人达文士，因而也被人们称为达文士楼。20 世纪初，达文士从英国来到中国经商，主要从事毛皮生意。

马场道上还有两座著名的建筑——北疆博物院和工商学院，都

坐落在今天的天津外国语大学校园内。北疆博物院创建于 1922 年，是中国近代开设最早的自然博物馆，也是目前我国早期博物馆中唯一一座原址、原建筑、原藏品、原展柜、原历史文献等完整保存至今的博物馆。它的创办者是法国学者黎桑，他的中文名字叫桑志华。

1914 年，桑志华以法国天主教耶稣会神甫的身份来到天津，并以法租界内的教堂为活动基地，开始了他长达二十多年在我国北方地区的考察活动。桑志华在中国北方和海河流域考察的这一时期，正是中国现代自然科学的形成阶段，因此他对成长中的中国现代地质学、动物学、植物学、古人类学有着非常重要的贡献。

1920 年 5 月，他途经山西返回甘肃庆阳，进行大规模的采掘活动，这期间发现了旧石器时代的石核、石片，这是我国境内首次发现旧石器时代器物，自此揭开了我国旧石器时代工具研究的序幕；差不多在同一时期，他在内蒙古萨拉乌苏河挖掘化石标本时，意外地发现了河套人牙齿化石，这是我国发现的第一个古人类牙齿化石；20世纪 30 年代，他还指导开凿了天津第一口地热井，在天津温泉开发史上写下了重要的一页。

由法国人在 1925 年建造的天津工商学院主楼是典型的法国罗曼风格建筑，三层高楼带地下室，外檐大块蘑菇石墙面，曼赛尔式瓦顶，圆形大钟，堪称民国时期的典型建筑风貌。

睦南道东起马场道，西至西康路，在这条两公里长的街道上，有风貌建筑 74 幢，名人故居 22 处。在绿树掩映下，风格各异的小洋楼次第排列。这里有著名的爱国将领高树勋旧居（睦南道 141 号），楼房为典型的英式建筑，大坡度，尖屋顶，开天窗。而睦南道 11 号和 75 号分别是张作霖三姨太许氏和五姨太张寿懿的故居。

1928 年 6 月，张作霖在睦南道和三姨太、五姨太告别，带着六姨太准备返回东北。和他同行的还有三个北洋政府下台的总理——顾维钧、潘复、金云鹏。在他们上车之前，大悲禅院的法师说潘复、金云鹏不能走，他们信佛，课还没听完，给拦下了，所以这两人就没走成；顾维钧当时头疼呕吐得厉害，上车后又下来了。最后张作霖只带着六姨太和卫兵走了，走到皇姑屯时列车就发生了爆炸，这就是历史上著名的皇姑屯事件。

距张作霖三姨太的故居不远处是睦南道 20 号，这座三层带地下室的西洋古典公馆颇具豪华气派，迎面的几根绞绳式立柱显示出典型的巴洛克式建筑风格。这里曾是因东陵掘墓而名声大噪的军阀孙殿英的旧居。

1928 年，孙殿英把慈禧和乾隆的墓炸毁后将里面的宝物盗走，派手下谭文江到外地四处销赃。谭文江和夫人去北京菜市口看电影时，由于其夫人穿了双粉色缎鞋，镶了夜明珠，被人发现后抓了起来，财宝也被警察拿走了。到上海销赃时又出事了，宝物被青帮的人给偷走了。北京、上海销赃失败后，孙殿英带着剩下的宝物和金银首饰来到天津，用重金买下了这套房子。

离孙殿英旧居不远处是睦南道 24 号，这里是中国近代外交家颜惠庆的旧居，这座建筑主体为四层砖木结构，具有欧洲古典建筑风格。三层楼的平台布局结构各不相同，外用烧焦的砖垒砌，俗称"疙瘩楼"。该建筑曾为伪满洲国领事馆。

睦南道 50 号曾是张学良二弟张学铭的旧居，这幢建筑红砖清水墙，坡瓦斜顶，颇具英国庭院别墅风格。此外，民国大总统徐世昌、天津八大家之一"李善人"的后代李淑福的旧居也在睦南道上。

颜惠庆旧宅

　　五大道中的重庆道建于20世纪二三十年代，它与睦南道是五大道中名人故居最集中的两条道路。重庆道全长仅1432米，但却汇聚了几乎近代中国各个领域和阶层的代表。

　　重庆道以惠灵顿路（现为河北路）为界，西部称爱丁堡道，东部叫剑桥道。在重庆道上分布着各种形式的建筑，如连排式、组团式、里弄式等。从东到西分别是：三益里、剑桥大楼、鸿源里、津南里、世界里、兴富里、民园大楼、生生里、育文坊、长乐里、协同里，这十几个洋胡同，形态各异，风格各异。

　　奥地利人罗尔夫·盖苓是天津解放前有名的建筑设计师，他在天津有两处寓所，即重庆道上的剑桥大楼和河西区蚌埠道的德式楼房。盖苓在天津还开办有盖苓建筑事务所，承揽建筑设计和装潢业务，因此盖苓在天津设计的楼房有一百多座。如五大道上的民园大楼、

张学铭旧宅

香港大楼和剑桥大楼都是盖苓亲手设计的。盖苓不但在天津设计了很多房屋，还在秦皇岛、北戴河等地设计了不少洋楼。其中在北戴河海滨设计了一部分海滨别墅，风格各有特色，至今保存完好。

重庆道当年最有名的建筑就是庆王府。1924年，冯玉祥发动"北京政变"推翻了直系军阀曹锟、吴佩孚，把末代皇帝溥仪逐出了紫禁城。溥仪迁居天津的次年，第四代庆亲王载振也携全家离开北京来到天津。他买下了清末大太监"小德张"在天津剑桥道（今重庆道）55号的楼房作为住宅，这座楼房自此以后就被称为"庆王府"。

庆王府是一座中西合璧式建筑，建成于1922年，由小德张亲自监督建造。小德张当年曾任清朝的总管太监，官居正二品，长期为慈禧太后服务，深受慈禧的器重，在清末宫廷有很高的地位。1925年，载振来天津后看上了这座房子，就买了下来。

庆王府

　　这是一座别开生面的花园式住宅，是典型的中西合璧式三层楼房，载振买过来后又加盖了一层，楼东还有一个小花园。走进宽敞幽深的院落，迎面就是通往大楼正中门厅、用青条石垒就的"宝塔"式台阶。沿阶而上，穿越柱式回廊，一间具有浓郁欧洲古典风格的开敞天井式大厅展露无遗。当年的大厅内，上悬西洋葡萄造型的大吊灯，周围是曾经的御用匾额、紫檀条案等，下设小型戏台和宝座，布置华丽、古色古香，西式布局中又融入了许多中国文化元素。楼中还悬挂着康熙皇帝御书的白居易诗句大条幅："地僻门深少送迎，披衣闲坐养幽情。秋庭不扫携藤杖，闲蹋梧桐黄叶行。"

　　载振是清末宗室重臣庆亲王奕劻的长子，曾先后担任镶蓝旗汉军都统、御前大臣、农工商部尚书等职。1925 年买下这座洋楼后，载振就在这座楼内锦衣玉食，观花玩鸟，直到 1947 年去世。

　　"庆王府"占地 7 亩多。120 多间住房围绕着中央大厅。外檐用中式青砖砌筑，楼房四周却设有西式列柱式回廊，极富欧洲风味，而东面却有一座中国传统式的六角凉亭。这座楼最有意思的是通往大楼正中门厅、用青条石垒就的 17 级半"宝塔"式台阶。很多人不明白小德张当年为何偏把台阶设计成 17 级半。究其原因，是因为清朝皇家的建筑等级是 18 级台阶。虽然房屋建造的时候，清帝已经退位，但小德张仍然不敢僭越皇权，所以故意少建了半个台阶。

如今的重庆道虽历经风雨，却依然保持着多年前形成的独有的宁静气息。

在五大道中，如今最为幽静的要数大理道。大理道的两旁，多是一些建筑风格迥异的异国风情酒吧和西餐厅，而一百多年前这里的道路也是异常幽静，是当时许多贵族王公休闲放松的理想场所。

大理道位于今天津和平区南部，东北起新华路，西南至西康路，全长 1745 米，这条路始建于 20 世纪 20 年代，当时被英国殖民者取名新加坡道。道路两侧的房屋多为英式单体小洋楼，私密性和隐蔽性都非常强。

位于大理道 3 号和 5 号的房屋为蔡成勋旧居，这座建筑主楼外观为法国罗曼式公馆建筑，中西合璧式建筑风格。楼正门两侧为对称式，楼房外檐为青砖墙体。院落宽敞，围墙高阔，内装修使用中式木雕；另有中式四合院家庙，垂花门及门窗，砖雕、木雕、石雕都非常精致。蔡成勋 1900 年毕业于天津武备学堂，冯国璋代理大总统时被任命为察哈尔都督。1920 年任陆军总长，1922 年任江西督军，1924 年被免职后辗转返回天津寓居。

蔡成勋旧居不远处是大理道 18 号，同是北洋军官的鹿钟麟就曾住在这里。这座建筑为砖木结构，红瓦坡顶，英式二层楼房。

高台阶、拱形门，院中树木茂盛，整体布局美观、朴实而幽雅。鹿钟麟是西北军冯玉祥手下一个非常有名的将领，在他担任北洋陆军二十二步兵旅长时做了两件大事：一件事是把曹锟囚禁在中南海；另外一件事就是把末代皇帝溥仪赶出故宫，废为平民。北伐战争后，他曾任国民革命军第二集团军第九方面军总指挥兼第十八军军长、南京国民政府军政部次长、河北省主席等职。新中国成立后闲居在天津，热衷于街道工作。

位于大理道 66 号的和平宾馆原是孙氏旧居，这座带有浓郁的英国乡村庭院风格的大型别墅，始建于 1931 年，由安徽寿州著名实业家、通惠实业公司总裁孙震方斥巨资修建。

20 世纪二三十年代，中国政局的动荡让很多人选择了从北京来到近在咫尺的天津租界寓居，天津由此成为近代中国工商业发展的中流砥柱。孙家是清末大学士孙家鼐的后代，孙家鼐是光绪皇帝的老师。当初，以孙震方为代表的安徽孙氏家族迁到天津后，带来了大量的资金和技术，为天津近代纺织工业的发展注入活力，促进了近代天津工商业的发展。解放后，孙氏旧居改为和平宾馆。

大理道上不仅居住了大量的实业家，还住着一位对后世产生深远影响的教育家，他就是张伯苓。张伯苓以严氏家馆为起点，先后创办了天津南开中学、南开大学、南开女中、南开小学等学校，逐步建立起"私立民有"的教育体系，并培养出周恩来、曹禺、陈省身等一批对中国产生深远影响的人物。

除了张伯苓外，大理道上还住过国民政府内务总长张志潭以及实业家訾玉普等。

五大道中如今最为繁华的要数成都道了，由于地处交通要道，成都道两边饭馆、酒吧、西餐厅林立，而在 90 年前，这条名为伦敦路的小路却十分幽静，成为贵族们休闲的首选之处。

成都道始建于 1929 年，1932 年才全部建成，刚建成时街道异常幽静，道路两边百花齐放，香气袭人，成为许多贵族和富人闲庭信步之处。

如今坐落在成都道 60 号的天津市民政局大院，有两座建筑面积近 2000 平方米的二层西式楼房，主楼后部有过桥与后楼连接，建筑风格庄重而朴素。这座大院就是著名的抗日英雄张自忠将军于 20 世纪 30 年代任天津市长时的居住地。而这条街上最有名的住宅是袁氏家族的住宅。

袁世凯的二儿子袁克文曾长期在成都道 93 号居住，袁世凯本人也曾在这里居住过。袁世凯的政治生涯是从天津起步的。从 1895 年在天津小站编练新军，成为北洋军阀的开山鼻祖开始，到 1901 年升任直隶总督，直至 1907 年调往北京，袁世凯在天津始终呼风唤雨。与此同时，袁世凯在天津建造了大量的豪宅，天津也因此成为袁世凯的大本营。袁世凯共有 17 个儿子，15 个女儿；22 个孙子，25 个孙女。据说，袁世凯的后代在天津的大约超过了 100 人。

除了张自忠故居和袁氏故居外，今天的成都道上还有大量的名人故居，如陶氏故居以及中国水泥业创始人"洋灰陈"的故居等。

天津五大道的风情驰名中外，不过相比于其他几条街道，常德道只能算是半条街道，因为常德道只有 1219 米。即便只是短短的半条街道，当年这里也是名人汇聚的地方。

常德道原名科伦坡道，和五大道地区的其他道路一样，这里几乎每一幢建筑都代表着一种建筑风格，并隐藏着一段历史故事。

袁氏旧宅

　　常德道 2 号是原国民党财政部关务署署长张福运的私人住宅，后转手由天津中国银行经理林鸿赉居住，属于英式庭院式建筑风格。常德道 78 号是著名实业家、曾在解放后任天津市副市长的毕鸣岐的住所，这是五大道上为数不多的西式平房之一。而常德道上最重要的住宅是 1 号和 71 号到 75 号，这两处住宅实际上是当时中共地下党的革命据点。1 号当时是爱国人士曾延毅的住所，曾延毅的女儿曾常宁、儿子曾亚宁当时积极投身进步学生的爱国运动，使该楼成为解放前天津地下党的活动阵地之一；另一处为金家的大宅，这两处住宅离得很近，都设有电台。因这两处据点都秘密设在租界里的名人宅邸，所以很少遭到盘查。

　　五大道作为一个重大事件的亲历地，真实地记录了那个时代形形色色特殊人物的种种幕后活动和隐私。当时很多军阀、政客都选择在天津营造私宅，因为这里离北京最近，又有外国租界庇护。很多人选择到此并不是单纯的居住,而是密谋策划,寻找机会东山再起。表面上过着奢华悠闲的租界生活,私下却是波涛暗涌。北京是前台,真正的后台却在天津。

在今天的河北路与重庆道的交会处,有一座三层带地下室的西洋楼房,属英国别墅式建筑风格。其布局别致,造型精美,民国时期的著名外交家顾维钧曾在此居住。不过,虽在天津安了家,但因公务繁忙,顾维钧本人很少在此居住,倒是他的家人和亲友经常将这里作为落脚地。

将天津租界作为落脚地的显然不只是顾维钧一人,随着天津城市的发展,大批华人入住租界,以至于到20世纪20年代以后,各个租界都形成了实力日益强大的华人社会。在最富庶的英租界,华人占到居民总数百分之九十以上。五大道2000多幢洋房中,真正的洋人住宅屈指可数,绝大多数是华人住宅,而五大道之外均有华人涉足。

位于今天和平区鞍山道70号的静园是中国末代皇帝溥仪在天津生活的故居。溥仪于1924年被冯玉祥逐出紫禁城后,于1925年2月来到天津。起先住在清末湖北提督张彪在天津的私宅张园内。张彪去世后,溥仪携皇后婉容、淑妃文绣迁到同处一条街的"乾园"居住,并取"静观其变,静待时机"之意,将"乾园"改名为"静园"。静园原是民国时期参议院议员、驻日公使陆宗舆的住宅。这座楼房兴建于1921年,其建筑风格将西班牙和日本建筑特色完美地结合在一起,而溥仪本人选择在曾经的驻日公使和日式住宅居住后,也逐步完成了自己的"皇帝梦"和"叛国梦"的结合。

当年,就是在这座风格典雅的小洋楼里,溥仪俨然以皇帝自居,

静园

继续使用宣统年号,召开御前会议,还不时发出谕旨并四处搜集信息,与群臣密谋复辟之策,以图东山再起。静园当时门上挂的牌子就叫"清室驻津办事处"。每天早上,仍有很多大臣坐着马车前往静园朝拜,行三跪九叩大礼。

"九一八"事变后,1931 年 11 月,溥仪在日本当局的策划下,从静园的后门钻到车的后备箱秘密离开天津,在大沽口登上日本船只,到长春当上了伪满洲国的皇帝。

和溥仪相比,民国总统黎元洪下野后倒是比较安分守己。当时黎元洪在自己的天津住宅内专门建了网球场,每天下午打一个小时网球。黎元洪爱好书法,归隐后仰求墨宝者络绎不绝。烟台道儿童影院的原址是黎元洪的私人戏院,后改建为公共电影院。黎元洪非常重视对武昌起义的纪念,每到此日,他都会在住处燃放焰火,放映电影,邀请亲朋与邻居共同出席。1928 年初夏,黎元洪携夫人在英租界看赛马时,突发脑溢血,6 月 3 日病逝。6 月 28 日,国民政府为黎元洪举行国葬，全国各地下半旗致哀，鸣礼炮 17 响，黎元洪成为国民党取得政权后，享受国葬隆典的第一人。

民国大总统徐世昌和曹锟的公馆也都在英租界，且至今保存完好。徐世昌的住所是一座典型的英式别墅，无论是凹字形陡削瓦削顶，还是长弧形欧式观赏露台，无不弥漫着舒适典雅的自然风格。这种风格似乎和徐世昌"文治总统"的名号特别相符。举人出身的徐世昌是地道的天津人，出生于天津老城区。步入仕途后，借助于天津的地利之便，逐渐平步青云。他当了 4 年总统后，因曹锟恢复旧国会而被迫辞职，后回到天津当起租界寓公。晚年吟诗作画，闲时种菜赏花，自得其乐。

曹锟在天津有多处寓所，主要住处是今天津南海路 2 号的意大利式楼房公馆。从总统变为平民的曹锟也很接"地气"，许多当年的布衣之交、老街旧邻纷纷找上门来与"前大总统"叙旧闲聊。每到夏天晚上的时候，曹府院内，常聚集着一伙老大爷，有卖大碗茶的、卖菜的、拉洋车的、在码头当装卸工的。曹锟和他们一样光着膀子、摇着蒲扇，坐在小板凳上喝茶聊天，其乐融融。

晚年的曹锟保持了高尚的民族气节，多次将日本特务头子土肥原贤二派来的说客拒之门外，拒绝加入伪政权。

1938 年 5 月，曹锟在天津寓所去世，国民政府为褒奖曹锟的民族气节，发布褒奖令，追任曹锟为中华民国陆军一级上将。

后人一般都把晚年的徐世昌、曹锟等称为"寓公"。所谓"寓公"，古时一般指寄居他国的贵族、诸侯，后泛指失势卸任或解职后寄居他乡赋闲的官僚、绅士。而 20 世纪 20 年代天津租界的"寓公"则有特定的含义，特指为数众多的陆续下台的北洋政要和各派军阀头

面人物，天津人称之为"北洋寓公"。时局最为混乱的时期，天津租界曾住着北洋时期的5位大总统、6位总理、19位总长、7位省长（或省主席）、17位督军、两位议长、两位巡阅使等，在天津形成了一个特殊的群体。

曹锟一生的大部分时间都生活在天津，他在仕途得意之际即回到天津置办房产。除了南海路外，他在英租界的河北路、意租界的二马路和非租界区都有产业，其中比较有名的还有位于今天河北区五马路的"曹家花园"。

曹家花园原来叫孙家花园，是天津大买办孙仲英的花园，曹锟将它买下来后重新进行了布置和装修，把原来的亭台楼阁都进行了复建。为了弥补天津缺少山的遗憾，曹锟专门在院子里修建了假山，为了达到以假乱真的效果，他甚至动用军队把原来天津的历史名园水西庄里的太湖石都搬了过去。至今，曹家花园里的太湖石都是清代末年水西庄的遗物。

"北京事变"后，曹锟被赶下总统宝座并被软禁在中南海。在曹锟被软禁期间，曹锟的儿女亲家张作霖搬进了曹家花园。

1927年，曹锟辗转回到了天津，过起了寓公生话。1936年，出于安全考虑，曹锟将花园卖给了冀察政务委员会。曹家花园由此改为"天津第一公园"，并增加了娱乐、文化、餐饮等设施，一时间竟游人如织。1937年"七七事变"后，天津沦陷，日军将公园改为后方医院。抗战胜利后，军事部门将其改为陆军医院。新中国成立后，改为254医院。

曹家花园不仅是近代百年天津建筑风貌的代表，更是在百十年间数易其主，见证了近代天津经历的雨雪风霜。不过，和曹家花园相比，位于今天赤峰道上的另外一座建筑物更容易让人睹物思人、唏嘘不已。

初到天津的游客，如果走在和平区赤峰道上，可能会被路边的一座巴洛克风格的建筑所吸引。这座建筑就是张学良将军当年在天津的旧居，如今也被人们称为少帅府。这座位于法租界的建筑为三层砖木结构，建筑面积1418平方米。楼前有小花园、立面平层层层向后退缩，整体外观像一艘舰船，豪华美观。这座建筑原来为旗人贝勒所有，1924年为张学良所购得。楼的前面二层有张学良的书房以及于凤至、赵一荻的卧室。张学良和赵一荻于1926在天津的蔡公馆（现天津妇幼医院）相识，至此开始了二人长达半个多世纪的传奇故事。

张学良在天津有公馆和多处房产，他的很多亲属也都在天津，他的胞弟张学铭当年也曾在天津做事。当年张学良来天津的次数非常频繁，不过，这座少帅府是他1927年至1932年间的常住寓所。

1929年，东北军易帜后，张学良入关。虽然他当时身居要职，却壮志难酬。国恨家仇之下不免苦闷彷徨，于是经常出入餐厅舞场。那时候天津有名的利顺德饭店、西湖餐厅、乡谊俱乐部、赛马场、音乐厅时常会出现他的身影。

不过，晚年张学良的回忆中，对他在天津的日子重点提及的却是另外一件事。那是在1924年12月，张学良在天津利顺德饭店探望了病中的孙中山先生。孙中山寄语张学良和东北青年：列强环伺东北，东北青年当奋发图强。孙中山先生的这番话，让张学良铭记于心。12年后，张学良和爱国将领杨虎城一起，策动了震惊中外的"西

安事变"。

由"西安事变"不免让人联想起五四运动以及与其相关联的曹汝霖、陆宗舆和章宗祥，这三人中的两人晚年都和天津有关。

1919 年 5 月 4 日，北京爱国学生发动五四运动。这天上午，大总统徐世昌设午宴替章宗祥洗尘，由陆宗舆、曹汝霖等作陪。得知学生游行的事后，曹汝霖和章宗祥同乘一辆轿车驶出总统府到达东单赵家楼（胡同）曹汝霖住宅。学生游行到曹汝霖住宅时，由于曹汝霖已躲开，滞留在曹宅的章宗祥被学生痛打了一顿。在全国人民的抗议下，北洋政府不得不于 6 月 10 日将三人免职。

1919 年冬，被免职后的曹汝霖躲避到天津德国租界居住。被烧的赵家楼住宅修复后，全家曾搬回北京居住，但仍以天津居住为多。1922 年，他于北京灯市口又盖起了一座新楼。后又搬往天津居住，北京灯市口的住宅则租给丹麦公使做公使馆，只留下后院供家人用。1928 年后，他寓居青岛。抗日战争时期，曹汝霖依附日本当了汉奸。抗日战争胜利后，迁居上海，先被短暂囚禁，后被释放。1949 年去台湾，后去日本、美国，1966 年 8 月病死于美国底特律。

陆宗舆下台后即去天津当了寓公。1921 年，他在天津日租界鞍山道建起了三千多平方米的豪宅，取名"乾园"，后被迁居于此的溥仪改为"静园"。

抗日战争全面爆发后，陆宗舆被聘为汪伪政府的行政院顾问，再次附逆成为汉奸，1941 年 6 月病死于日本。

章宗祥下台后于 1920 年担任了中日"合办"的中华汇业银行总理。1928 年，他寓居青岛。1942 年任伪华北政务委员会咨询委员，伪电力公司董事长。

日本投降后，章宗祥以汉奸罪被捕，1962 年 10 月在上海病逝。

在中国近代史上还有两位文化运动的先驱，先后长时间在天津生活，为中国文化的发展做出了巨大的贡献。

在今天的河北区意式风情区，有两座相邻的意式建筑。这两座楼南北相邻，同处一个院中，这两座建筑的主人就是大名鼎鼎的梁启超。

1898 年"戊戌变法"失败后，作为重要发起人之一的梁启超和康有为一起前往日本留学。1912 年回国后，梁启超在天津海河河畔租下这两座小楼，并用自己的笔名命名了楼内的书斋，"饮冰室"由此而得名。此时梁启超虽然远离了政治的旋涡，但仍然时刻关注着中国的命运走向。

1915 年正是袁世凯复辟帝制的关键时刻，居住在饮冰室的梁启超对袁世凯复辟帝制表示了强烈的不满。他的学生蔡锷将军也经常借行医之名来津，多次到饮冰室和梁启超商议对策，一时间这里成了全国讨袁护国运动的策源地。

1918 年，梁启超赴欧洲，亲身了解了西方社会的许多问题和弊端。回国之后，即宣扬西方文明已经破产，主张光大中国传统文化，用东方的"固有文明"来拯救世界，并用十年时间在饮冰室写下了一生中绝大部分著作。先后写下了《清代学术概论》《中国近三百年学术史》《先秦政治思想史》《中国历史研究法》《中国文化史》等具有很高学术价值的著作。共计 148 卷 1400 万字，成为中国最勤勉的一代思想宗师。

除了梁启超，在中国近代史上，还有一位新文化运动的先驱也长期生活在天津，他便是弘一大师李叔同。李叔同是中国第一个开

天津梁启超旧宅

创裸体写生的教师，他培养了大画家丰子恺、音乐家刘质平等一大批杰出的艺术人才，同时他也是中国话剧的开拓者之一。

李叔同是土生土长的天津人，出生于盐商家庭。受家庭熏陶，早年即擅书法、通丹青、精金石、工诗词、长联语、达音律、善演艺。清末，他在日本留学五年，并将油画、话剧等西方艺术形式引入中国，对中国早期的艺术教育具有启蒙意义。1918年，李叔同在杭州出家，法号弘一，被世人称为弘一大师。其书法艺术朴拙圆满、浑然天成、自成一体，世称"弘体"。

李叔同在天津有两处住房：一处是他的出生地，位于今天的河北区粮店街陆家胡同；另一处在今天的河北区粮店后街60号，叫洋书房，是仿西洋式建筑，也是李叔同经常读书、作画、刻石、撰文的地方。

堪称旷世奇才的李叔同，累计居津时间达二十二年之久。正是天津特有的文化氛围的浸淫和文化土壤的培育，使弘一大师李叔同在音乐、美术、戏剧、诗词、篆刻、书法、教育、哲学、佛学、法学、汉字学、社会学、广告学、出版学、环境保护诸多方面做出了创新性的贡献，成为备受世人尊敬的一代宗师。

李叔同出生的那一年，一位思想巨子来到了天津，这个人就是在晚清历史上赫赫有名的严复。

1880年，受李鸿章的邀请，毕业于福州船政学堂的严复到达天津，帮助李鸿章筹办天津水师学堂并任洋文总教习。1891年，经李鸿章保奏，严复成为道员，不久升为北洋水师学堂总办。

甲午战争中北洋水师全军覆没的消息传来后，严复痛定思痛，在天津写下了大量的政论文章。1895年，他在天津《直报》上连续发表了《论事变之亟》《原强》《救亡决论》等文章，反思甲午战争的失败，从理论上对变法维新的迫切性进行了阐述和论证，成为

天津意式风情区

全国瞩目的人物。

严复在北洋水师学堂任职多年，培养了许多人才，如黎元洪、王劭廉、张伯苓等。其间于 1896 年还奉直隶总督兼北洋大臣王文韶之命，创办天津俄文馆，任总教习。1897 年，严复与夏曾佑等在天津创办《国闻报》，成为在北方宣传维新派言论的重要阵地，与上海的《时务报》南北呼应。在此期间，严复与袁世凯结识并受到其赏识。

严复在天津翻译了《天演论》《原富》等 10 多部西学名著，内容涉及经济学、哲学、政治学、社会学、法学、伦理学等。作为学贯中西的翻译家，他提出的"信、达、雅"的翻译原则和标准对后世影响极大。

百日维新期间，由于维新派的推荐，严复曾获光绪皇帝的召见，奏对达三刻钟之久。但严复的《拟上皇帝万言书》还没有送到光绪皇帝手里，就发生了戊戌政变，光绪帝被囚，《国闻报》也被查封。

从 1880 年起，严复在天津寓居长达 20 年。1900 年八国联军入侵天津后，严复从北洋水师学堂离职，避居上海。1902 年以后，严复先后担任过京师大学堂编译书局总办、上海复旦公学校长。辛亥革命后，严复受到袁世凯重用。1912 年，严复被袁世凯正式任命为京师大学堂总监督。同年 5 月，京师大学堂改名为北京大学，严复成为北京大学第一任校长。袁世凯宣布复辟帝制后，严复对袁世凯极度失望，谢绝了袁世凯的所有邀请，从此远离政治，专注于著书立说。

1921 年，严复病逝于福州故里，终年 67 岁。

严复去世的前两年，与严复差不多同时代的严修和严复的学生张伯苓在天津创办了中国第一所私立大学南开大学，加上 1895 年就已成立的国立北洋大学，一时间天津的高等教育在全国具有了举足轻重的地位。

严修又名严范孙，天津本地人，出身于盐商家庭。严修出生于 1860 年，1883 年中进士，后授翰林院编修，1894 年出任贵州学政，1898 年回到天津后立志创办新式教育。

严修在津办学的事迹引起了直隶总督袁世凯的重视，二人于 1898 年在小站练兵时相识，相互颇有好感。1904 年，袁世凯恳请严修出任直隶学务处督办，掌管全省学政。在任期间，严修对全省的教育做了大刀阔斧的改革。1905 年，严修迁任学部左侍郎，总摄全国教育行政。他认识到废除科举是"兴学根本之图"，电请张之洞、袁世凯联名奏请停止科举，清廷准奏。至此，延续了一千三百多年的科举制度正式废除。清帝退位后，袁世凯以直隶总督、国史馆总裁、教育总长等要职多次请已辞职的严修出山，严修均未接受，转而专注于办理教育。

1929 年，严修在天津病故，终年 69 岁。

在天津的文化教育史上，有一个人不能不提及，这个人就是中国地学会的创始人白毓昆。

白毓昆出生于 1868 年，18 岁时以江苏南通第一名的成绩考取秀才，进江阴南普书院深造，学习天文、算学、舆地、史论等。他精通地理学，1909 年 9 月 27 日，他与友人张相文等发起成立了中国地学会，次年编辑出版了中国最早的自然科学杂志《地学杂志》，通过介绍祖国的地理山川，激发人们的民族精神和爱国情怀。

白毓昆和严修并没有多少交集。而另外两位名人和严修交往颇

多。民国初年，在天津文化界流传着这样一句顺口溜："天津卫，三宗宝，范公幼梅孙菊老"。这里所谓的三宗宝，是指当时天津文化界公认的三位名人，他们就是教育家严范孙（严修）、书法家赵元礼（字幼梅）和京剧表演艺术家孙菊仙，时人尊称他为孙菊老。严范孙曾对人说："我不光欣赏孙菊仙的剧艺，更器重他的人品。"

让严范孙高度欣赏的孙菊仙于 1841 年出生于天津，自幼学武，后来又向梨园界颇有影响的程长庚学习京剧。1883 年以后经常进宫演出，很得慈禧太后和光绪皇帝赏识。能演出的折戏达 70 多出，不仅在天津演出时观者如潮，他的演出还经常轰动京沪。马连良、尚小云、荀慧生少年时代都受过他的帮助和提携。他为人慷慨仗义、乐善好施，经常参加赈灾义演。

让严范孙欣赏的另外一个人是赵元礼，他不仅是天津近代四大书法家之一，还是一位诗人。1921 年，他曾与严范孙等人组织"城南诗社"，李叔同曾经向他学习诗歌写作和书法。

被时人公认为天津近代四大书法家的，除了严修和赵元礼外，还有华世奎和孟广慧，其中华世奎位列榜首。

华世奎的书法骨力开张，气魄雄伟，功力甚厚。1928 年，他手书的"天津劝业场"五字巨匾是其代表作，字大达一米，苍劲雄伟，至今让人瞻仰。

在那个风云际会的年代，天津以其特有的包容接纳了各色人等在历史的舞台上登台，在光怪陆离的各类演出中，将天津快速地推向了现代城市的发展轨道。

第七章

商业之都

由于运河和码头的存在，天津最早的经济形式以商业为主，而漕运和盐运又加重了这种城市属性。随着列强的入侵和天津卫城属性的不断增强以及海上贸易的增多，天津的军事工业、制造业、金融业、外贸业的比重逐步加大，最终在20世纪初发展成为北方最大的工商业城市和海港城市。至今，天津仍然是京津冀经济圈内最重要的商业城市、港口城市以及西北、华北、东北地区重要的物资交换中心和物流枢纽。

1928 年，在天津商业史上是非常重要的一年。

　　这一年的元旦，天津历史上著名的近代商业双子星座之一——中原百货公司开业。

　　开业当天，中原百货公司门前鼓乐喧天，鞭炮齐鸣，游人如织，街面一度出现了水泄不通的场景。为了扩大声势，中原百货公司还特意邀请了前大总统黎元洪前来剪彩揭幕。

　　中原百货公司进入天津以前，天津的商业发展主要是以小额商品交易为主。20 世纪 20 年代，天津已经成为北方商品的交易中心。面对外国商品的疯狂涌入，中国的民族资本商业在苦苦寻找出路。在这样的背景下，上海先施公司高级职员林寿田、黄文谦，与旅日经商多年的林景垣合作，由黄文谦出资 5 万元作为基金，筹建了天津中原百货公司。1927 年，60 米高的中原百货公司大楼拔地而起。这座建筑设计新颖，造型独特。塔楼高 30 米，楼身高 30 米，塔楼和楼身为 1：1，它的建筑和海河倒影，远眺的时候构成了一道独特的风景线，一落成便成为天津的地标性建筑。此后很多年，中原百货公司在海河里的倒影一直是天津城市的标志物，甚至成为摄影

爱好者们的聚集追踪之地。在 1976 年唐山大地震以前，它一直是天津最高的建筑，那高耸的尖塔式楼房蔚为壮观，而楼内的装潢设计也几乎代表了天津当时的最高水准，不仅建筑本身雄伟宏大，货物齐全，而且很多设备也极为先进，尤以当时极为罕见的垂直电梯最为引人入胜，在开业后的很长时间里依然门庭若市，盛况空前。

为了吸引顾客，中原百货公司在当年秋天还首次使用了现代商业促销手段，利用南北消费习惯的差异，从上海组织了大批滞销商品，以低廉的进价，在天津举行了首次大规模的减价促销活动，引发了顾客群起抢购，日营业额高达五六万元，在当时全国各大商场中实属罕见。同时中原百货公司还充分利用当时的媒体大造声势，在全国媒体连续刊登广告，很快便吸引了华北乃至全国的客源。

中原百货公司的热销还未退潮，双子星座的另一个星座又闪亮登场。

这一年的 12 月 12 日，离中原百货大楼不远的地方，在天津商业史上占有极高地位的劝业场隆重开业。据当时的目击者回忆，劝业场的开业同样是盛况空前，比过年还热闹。各级官员和普通百姓都来了，里里外外围了好几层，那种感觉好像是一大群人在围观天外来客。

和中原百货大楼一样，劝业场从开业之初，就当之无愧地被看成天津商业的地标性建筑。这栋建筑于 1926 年由天津著名的洋务买办高星桥筹建，由法商永和工程公司建筑师慕乐设计。建筑形式采取了古典折中式，建筑面积达到了前所未有的 22000 平方米，主体五层，转角局部七层，为当时先进的钢筋混凝土框架结构，不仅气势雄伟，而且风格独特。1928 年 12 月建成开业后，于 1931 年又加

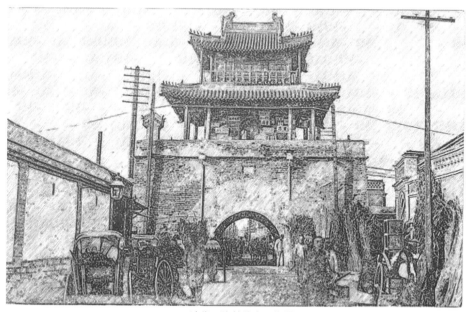

清代天津鼓楼南门街景

建了第六和第七层作为戏院等娱乐设施。因建筑地点位于旧法租界，因此开业时曾定名为"法国商场"。后来，高星桥采纳了股东——清代遗老庆亲王载振的建议，将其改名为"劝业商场"。

开业当年，劝业场就一举创下了单日客流量超过 20 万人次这个直到 100 年后的今天也令人咋舌的纪录。而劝业场在当时让人称道的不仅有雄伟的建筑、齐全的商品，还有极强的商业创新意识。

对天津城市有着深入研究的罗澍伟先生认为："劝业场不仅代表了当时百货销售的新潮，也代表了一种全新的商业经营理念。"

劝业场吸收了清末山西票号的管理经验，将所有者和经营者进行了分离：商场的建筑者、所有者不承担经营风险，只出租经营场地，经营风险则由经营商承担。因此，所有者的风险大大降低，投资收入比较有保证，同时也增强了销售商的积极性和竞争意识。与此同时，劝业场把购物、餐饮、娱乐集于一身，这种新潮的经营理念不

仅在当时属于全国先进的经营理念，即使在今天仍然被许多商业体所效仿。

当年的劝业场，一楼到三楼经营日用百货、布匹、器皿、钟表、首饰、文房四宝、旧书、古玩、工艺品等；四、五、六层是剧院、影院、茶社等游艺场，设有天宫剧院、天华景戏院、天乐戏院、天纬球社、天露茶社、天升戏院、大观园以及夏天开放的屋顶夜花园"天外天"，时称"八大天"，为当时的京剧、曲艺、电影等文化领域的消费和发展提供了广阔的空间。

当时在全国就有"南有上海大世界，北有天津八大天"的说法。如今的劝业场，给后人留下的不仅有大厅内当年著名的天津书法家华世奎书写的"天津劝业场"额匾，还有和中原百货公司一起为天津传承下来的先进的商业理念和国人自强不息的创业精神。

当年劝业场开业时，场内曾高悬"劝吾胞舆，业精于勤，商务发达，场益增新"四个条幅。"劝业商场"便是取了这四句话的首字连缀而成的。事实上，勤奋和创新也确实是当时天津商业的真实写照。在其后几年里，劝业场和中原百货公司都得到了迅速发展，带动了和平路和滨江道成为天津最具规模和特点的商圈，这一商圈超越了当时的估衣街、南市、鼓楼等传统商圈，并一直延续至今。

劝业场的两大股东高星桥、载振以及为中原百货公司开业剪彩的黎元洪实际上代表了 20 世纪二三十年代天津商业资本圈的三股势力：高星桥是买办商业资本家的代表，载振代表的则是前清遗老的商业势力，而黎元洪无疑是当时新晋的北洋军阀商业资本的代表。

高星桥（1881—1949）的故事极具传奇性，甚至可以作为那个年代草根创业的代表。

高星桥祖籍江苏南京，出身于铁匠世家。高家世代以打制兵器为生，手艺超群，其传家品牌"高记三挺刀"一直是清朝武科考场的专用兵器之一。高星桥的祖父高玉春，曾为太平天国打造刀剑等兵器。1864 年太平天国失败后，高家仓促北上，沿运河迁入天津，在芦庄子赁屋而居，仍以铁匠为业谋生。

高星桥 15 岁时曾应试童生未能及第，回到铁铺向父兄学习打铁手艺。在几年的打铁生涯中，逐渐掌握了一套用煤看火的绝活。不仅熟知不同种类的煤炭，而且能够对来自不同煤矿、不同种类煤炭的性能如数家珍，这为他以后从事煤业贸易打下了坚实的基础。

因高记铁匠铺技艺高超，声名远播，高星桥的父兄被当时清室端王载漪赏识并为其打造枪支。端王还命高记铁铺迁至北京香山，专为清军打制新式手枪和快枪。清末义和团运动中，载漪被八国联军列为祸首，后被清政府发配流放到新疆，高星桥一家也受到牵连。高星桥的兄长被杀，其父也惊恐而死。全家无奈，只得迁回天津，年仅17岁的高星桥从此担负起照顾高家从祖母到弟妹9口人的重担。

在随后的 10 年里，高星桥一直没有稳定的职业，他在岳父的资助下承包过煤球厂，但因经营不善很快就倒闭了。1908 年，津浦铁路北段开工，高星桥承包了铁路枕木、桥梁铆钉的制造，后又转任火车司炉工。

28 岁这一年，高星桥的命运迎来转机。这一年，他在朋友的介绍下来到德商泰来洋行谋到了一份走街串巷推销井陉煤的工作，后又通过关系进入井陉矿务局，任司磅员。虽然每月只有十几元工资，但他却利用这个机会对矿务局及煤业运销进行了全面的了解。不仅如此，他还利用一切机会初步掌握了德语。当德籍总办汉纳根到司磅处了解情况时，高星桥用德语进行回话。这次会面给汉纳根留下了极为深刻的印象，在进一步了解到高星桥办事用心、精明能干的情况后，很快就将他提拔到洋行的账房工作。后来高星桥又由于工作出色被提拔为售煤处经理，并最终成为井陉煤矿的买办。

1914 年爆发的第一次世界大战给高星桥带来了第二次命运的转机，战争爆发时，天津德租界成为华北的德侨中心。有一次，德侨们集聚在德国俱乐部认购战争公债，为了表示对德国政府的效忠，高星桥也跟着认购了 150 万马克（折合中国银币 5 万元），成为认购大户。他的这种表现，深得德皇威廉二世的赞许，并为此特别颁发谕旨和奖状，赐给高星桥全家贵族头衔。这次投资获得了高额的政治和经济回报——高星桥从此成为德国贵族；1918 年德国战败，井陉煤矿的主管汉纳根被中国政府遣返回国，他便把自己在中国的产业全部交给高星桥代管，后经汉纳根介绍，德华银行、起士林餐厅等许多德国商人也把自己的产业交给高星桥代管，继续经营。高星桥从此成为德商在天津的代理人并获得了巨额的经济回报。

一战结束后，汉纳根于 1920 年重返天津，高星桥把他的财产和经营利润完整无缺地交还给他，显示出高星桥做人的信义和厚道。

1925 年，汉纳根在天津去世，而井陉煤矿也被直系军阀接收，高星桥从此结束了自己的买办生涯。

20 世纪 20 年代，高星桥经过考察，选中了法租界的一片空地，当时这片空地的两边已盖起楼房，南面是 1926 年落成的惠中饭店，北面是 1925 年落成的浙江兴业银行。高星桥先是斥资十万四千两白银，从英国人手中购得这块面积五亩二分的地皮，合同签订后，又以白银一万两聘请法国工程师慕乐设计。由于设计新颖又极具时尚，按图纸设计初步估算，建设资金至少需百万大洋，高星桥的财力难以承受，于是他成立股份公司向社会各界筹集资金，载振就是在这个时候进入了高星桥的视线。

载振（1876—1947），姓爱新觉罗，是清末宗室重臣奕劻的长子。载振从小养尊处优，19 岁就被封为二等镇国将军，不到 30 岁就出任清末"新政"后的商部尚书。

1907 年，担任了四年商部尚书的载振遭到御史赵启霖的揭发，指斥他赴吉林督办学务途经天津时，接受天津南段警察局总办段芝贵花巨资购买的歌妓杨翠喜，段芝贵还从天津商会王竹林处借出 10 万两白银，送给奕劻作为寿礼。作为回报，段芝贵得到了署理黑龙江巡抚的职务。

在慈禧太后的干预下，这件事后来不了了之：段芝贵被撤职，御史赵启霖因"率行入奏，任意污蔑"而被革职，同日慈禧太后批准了载振的辞职申请。此后，载振只在 1909、1911 年两次作为专使出访日、英，再没有担任过任何实职。不过，载振父子赚钱的诀窍已是天下共知。

1912 年，清王朝覆灭后，载振随父亲奕劻迁居天津，分住德租界和英租界。1917 年奕劻病故后，中华民国大总统黎元洪根据《优待清室条例》下令"以奕劻长子承袭罔替"。载振成为最后一代庆亲王，他在天津的宅邸也因此被称为"庆王府"。

移居天津以后，载振远离政治，深居简出，其经济来源主要是以前任职时"积累"的财富以及继承奕劻的遗产。1928 年，高星桥因建设劝业场资金不足，托人找到载振，劝其投资。在高星桥的劝

说下，载振投入了 30 万元，成了商场的第二大股东。

为管理劝业场，载振和高星桥联合成立了新业公司。但劝业场的业务经营主要由高星桥负责，载振并未参与其中，公司每月向庆王府报送账册。在高星桥的苦心经营下，劝业场吸引了大量商家入驻，生意十分兴隆，庆王府也分到了可观的利润。

劝业场落成后，高星桥随即又在劝业场附近兴建了交通饭店和渤海大楼，由此在这一带形成了天津新的商业中心。交通饭店于 1928 年建成，主要供在华外国人及社会上层入住，饭店专门设置了西餐部。渤海大楼于 1936 年建成，是天津当时最高、最新式的大楼，也是天津市中心的标志性建筑。大楼主要出租给律师、会计师事务所、保险公司、洋行的在华账房等高收入行业做办公场所。

高星桥的商业生涯在 1937 年抗战全面爆发前夕达到了顶峰，而载振和其家人依靠原有的财富以及从劝业场获得的利润，仍然过着锦衣玉食的生活。庆王府中有男女仆人共一百余人，设有成衣处、汽车房、回事处、传达处、大厨房等，服务载振一家人的饮食起居。

抗战全面爆发后，天津很快被日军占领。日军经常在劝业场附近打靶演习，设置路卡，对来往行人和车辆进行搜查，致使行人和顾客惶惶不可终日，劝业场的客人不断流失，生意每况愈下，高星桥回天乏术，只能惨淡经营。随着劝业场渐趋凋敝，再加上当时日伪联币贬值，银行存款大打折扣，致使庆亲王府的经济状况每况愈下，以至于只能靠变卖古玩珍宝维持开支。

1947 年，载振在忧伤中病逝；两年后，高星桥也在满眼的无奈和不甘中病逝。两人的友谊和商业之路至此画上了句号。

与高星桥和载振相比，为中原百货公司剪彩的前大总统黎元洪堪称巨富。

黎元洪（1864—1928）为湖北黄陂人，祖籍安徽。14 岁时，黎元洪随父迁往天津北塘。19 岁时在父亲的大力支持下考入北洋水师学堂，毕业后加入北洋水师。之后获李鸿章一路提拔，官至广东水师"广甲"舰二管轮，并被赏五品顶戴。

1894 年，甲午海战爆发，黎元洪率舰队北援，在黄海战役中，黎元洪所乘的广甲舰触礁搁浅，黎元洪跳海得以逃生。

甲午战争后，黎元洪于 1896 年投奔两江总督张之洞，得到张之洞的赏识，至 1903 年时，黎元洪已晋升为第二十一混成协协统，官居二品。

1911 年 10 月 10 日，武昌起义爆发，黎元洪被起义新军推举为中华民国军政府鄂军都督；1912 年 1 月，中华民国临时政府在南京成立，黎元洪成为临时副总统兼鄂军都督；2 月，袁世凯就任临时大总统后，黎元洪仍任副总统兼总参谋长。

1913 年 10 月 10 日，袁世凯就任中华民国大总统，黎元洪为副总统。12 月，袁世凯以"磋商政要"为名，派段祺瑞把黎元洪从武昌接到北京中南海瀛台，并与黎结成儿女亲家，同时将其软禁起来。

1916 年 6 月袁世凯死后，黎元洪出任大总统，但北京政权实际掌握在段祺瑞手中；1917 年 6 月，张勋复辟，黎元洪被迫辞职，寓居天津约 5 年时间；1922 年直系军阀曹锟、吴佩孚赶走皖系支持的总统徐世昌，黎元洪再次被请出复任大总统；1923 年曹锟为了当上总统，逼迫黎元洪下野，6 月黎辞职赴津。1923 年 11 月，黎元洪东渡日本，半年后再次回到天津，从此安心实业，不问政治。

黎元洪的总统之路虽跌宕起伏，但他的商业之路却顺风顺水。

　　早在张之洞任湖广总督时期，黎元洪就做过汉阳铁厂、汉阳兵工厂、"纱、布、丝、麻"四局这"二厂四局"的"兼理"，负责生产经营工作，这是他从事实业的开始。1913 年，黎元洪被袁世凯软禁后，正式将注意力转向实业投资，与人合伙办起了中兴煤矿公司。1917 年他虽然从大总统位上辞职，退居天津，实业投资在这一时期却大获成功。1923 年他再度辞去大总统一职后回到天津，重新开始了他的实业投资活动。

　　黎元洪的投资主要分房地产和金融实业两个分面，这些投资方向也正是那一时期许多达官显贵的投资取向。

　　房地产方面，黎元洪从清朝末年开始，就先后在湖北、河北、天津等地购买了大量的土地、房屋，一部分用于自家居住，大部分用来出租。据天津市历史博物馆所藏资料统计，黎元洪在湖北武昌城、武昌农村、河北丰润县、北京王府井大街、东厂胡同等地购有大量土地、房屋，在天津英租界、德租界建有房屋、戏楼、花园等。其各地所购土地达 5000 多亩，房屋达 581 间。

　　在金融实业方面，黎元洪也做了巨额投资。从 1918 年开始，他的土地收入不再用来购置田地，而是转向实业投资。他先后投资的银行、厂矿等企业达 70 多个，投资总额达 300 多万元。银行方面，他投资的总数达 20 多家，如在中国银行的投资约 32 万元，在中国实业银行投资有 55 万元；煤矿方面，黎元洪投资了 8 个，其中投资最多、受益最大的便是中兴煤矿，投资达 54 万元。除此之外，黎元洪还投资了 6 家纺织厂、5 家面粉厂和食品厂；在证券和保险业也有不少投资；他本人在卸任大总统后还直接出任黄陂商业银行、中兴银行、中美实业银行监事长。

相比于高星桥和载振，黎元洪堪称那个时代的巨富。如此多的投资耗去了他大量的精力，晚年的黎元洪患有高血压和糖尿病。1928 年 6 月 3 日，就在他参加完中原百货公司剪彩仪式半年后因突发脑溢血病逝，彼时正是他投资事业的最高光时刻。

高星桥、载振、黎元洪堪称那个时代的典型代表，在他们身后是庞大的买办阶层、清朝遗老和北洋新贵，这三个阶层几乎是清末民初天津工商业、金融投资的主体。

买办阶层中除了高星桥外，还有李辅臣和梁炎卿等人。李辅臣是天津人，1895 年担任天津仁记洋行的英商买办后，进一步成为天津买办帮中除广东帮、宁波帮以外的北方帮（也称天津帮）的代表人物，别号"仁记李"。

李辅臣主要靠垄断土特产经销和经营房地产获取暴利。李辅臣依靠洋行的特权，可以毫无阻拦地将在产地收购的土特产运到通商口岸，垄断了相当一部分土特产的出口，在天津以外形成了一个收购土特产的网络，获取了巨额利润；在房地产领域，李辅臣主要依靠租界和洋行的背景获取暴利。自 1897 年起，天津英租界不断对外扩张，地价也不断飞涨。作为英商仁记洋行买办的李辅臣能接触到很多英租界内市政工程建设的内幕消息，靠着这些内幕消息，李辅臣的房地产生意大获成功。

与李辅臣相比，梁炎卿（1852—1938）属于不折不扣的广东帮。他生于广东南海佛山侨商之家，24 岁就调入怡和洋行天津分公司任高级职员。1890 年，38 岁的梁炎卿升任怡和洋行买办，1892 年又兼任英商高林洋行买办。

和李辅臣相比，梁炎卿主要是做和国外相关的生意。天津怡和

天津英租界建筑——先农大楼

洋行创办于 1867 年，下设进口部、出口部、轮船部、机械部、木材部等部门，其中轮船部为主营部门。作为买办，梁炎卿经办南起印度加尔各答、北至天津，包括新加坡、香港、广州、厦门、福州、上海、青岛、烟台、威海等口岸航线的经营、揽载及货物装卸、存送等业务。除了洋行正常的佣金外，梁炎卿更多的收入来自各种回扣补差。第一次世界大战中，梁炎卿利用国外的情报和同乡关系，低收高卖，在为洋行赚取超额利润的同时，自己也积累了巨额财富。

　　梁炎卿的投资主要集中在股票，由于他笃信英国人，所以他投资的股票主要是大沽驳船公司、利顺德饭店、先农公司等英国企业。1923 年，先农公司发售债券，梁炎卿成为该公司债券的最大持有人。由于他和洋行外国人的关系密切，通过内部消息购买了英租界中心区的大片地产。随着英租界建设的日益完善，这一地段的土地价格上升了一二百倍，梁炎卿的地产投资获得了巨额回报。

除了英租界的地产投资外，梁炎卿还抓住时机预投并经营了张家口地区的地产。随着京张铁路的开通，车站附近的地皮价格飞涨，梁炎卿也从中赚取了巨额利润。

和庆亲王载振相比，小德张可以称得上是巨富。

小德张（1876—1957）原名张祥斋，慈禧太后赐名"恒泰"，宫名小德张，天津静海人。

小德张于1891年入宫当太监，由于他相貌俊美、机智过人、工于心计，善于逢迎慈禧太后、光绪皇帝和隆裕太后，因此颇得宠幸，不断得到提拔。

1900年庚子事变时，他因伴驾有功，受到慈禧的提拔，破格升任为御膳房掌案，地位仅次于大太监李莲英。1908年11月，光绪、慈禧相继去世后，小德张被提拔为长春宫四司八大处总管，其住所随即迁入原大总管李莲英住的西板院，完全取代了李莲英在宫中的地位。

宣统元年（1909），小德张当上了清廷太后宫大总管，王公贵族、朝廷大臣晋见隆裕太后，必须得到小德张的首肯。张勋、马福祥、冯国璋等人都是他的换帖兄弟，载涛、袁世凯等人也与他交情深厚。

溥仪退位后，小德张继续留在紫禁城，侍奉隆裕太后。1913年，隆裕太后去世，小德张随即离开紫禁城。他先回到故乡静海县吕官屯，并在静海置地十多顷，出租放佃，不久便到天津英租界当了寓公。到天津后，他先居住在日租界的一座小楼内，不久便在英租界买下一幢楼房。

1922年，小德张在今重庆道55号亲自设计、督建了一处建筑，这座建筑群占地面积4327平方米，建筑面积5922平方米，为砖木

结构，其规模堪称英租界华人楼房之冠。除此之外，小德张在天津还有多处房产，在北京开有当铺、绸缎庄等，同时还担任致中银行常务董事，在南苑有稻田 50 多顷，在西苑万寿山对面还有座山场，堪称那个时代的超级富豪。

天津在 20 世纪 20 年代不仅是中国北方最大的贸易中心，而且还是中国北方最大的金融中心。

今天的天津解放路一带在当时曾是天津的经济、政治中心。大道两侧，工部局、领事馆错落有致，汇丰银行、花旗银行等 49 家国际大银行在这里聚集。20 世纪二三十年代，这条街曾经以位居全国第二的庞大资金流量而闻名于世，被时人称为天津的"华尔街"。

步入金融街，站在滨江道路口与解放北路向南眺望，当年的中资和外商银行大楼接踵相连，气势恢宏，仿佛流动的音符，向世人展示着天津在 20 世纪初叶作为北方金融中心的辉煌。

在当时，世界上主要国家的主要银行在天津几乎都设有分行，1880 年，汇丰银行最早在天津设立分行，接着有 1895 年英国的麦加利银行、1897 年德国的德华银行、1899 年日本的横滨正金银行、1902 年比利时的华比银行、1907 年法国的东方汇理银行、1916 年美国的花旗银行和意大利的华意银行等先后在天津落地。第一次世界大战后，随着合资银行逐步向英、法租界"中街"集中，使维多利亚道和大法国路（今解放北路）逐步变成了天津的"银行街"。

天津的华商银行出现于 19 世纪末。1898 年，清政府邮传部尚书盛宣怀创办的中国第一家华商银行中国通商银行天津分行在天津设立。自 1910 年开始，北洋保商银行、盐业银行、直隶省银行、中孚银行、金城银行、中南银行、大陆银行等先后开业。在这些银行中，盐业、金城、中南、大陆四家银行实力最强，被称为"北四行"。
到 20 世纪 20 年代初，在天津的合资银行有 7 家、华资银行 18 家，
分行 62 家。除大陆银行外，北四行中的其余三家银行的总行都设在
天津。银行的数量已居我国北方各城市之首，此时的天津已经成为
中国北方最大的金融中心和金融市场。

如此多的银行，其资金除了外资外，大量的华资、合资银行的
资金究竟来自何方？

1917 年 7 月 1 日凌晨，时任长江巡阅使的张勋，穿上清代的朝
服冠带，率领康有为等人，拥立 12 岁的溥仪"登极"，接受朝拜，
复辟闹剧正式揭幕。张勋自封为议政大臣、直隶总督兼北洋大臣，
掌握军政大权。

12 天后，复辟失败，溥仪再次宣布退位，张勋仓皇逃入荷兰公
使馆。在那里待了一年零三个月后，被时任大总统徐世昌宣布特赦，
随后，张勋在北京隐居一年多。1920 年夏，移居天津英租界公馆。

当人们以为张勋从此会淡出世人的视线时，却不料张勋已在实
业界大展拳脚。早在 1904 年，张勋便投资参股修建九江至南昌的南
浔铁路；1914 年又创办了徐州耀华电灯厂。

1918 年，张勋被特赦以后，把多年搜刮的财富投入到九江、徐
州、宣化、济南、北京、天津等地的工商企业；1919 年，他又出资
在江西九江筹建纱厂，建成后成为当时江西最早、规模最大的近代
工业企业。

除了投资实业，张勋对金融业也格外关注。中国近代金融史上
的"北四行"中，张勋投资了总部设在天津的盐业、大陆两家银行。
此外，张勋还参投了北京商业银行、山东华宝煤矿等金融和实业，

显示了他独到的商业眼光。

据后人统计，张勋投资或独资经营的当铺、电影公司、银行、钱庄、金店、工厂、商场等竟达 70 多家，其动产、不动产加起来达五六千万之巨，其在任时侵吞财产之多、卸任后攫取财富手段之高令人咋舌。

离开军政舞台的张勋仍然过着奢华的生活。不过，这种生活没能持续多久。1923 年，在他下野后的第六年，张勋在德租界公馆病逝。而他的财富传奇却并未随着他的病逝而消失。

从多种渠道的资料分析看，清朝遗老、新兴买办阶层、新锐商人和北洋政要是天津 20 世纪二三十年代工商、金融业的投资主力和资金主要来源，而其中北洋政要又是这个阶层中的绝对主力。这些清末民初的政治暴发户，在战乱的岁月里，很快便成为经济上的暴发户。

曾任大总统的冯国璋于 1919 年下野后回家乡河间县经营家业。他除了在苏北与末代状元张謇合办占地七十万亩的盐垦公司外，还在诗经村经营着千余亩土地；在北京、天津和南京拥有几个钱庄。同时在开滦煤矿、启新洋灰公司、中华汇业银行等处还有大量投资，而他的老部下陈光远比他有过之而无不及。

陈光远是直隶武清县崔黄口（今天津市武清区崔黄口镇）人。他曾在天津武备学堂学习，后成为袁世凯小站练兵的骨干力量。辛亥革命时，他跟随冯国璋南下武汉，参与镇压武昌起义，与王占元、李纯部攻陷了汉口、汉阳，后来三人都成为以冯国璋为首的直系军阀骨干。1917 年，代总统冯国璋调陈光远为江西督军，与江苏督军李纯、湖北督军王占元一起牢牢控制了长江中下游，被时人称为"长江三督"。

1919 年，冯国璋在北京病逝；1920 年，江苏督军李纯去世；1921 年，湖北督军王占元下野。接连三年，直系骨干接连折损，1922 年，陈光远被曹锟免职，曾经的"长江三督"至此烟消云散。

陈光远虽被免职，但他的生意却如日中天。早在他担任江西督军时，就以垫付军队服装为名通过省财政厅筹措费用，每年达 180 万。连续 5 年，总计约八九百万，这些钱大部分流入了他个人的口袋；此外，他对江西的厘金收入十分重视，凡往来行旅货物皆抽重税，其中百分之八九十被他所独吞，以致江西当时曾有"穷了江西一省，富了武清一家"的民谣广为流传。

陈光远与龚心湛为儿女亲家，龚心湛曾任汉口中国银行行长、安徽财政厅长、安徽省长、民国财政总长、代理国务总理、启新洋灰公司总理、董事长。陈光远通过龚心湛把自己侵吞的大量资金投资到北洋企业中，在华新纺织公司、耀华玻璃厂、启新洋灰公司、滦州煤矿公司、中国实业银行等企业中都有股份，陈光远的资本也成为这些企业的重要资金来源。

除了实业外，陈光远还广泛投资房地产。他不仅在英租界购置了大量房产，还在河北小王庄等地购地建房，收取租金。在北京旧刑部街有一所住宅，在天桥有几百间房屋用于出租。

在他的家乡天津武清，他购置了大量的土地，数量达 15889 亩。他把这些土地全部出租给农民耕种，涉及的佃户多达 661 户。此外，他还在天津开设了德丰银号和两处当铺，一个当铺所拥有资本就达 20 万元。

陈光远晚年在英租界过着安逸舒适的生活，他最亲近的朋友

就是王占元。王占元是山东馆陶人，两人曾是天津武备学堂的同学。
1921 年，王占元被免职后逃往天津，从此和陈光远成为生意上的
伙伴。

　　和陈光远一样，王占元也把自己的资金大量投资于房地产和实
业。他先后在北京、天津、大连、保定购置大宗房地产。在纺织、面粉、
盐业、金融、电力、煤矿等产业也有大宗投资。他在山东投资纱厂、
煤矿；在直隶投资面粉厂、电力公司；在湖北等地投资银行。诸多
产业中，他在金融方面的投资最大，投资对象包括中国银行、交通
银行、金城银行和盐业银行等，这也在一定程度上解释了天津在这
一时期金融业资金大量集聚的原因。除了这些投资外，王占元还拥
有东亚毛呢公司、庆丰面粉公司、三星面粉公司、敬记茶庄、乾祥
厚茶庄、华北制冰厂的股份。昔日军政领域中的重要人物后来又成
为生意场上的伙伴，民国时期天津政商关系的勾连紧密和腾挪转换，
不禁让人喟然长叹。

　　清末民初的军政要人尤其是北洋系官商一体的情况并不是个
案，这种现象几乎囊括了大部分军政要员。

　　倪嗣冲是安徽人，早年曾追随袁世凯在天津练兵，成为袁世凯
的得力干将。1913 年被袁世凯任命为安徽都督兼民政长，从此掌握
了安徽的军政大权。在任上，他大肆搜刮，暴敛致富，在安徽阜阳、
阜南一带广置田地，达 3 万多亩。

　　1920 年，倪嗣冲下野后也到了天津英租界隐居，并成为北洋时
期在天津投资最多的一位军阀，同时也是当时天津众多著名企业最
大的股东，如丹华火柴公司、裕元纺织公司、金城银行等，他还在
北京、安徽、上海等地有大量投资，涉及银行、工矿、粮油等行业。

在天津，倪嗣冲投资 20 万元，联合其他人在天津西站附近开办了大丰机器面粉公司。通过不断地收购，基本上垄断了天津的面粉业。1924 年，倪嗣冲的儿子倪道杰还和天津盐商"李善人"的后代李颂臣一起开办粮店，经营的主要业务为从东北运进大豆和杂粮，卖出米面，一方面供应西北军，一方面在市场上销售。后来军队的业务逐渐减少，粮店又在南方的一些地方设立分店，从事东北米、面粉、大豆、杂粮的贩运，借助官方的势力，为购、销、运提供方便，年营业额达 200 多万。

20 世纪二三十年代，收益多见效快的纺织、食品、化学等工商业吸引了大批军阀、官僚投资逐利。倪嗣冲在天津粮业巨商王郅隆的极力推荐下投资了裕元纱厂，这也是倪嗣冲投资金额最大的一个企业。

裕元纱厂注册于 1915 年，1916 年倪嗣冲在天津小刘庄购地 262 亩，1917 年建成，1918 年正式投产。1918 年至 1922 年，仅 5 年时间，裕元纱厂就盈利 600 多万元，其中有 500 多万元作为股利分给了股东。而董事会正是由段祺瑞为首的皖系军阀人员组成，其中倪嗣冲投资 100 万元，王克敏等 4 人共投资 100 万元。他们还在汉沽茶淀建起了开源农场，利用大片盐碱地种植棉花，使纱厂有了充足的原料保证。裕元纱厂成为当时天津资本最为雄厚、纱锭最多、获利最丰的纱厂。

倪嗣冲还是当时天津著名的金城银行最大的股东，金城银行正式成立于 1917 年，总行设在天津法租界。成立时实收资本额 50 万元，其中倪嗣冲投资 17 万元，其他军阀、官僚投资 16 万元，工商业者和一般散户投资 6 万多元。金城银行的业务在当时很发达，存款额一度位居全国商业银行之首。

天津王郅隆旧居

倪嗣冲的投资如此之巨、产业如此之多，已经令人咋舌，不过和另一个北洋巨鳄靳云鹏比起来仍然相形见绌。

靳云鹏是山东济宁人，袁世凯 1895 年在小站练兵时，18 岁的靳云鹏应募入伍当了炮兵。1902 年被段祺瑞提拔为北洋常备军军政司参谋处提调，当时的参谋处总办便是段祺瑞。

1913 年 9 月，靳云鹏被袁世凯任命为山东都督。袁世凯去世后，段祺瑞任国务总理，大权在握。靳云鹏受段祺瑞重用，多次担任要职，并与徐树铮、曲同丰、傅良佐一起成为段手下的"四大金刚"。1919 年 11 月，靳云鹏在直、奉军阀的支持下任国务总理，并兼陆军总长。1921 年被迫下野后避居天津，过起了寓公生活。

下野后的靳云鹏很快将注意力转向经营实业，聚敛财富。他与日本大仓系财阀合作，以中日合办的名义，成立胶东鲁大矿业公司，自任中方理事长兼总经理。又与人合伙投资在济南开设鲁丰纱厂，还在济南、济宁等地投资房产和地产，同时还在济宁等地开办电灯公司和面粉公司等企业。据不完全统计，从 1908 年到 1926 年的 18 年中，靳云鹏单独投资和合伙经营的企业有 20 多家，拥有资产达 6500 万元之巨，这一数字不仅超过了昔日在天津叱咤风云的盐商，连纵横明、清两代 500 年的晋商也自叹不如。他的资产甚至超过了拥有 70 多家企业的张勋。

在 20 世纪初天津金融和商业最繁荣的时代，北洋军政要人们的资金几乎撑起了整个天津市场资金的半壁江山，而这些要人们的财富来源似乎是一个不需要讨论的问题。

从曾任民国大总统曹锟、曹锐兄弟的发迹史，我们就可以看出北洋系的敛财之路。

曹锐是直隶天津大沽人，北洋时期直系军阀首领曹锟的亲弟弟。曹锐兄弟出生于一个贫苦的渔民家庭，其父曹本生以修造木船为生。在兄弟姐妹中，曹锟、曹锐分别排行老三、老四，两人关系也最为密切。

曹锐早年曾在大沽钰盛号米庄当学徒。曹锟投军发迹后，曹锐用曹锟给他的钱捐了个监生，此后便弃商从仕。一路捐官，先后任天津县清乡局长、候补县丞、直隶迁安县知县、北洋陆军第二镇执法官。1912 年 4 月，任直隶布政使，掌管全省的财权和人事。

1916 年 9 月，曹锟任直隶督军。1917 年 12 月，曹锟奉命率部南下作战。为确保对直隶地盘的掌控，曹锟向代总统冯国璋和国务

总理段祺瑞提出任命曹锐为直隶省长。1918 年 1 月，曹锐走马上任。至此，中国历史上由兄弟两人分掌一省军政大权的现象"奇迹"般地在民国时期上演。

曹锐上任后，将敛财之道发挥到了极致。他将官场看作商场，把直隶 130 多个县的知事(县长)按四个等级定价出售，大县 10000 元，中县 9000 元，小县 8000 元；天津、滦县、清苑三县属于"特缺"，要临时议价，至少需三四万元才能到手。所有知县均定期一年，续任再交费，等级也会随收成浮动，曹锐称之为"随行就市"。仅此一项，曹锐每年可得数百万元。此外，直隶省如交通、河务、财政等有油水的部门也被曹锐全部论价出售。

除了卖官外，曹锐也有自己的实业。不过这些实业产品的售卖对象大都是政府和军队。他通过开办大米庄、被服厂、饼干公司等工商企业，从各地低价采购米面、原料，以次充好、偷工减料，然后高价出售给政府和军队，牟取暴利。

土地交易也是曹锐的必选动作。他在任上成立了专做土地买卖的大业公司，利用权势廉价购地，将南运河、北运河、子牙河、大清河、金钟河的河滩强行归入大业公司，然后高价出售赚取巨额差价。

在曹锟的庇护下，曹锐通过令人发指的横征暴敛，积累了巨额家财。据 1933 年 8 月上海出版的《生活周刊》报道，曹锐的财产有 1200 万元之巨。为防意外，曹锐将这些钱全部存入英商汇丰银行、美商花旗银行、法商东方汇理银行等外国银行。

第一次直奉战争爆发前夕，因奉军入关，曹锐逃往保定。战争前后，天津各界纷纷要求曹锐辞职，曹锟不得已只好于 1922 年 6 月宣布将曹锐免职。但去职后的曹锐仍不甘寂寞，为曹锟贿选大总统进行活动，并在筹集贿选资金的活动中大发横财。1923 年，曹锟通过贿选成为大总统后，立即任命曹锐为直鲁豫三省矿务督办。

第二次直奉战争期间，冯玉祥于 1924 年 10 月 22 日发动了北京政变，囚禁了曹锟和曹锐。11 月 29 日，曹锐被押到冯玉祥的国民军总部，冯玉祥的部下向曹锐讨要钱财，舍命不舍财的曹锐在当天夜里吞食鸦片自杀。

尽管北洋政要们在民国初年天津的金融、实业舞台上均有重要的表演，但和历史长河相比，只不过是短暂的一瞬。事实上，天津城的商业元素和商业积淀由来已久，源远而绵长。

北宋淳化四年（993），黄河决口，入永济渠夺派河（今大清河及海河）入海。此后，黄河在华北平原迁徙无常。金章宗明昌五年（1194），黄河迁淮入海，黄河从此撤离天津。黄河在天津的入海时间长达二百年之久，此时的天津地区，受黄河水和宋、辽南北对峙的影响，几乎没什么稳定的商业贸易活动。

金朝定都北京以后，中国的政治轴心由东西走向转为南北走向。处于北京附近的天津地区，既是拱卫京师的战略要地，又是物流由南往北经大运河至首都的交通枢纽，由此天津地区的地位得到同步提升。从金代的直沽寨到元代的海津镇，再发展成为明代的天津三卫（左卫、中卫、右卫）（1404），时光不足二百年；天津三卫合一（天津卫）后，改制为行政建制的天津州仅用了七十多年。由天津州（1725）升格为天津府，仅用了短短六年时间。

行政级别的加速提升凸显了天津在这一时期地位的提升，而其中最主要的因素是天津商业地位的提升。

明朝迁都北京，大运河重新疏通，天津由于处在扼守要冲、保

证中央政府物资供给的战略地位，以水陆码头为主的商埠经济迅速发展。这一时期天津逐步从建城时的军事城堡向大型都市转型，而日益增加的城镇人口、频繁的商贸交流和日益庞大的经济体量又增强了天津的政治地位。

金设中都后，居民达到了 20 万户，但周边严重缺粮，为了保证居民和军队的需要，只能从中原地区调运。为此，金朝将原先经霸州、涿郡的永济渠旧道疏通，改道为经今天的静海、杨柳青等地至三岔河口与北运河相汇。从山东临清至天津三岔河口的永济渠，被称为南运河。

金章宗改凿漕渠，使天津成为漕粮进京的必经之地，每年经天津输送的粮食达百万余石。天津逐渐成为维系国家经济命脉的航运枢纽。由于漕渠相连，天津也成为保证首都安全的战略据点和水上门户。

元建大都后，将直沽寨改为海津镇，天津成为元政府控制华北地区和中原地区的重镇。但元朝初年，大运河部分出现淤堵，由江南运往大都的粮食和军需品，需要运河、陆路与海道联运才能解决。当时的运输线路有两条：一是漕船由长江入淮河，或转黄河自河南封丘登陆，至汲县淇门镇，再入大运河至大都；二是经山东泗水及胶莱运河入海，至大沽口经海河、北运河到大都。无论哪一条道都费时费力，运输成本相当高。

至元十九年（1282），元朝大将伯颜命人试行海运，经过两次修正航钱，海运漕粮成功。先后开辟的海运航线，均起自刘家港（今江苏太仓浏河），至大沽口转经海河干流，再沿北运河北上。和运河相比，海运航线南北不过 5000 里，往返只需 20 天左右。从 1283

年至 1329 年，经天津直沽运达大都的漕粮呈激增之势。

由于直沽通往大都的潞河及通惠河均河窄水浅，大批漕粮在抵达直沽后，必须换载平底驳船才能驶入。直沽因此成为元代漕粮的转运和仓储中心。

1316 年，元政府在直沽设海津镇。表明元政府对当时直沽"河海通津"的重要地位已经有了深刻的认识。而大规模的海漕运输，直接带动了直沽地区商业贸易的发展。元朝诗人傅若金曾写有《直沽口》诗二首，即"远漕通诸岛，深流会两河。鸟依沙树少，鱼傍海潮多。转粟春秋入，行舟日夜过。兵民杂居久，一半解吴歌"；"海戍沙为堡，人家苇织帘。使收通漕米，兵捕入京盐"。这两首诗大约作于元代中叶，由此可见，元代天津地区的商业文化以漕运、商业、

天津天后宫

盐业、渔业为主要载体，并初步形成了南北交融的特色。位于海运和漕运交会点的天妃宫和三岔河的天后宫，均为元代敕建，两庙东西相望，形成了独特的格局和罕见的祭祀体系，是元代天津海运和漕运发达的见证。

明朝建立后，国家的政治中心位于北方，而经济中心却在南方。每年都有数百万石的税粮通过漕运由南方运往北方。经过 1411 年、1415 年的两次疏通治理，全长 3400 余里的大运河（南起浙江钱塘江口、北至北京通州大通桥），成为贯通南北的交通大动脉。

大运河由北至南，根据水源的不同分为六段：即白漕、卫漕、闸漕、河漕、湖漕、浙漕。其中白漕以白河为主水源，是天津以北的漕河，后称北运河；卫漕以卫河为主水源，是天津至临清段的漕河，后称南运河。除此之外，天津还有蓟运河。

明代，蓟州作为明长城沿线的"九边重镇"之一，驻有大批军队，为了供应粮饷，专门开通了蓟运河。最初，通过蓟运河每年向蓟州运粮达 30 万石。路线是由直沽出口，沿海路走 70 余里，运至宝坻北塘口，进入潮河，再由潮河将漕粮运至蓟州。由于海上风涛险恶，1459 年，明政府又征发天津、蓟州、宝坻等地上万人开挖了一条从新开沽河至水套沽海的河道,后来人们把这条新挖的河道称为新河。今天的蓟运河即由新河和潮河（原蓟运河）两部分组成。

据《明实录》记载，在 1411 年至 1625 年的 200 多年中，除永乐十八年（1420）漕粮数量为 60 余石外，成化七年（1471）之前，每年的漕粮在 670 余万石至 330 余万石之间波动，成化八年（1472）之后，每年实运和改折的漕粮总额稳定在 400 万石左右。

优越的地理条件，军队的屯集和漕粮的转输，刺激了天津的商业繁荣，使天津的商业形态逐步由集市过渡到街市。

为体恤漕运旗丁，除运送漕粮外，明清两代特别规定，运送漕粮的运丁可以免税携带适量的商货，叫"土宜"。而土宜可以上岸交易，由漕运旗丁沿途售卖以接济食用，或充折耗、盘剥之费。有人估计，明代初年随漕船夹带到天津的土货每年达几十万石。到明万历年间（1573—1620）允许每船携土宜 60 石；到了清代雍正七年（1729）允许每船携货 100 石。有人估算，运丁实际携货的数量要高于规定的 40% 左右，种类包括木材、瓷器、纸张等。每年的商品流通量数倍于国家规定，甚至超过漕粮运量。这种物流内涵的转变使天津由漕运枢纽向商品集散地和消费市场迈进。同时也反映出天津在城市形成过程中以物流为基础的商业活动影响之巨大。南来北往的物流中，各地特产在天津荟萃，天津逐渐成为货物的汇集、贸易、仓储、转运中心和负责北京供应的重要基地。

明初，天津只有五个集市，到了弘治六年（1493），增加到十个集市，每集三天。到了清代中后期，已形成了每天都交易的商业街。这标志着天津城市的经济水平正式从集市阶段迈向了街市阶段。

现在我们可以见到的关于天津街市最早的资料是 1846 年的《津门保甲图说》，图上标识的有许多带"街"的地名，如西杂粮店街、肉市街、小洋行街、缸店街、针市街、估衣街、锅店街、磨盘街、小洋货街、棋盘街等。毫无疑问，从名字就可以看出这些街应当都是商业街。

从 1846 年天津的人口统计看，从事经商的铺户和盐商在城内有 3331 户，城外有 8607 户，合计为 11938 户，占所有户数 32857 户的 36.33% 左右。这么大比例的商人群体不可能全是为本地人服务，

说明当时天津的服务区域已经超出了天津地区。当时，天津本地商人首富号称"八大家"，其中粮商盐商各占四家。这恰恰反映了天津当时的主要经济支柱集中在粮盐两业。

盐业是天津城市早期崛起的重要经济支柱和商业元素。明代大名鼎鼎的北方著名盐区长芦盐区就位于天津。

长芦盐区起自渤海湾沿海地带，南到山东省境内今天的黄河入海口，西北至今河北省黄骅市一带，在长达一千多里的海岸上，到处都产盐。

元代在长芦盐区设有22个盐场，明代调整为20个，清代只保留了8个。民国后继续裁并，到民国十四年（1925）时，只剩下丰财、芦台两个盐场，就是现在的塘沽盐场和汉沽盐场。

天津长芦盐区是全国十一大盐区之一，销售地区主要在直隶和河南地区。到了明嘉靖年间，天津地区推广了先进的晒盐技术，加上大运河畅通无阻，遂使天津逐渐成为长芦盐的产销中心。

长芦盐区在明、清时基本实行"引岸专销制度"。因为历史上运盐一般都是通过水陆结合的方式进行运输，因而"引岸"即专指"运盐"。按规定一年中可运销多少盐，叫"引额"；政府规定商人的销盐区叫"引窝"；政府发给商人运销盐的特许凭证，叫"引票"或"盐引"。商人如果想合法贩盐，必须先取得"盐引"，凭此到盐场支盐，按指定区域和线路从事贩盐业务。

长芦盐在明朝初年的销售区域为直隶北部和河南彰德府所属区域共16个县；到万历年间又销往开封府的23个州县；清朝时长芦盐继续扩大销售区域，开封、直隶及天津附近的近200个州县都可以见到长芦官盐。

在封建时代，盐税是国家财政的重要来源。清初，长芦盐总产量达 600 万引（每引重达 125 公斤）。长芦盐税每年大约占全国盐税的 11%，占全国财政收入的 1% 以上。鉴于长芦盐业的重要性和天津在商品流通中日益上升的地位，清政府于康熙年间将长芦盐运署移驻天津，相关的盐商组织也设在天津，由此天津也催生和造就了一批盐商大户。

随着天津新的盐业中心地位的确立，围绕着盐务的商业活动也日益增多。盐业在天津，自明清以来迅速成为"显业"，并涉及社会的各个方面。以清中期天津盐业巨子查氏为例，查氏家族在经营盐务获利以后，修建了华北最著名的私家园林"水西庄"，一时间这里文人汇聚，成为当时天津的文化高地，就连康熙皇帝几次到天津也曾驻跸于此。有学者甚至认为，曹雪芹笔下的大观园就是以"水西庄"为蓝本而构思的。

天津的盐业不仅带动了城市的发展，也拉动着城市的消费，盐商们的一举一动甚至左右着社会风尚。

1860 年天津开埠以后，城市性质发生了质变，天津迅速由普通的商业城市发展成为中外商品的集散中心。资料显示：1862 年天津海关的进出口总值为 7503302 海关两，到 1899 年急速升至 77604562 海关两。不到 40 年，天津的进出口贸易量就翻了十多倍。

为了发挥开埠后天津在通商贸易中的作用，清政府专门设立了三口通商大臣的职务，并常驻天津管理通商事务。所谓三口，指的是渤海湾沿岸的三个城市：天津、烟台和牛庄（营口）。后来清政府又专门建立了天津海关，并成立了"天津海关道"；同时把所有的洋务事宜归直隶总督管理，并在天津设立直隶总督衙门。这时候

的天津实际上已经成为中国北方对外贸易的管理中心。而在三口的进出口贸易总额中，天津港一家独大，占到了九成。

从天津港进出口贸易的货物品类，我们可以清晰地看出列强对中国经济侵略的路径和中国民族工业奋起追赶的艰难历程。

天津开埠初期，最大宗的进口商品是鸦片，以 1863 年为例，当年鸦片占进口总额的 36.42%，以后逐年减少。布匹占到当年进口总额的第二位，达 16.24%，以后逐年上升，到 1871 年时跃居到第一位，到 1892 年时已占到进口总额的 2/3，成为天津当时进口洋货的支柱性商品。除此之外，当时进口的洋货还包括糖、五金制品、火柴、煤、卷烟等。随着天津民族工业的发展，如纺织、火柴、卷烟、化工等行业的发展，棉布、火柴、卷烟等大宗商品的进口量在逐年减少，而机器的进口却在大幅增加。

在洋货倾销国内的同时，天津出口商品的种类和数量也在逐渐增加。早期出口主要以传统农副产品豆类、果品、花生、茶叶、药材等为主；后来逐渐增加了新开发的农副产品如棉花、猪鬃、皮张、驼羊毛等；20 世纪 20 年代后，民族工业制成品也加入到出口商品的行列，如地毯、棉布、水泥、纯碱、卷烟、棉纱、精盐、面粉等。1892 年天津进出口总额占全国的 25%，占华北的 60%，成为名副其实的全国第二大对外贸易中心。

随着天津贸易量的急剧增长，各式各样的洋货涌入天津，华北出口的土特产品也在天津聚集。在此形势下，一批销售洋货和代理出口的商店和中介机构纷纷建立。当时天津北门外的河北大街、锅店街、竹竿巷等逐渐发展为洋货市场；全国许多地区设在天津专门从事购销洋货的机构纷纷成立；与对外贸易相关的货栈、运输和报关等行业也相继产生和发展；为进出口服务的金融机构也得到迅速发展。

提到天津的商业贸易和早期的金融服务业，不能不提及历史上大名鼎鼎的晋商。

晋商和天津的往来，早在明代就已经开始了。

明代中期的山西首富是张四维家族。张四维于嘉靖三十二年（1553）中进士，历任编修、翰林学士、吏部侍郎。在蒙古和明朝谈判时，张四维与舅舅——时任明帝国北部边境军事最高指挥官的宣大总督王崇古协助张居正，促成了明政府和蒙古的和议和开市。而他的弟弟张四教和父亲张允龄则在大江南北经商。待张四维升任内阁首辅后，张四教很快就控制了长芦盐场，成为明朝横跨晋津两地的著名盐商。在张家父子的示范和影响下，大批晋商进入天津地区从事各种商业和贸易活动。

天津开埠后，大批晋商蜂拥而至。据《津门杂记》记载，天津的山西会馆有两处：一处在河东杂粮店街，一处在锅店街。从各种资料可以证实，清代天津的盐业、当铺、颜料庄、栈房、烟草、杂货、票号等行业，绝大多数为晋商所垄断。据史料记载，光绪年间在天津的晋商有 12 个商帮，分别涉及盐务、洋务、汇兑、颜料、杂货、铁锅、染店、茶叶、皮货、账局等行业。

晋商在天津开办的众多商号不仅门类齐全，而且历史悠久，如晋商开办的中和烟店，其开办时间长达 300 多年；天津商业八大家中，晋商王氏位列其中。王家先是经营盐业，之后又经营钱庄。其后代王奎章是南开学校的主要创始人之一。

天津开埠后很快就成为商品的集散地和消费城市，拥有大量资

本的晋商顺理成章地成为天津典当业和高利贷业的主导者。由于晋商有着几百年的历史,所以在很多行业中表现出了极高的业务水平。如天津典当业中的晋商,对于古玩、字画、金石、首饰、珠宝等贵重物品都有极高的鉴赏水平,对于投当物品的质量、成色、新旧程度都能做出精确的估计,这种业务水平不仅让晋商在商业竞争中立于不败之地,也极大地提升了天津商品交易的服务水准。

晚清时天津是华北、东北、西北的颜料集散地,而晋商则成为天津颜料业的霸主。后来成为首家票号创办者的平遥西裕成颜料庄,嘉庆时在天津就开设有商号,直到民国时,山西颜料商在天津仍有很大的势力。长芦盐场从明代开始就为山西人所控制,直到清代仍有很多山西人靠在天津贩盐发家。

随着进出口贸易和城市经济的不断繁荣,对金融服务的要求也在不断增长,国内现代银行出现的滞后成就了传统金融机构——晋商票号在天津数十年的繁荣。

山西票号诞生于道光年间的 1823 年,最早创办者是曾在京津等地任职的平遥日昇昌颜料铺的经理雷履泰。

早在雍正年间,我国北方就已出现了与商业借贷有关的金融组织,当时称之为账局或账庄。账局主要分布在北京、天津、张家口、太原等地,经营者多为山西商人。这些账局、钱庄,为山西票号的产生创造了条件。天津是票号的主要发源地,也是票号集中的重要城市之一。

山西票号在天津的黄金时期是在近代对外通商以后。据《天津海关十年调查报告书（1892—1901）》分析,当时天津市场资金为6000 万两左右,其中票号就占到了 2000 万两。

当时天津是全国洋纱、洋布输入最多、销售最广的地区，而山西省一直是天津进口洋布的最大买主。每年都会有300多个商人到天津购买洋布到山西。天津针市街一带甚至有专为山西商人购买洋布服务的集义栈、晋义栈、德兴栈等栈房。西北地区的驼羊毛、皮张和药材等土特产，甚至俄罗斯的呢绒等洋货也通过山西商人开辟的西北商路和万里茶道源源不断送往天津。以纺织品为主的洋货也由晋商从天津分别销售到直隶、山西、内蒙古等地。山西商人在其中承担了大量的经营业务，而山西票号也借此将分号设往全国各地。天津与西北方向的贸易几乎全部由山西商人所垄断，而票号因与山西商人有千丝万缕的联系也迅速扩大。票号在发展高峰时在天津就设有志成信、百川通、蔚泰厚、日昇昌、大德通等几十个汇票庄。据估计，"庚子事变"前，山西票号在天津的放款高达1000万两。

19世纪末在天津出现的铁路系统和邮政系统对北方的贸易格局产生了变革性的影响，特别是邮政汇兑在一定程度上代替了票号的汇兑功能，由此减少了票号的市场份额。"新政"时期建立的官银号以及后来出现的民营银行逐渐取代了票号的主要功能，票号开始走向衰落。

随着天津对外贸易的扩大，许多外国银行相继在天津设立分行。1880年，首家外国银行在天津设立分行；1898年，清朝邮传部尚书盛宣怀在天津创办的第一家华商银行中国通商银行天津分行开业。票号虽然至此以后逐渐衰落，但仍然坚守到了最后的时刻。山西祁县的大德通票号从清代开业一直持续到1949年才宣告歇业。

除了票号、华商银行、外国银行、保险公司等金融机构外，天津市场上还不断涌现出为进出口服务的外商加工厂，如绒毛加工厂、打包厂等，在这种环境下逐渐诞生了天津民族资本的近代工业。这些工业早期基本上集中于进口替代商品的生产项目中，如 1878 年创办的中国第一家机加工面粉厂；1884 年开办的德泰机器厂；1886 年成立的天津自来水公司；1903 年近代著名的实业家周学熙创办的工艺学堂、考工厂、实习工场等，以及随后创办的天津织染缝纫公司、北洋劝业铁工厂、造胰有限公司、天津牙粉厂、新兴造纸厂、启新洋灰公司、北洋滦州官矿公司等几十家官办、官督商办、商办企业。鼎盛时期，天津共有工厂 1200 多家，产业工人 20 多万人，形成了纺织、化工、造纸、印刷、食品、机器制造等比较完善的工业体系，不仅成为实力雄厚的北方工业制造业基地，而且还具备了带动和辐射周边地区经济发展的能力。

在长期的、大规模的商业活动中，天津逐渐形成了自己的近代商业文化特点。

这种特点首先表现在开阔的视野方面。天津从明朝开始，因运河而崛起，到了清代仍然持续了这种南北贯通的辉煌。持续的商业运行让天津保持了足够大的市场规模，从南到北、从东北到西北；从零售到批发，从商人到商帮，从内贸到外贸都能看到天津商业的足迹。特别是开埠以后，天津成为中国北方首个中外交流、东西碰撞的城市，新的行业不断出现，新的商机层出不穷。这种业态齐全、竞争激烈的商业格局，无疑开阔了天津的商业视野。

天津商业最辉煌的时期，集中了全国最有名的传统商帮，买办商人、官僚商人、外商，各类商人来自五湖四海、世界各地，经营着世界各地的特色商品，且各个商帮都有自己的经营范围，如经营白糖、布匹、海货、干果的广商；经营布匹、茶叶、徽墨的徽商；

经营票号的晋商；经营布匹、机器的外商。各地商人不同的经营传统、中外商人不同的经营理念、各个商帮的经营特点都让天津人见多识广、眼界大开。

五方杂处的商帮、新旧杂陈的商品极大地推动了天津商业的共融共生，培植了天津商业的开拓精神。由于天津在开埠后很快就成为北方的洋务运动中心、清廷推行新政的"研发"基地、全国最多的租界所在地，天津比之国内其他城市更早地接触了国外新事物，也容易更早地经营外国商品并在经营中推陈出新、创新发展。

和国内其他传统商业城市相比，天津最早形成了外商—买办—地方商人的交易链；票号—银号—外国银行的资金链；海运—河运—铁路运输的物流链。民间传统的手工业和进口替代制造业的不断兴起，不仅提升了天津的商业实力和商业发展环境，还催生了很多新生事物。当时，国内的很多新事物都最早或较早在天津出现，如新式学校、现代化煤矿、铁路、邮局、电报、电话、电车、报纸、各类展览会等。近代时期，天津在120多项事关国计民生的领域都处于首创或领先全国的地位，体现了天津社会开风气之先的精神。

长达数百年的商业发展历程锤炼和培养了天津社会坦然从商的社会氛围和习惯。

在封建社会，特别是明清两代，官商结合几乎是传统商业社会的特色，没有官方背景的商人几乎无法生存。无论是徽商还是晋商，在商业走上规模发展的道路以后，要么拼命结交官府以图进一步扩大商业版图，要么拼命让子孙入仕以求自保。传统的价值观也将商人的社会地位列为四民之末，此外，官府对商人的压榨、剥削、摊派等也十分繁重。但是在天津，经商致富始终有着巨大的吸引力。

商人结交官府主要是为了方便经商，对功名并没有强烈的渴望，不仅不以经商为耻，反而能坦然从商，甚至以经商为荣。

从《津门保甲图说》中，我们可以看到，天津社会当时的排名顺序是绅衿、盐商、铺户、烟户、土著、应役、佣作、负贩、船户、医卜、乞丐、僧道，其中盐商、铺户、负贩的排名明显靠前，这一点和别的城市的社会排序有着十分醒目的区别。即使是当时的首富对读书做官也没有什么强烈的渴望。如历经坎坷的查家就以结交社会名流、寄情山水为乐事。再比如，清末民初的动荡岁月中，许多北洋政府的高层人士在入仕前就有经商的经历，入仕后仍然继续经营着自己的商业版图，即使是下野后也不曾停下商业活动的脚步，反而可以在入仕和经商、台前和幕后之间自由切换。而天津社会重商的社会氛围和外国租界的庇护也为这些下野政客脱官从商提供了助力和便利。

第八章

语言岛和海岸线

在中国众多大城市中，只有天津和北京将中国两项最巨大的人工工程——长城和大运河紧紧地联结在一起，而天津还拥有海港甚至曾独自拥抱过黄河。因而运河文化和军事文化成为天津文化最早的源头，随之而来的码头文化、盐业文化、移民文化、商业文化、金融文化、工业文化、西洋文化、港口文化、民俗文化都是在这两种文化之后逐一派生的。

1400 年，雄踞北平的燕王朱棣经过北平东南方向的一处渡口，渡过大运河南下争夺皇位。3 年后，朱棣称帝。1404 年 12 月 23 日，朱棣将此地正式改名为天津，即天子经过的渡口，天津由此也成为中国古代唯一有确切建城时间记录的城市。

　　和中国许多城市相比，天津的城市建制脉络清晰无比，从直沽寨、海津镇、天津卫、天津县、天津州、天津府到天津市，几乎一步不落。尽管和西安、洛阳、开封、北京等古都相比，天津 600 多年的历史还显得极为年轻，但却处处显示出自己的特立独行。

　　语言岛现象是天津最为独特的标志之一。

　　今天的天津市共辖有 16 个区，而"天津方言"并不是指天津辖区内所有的方言，而是指以旧城区为中心，包括南开、和平、河北、河东、河西 5 个区，红桥区的大部分街道，西青区中北斜和永红两个乡的东部，大寺乡、王稳庄乡北部的若干村落，津南区双港乡、东丽区西北部部分村镇的土著居民所使用的方言。

　　除了上述天津方言片之外，天津其他区的方言主要分为五个话片：（1）位于天津市北部的蓟州、宝坻，位于天津市东部的宁河、汉沽的绝大部分，属于蓟宝宁话片，其方言与唐山话接近。（2）位于天津市西北部的武清区绝大多数村镇、北辰区部分村镇属于武清话片，与北京话接近。（3）北辰区北仓、宜兴埠、西堤头三个乡，红桥区西沽、丁字沽街，属于北辰话片，具有武清话与天津话之间的过渡性质。（4）位于天津市西南部的静海区中部的村镇，西青区、津南区的大部分村镇，属于静海话片。（5）位于天津市南部的津南区、大港的大部分地方以及静海区、西青区的部分村镇属于沧州话片。

天津旧城是天津方言的中心，而天津方言区的东、南、西三面基本被静海方言片区包围，北部则是武清方言片，这就使得天津方言成为一个"方言岛"。几百年来，这个方言岛只能"占领"9平方华里的旧城和十几座村镇，始终处于其他方言的包围之中。

五方杂处的天津为什么会出现"语言岛"现象？

为了探讨天津方言的来源，20世纪80年代中期，天津学者李世瑜等人在江苏和安徽北部进行了实地考察寻访。在安徽北部宿州市固镇一带，听到当地居民所操方言与天津方言非常相似，由此查到了天津方言"母方言"的源头可能在徐州以南，蚌埠以北，以宿州为中心的江淮平原。

2010年和2011年，天津市政协文史委组织专家学者先后两次深入安徽进行天津方言的寻根调查。调查结果表明，与天津方言相同度最高的是固镇和宿州，其次是蒙城和蚌埠。与天津方言相似的淮北方言，以固镇、宿州和蒙城这个三角区域为中心，其四界的大致范围是：徐州市以南，淮南市以北，涡阳县以东，五河、泗县、灵璧以西。基本上印证了李世瑜等人当年的判断，天津方言的母方言基本上来自这里。

天津距宿州一带大约 700 公里，但两地的方言却如此相似，其中的原因其实也不难理解。

当年，明朝初建，朱元璋封四子朱棣为燕王，让他带领安徽籍的大部队开拔到北京、天津一带屯垦戍边。这些部队中很可能就有来自宿州一带的兵士。

朱棣起兵夺取帝位后，迁都北京。为天津赐名并设立了天津卫。当时天津的主要人口构成是军事移民，这些兵士大部分来自皖北。而按当时实行的军事建制，可以随军携带家眷聚居。这样一来，"家庭承袭，邻里相望"，就形成了相对牢固的"语言社区"。于是具有低平调的皖北方言就成了天津卫军民的通用口语。

当年，天津建城之际，直接参与卫城建设的人员主要是卫所的士兵，这些士兵大都来自江淮一带。城池建成后，又有大批军士和家眷自外地开赴天津。当时军户移民大约在 5 万人，其中有 295 位官员的籍贯见载于《天津卫志》。这些人来自十多个省，其中位居前四位的是：安徽，84 人，占 28.5%；江苏，54 人，占 18.3%；山东，38 人，占 12.9%；河北，31 人，占 10.5%，四省所占比重超过 70%。

分析上面这组数据，可以发现两个特点：其一，距离天津最远的安徽反而官员人数最多，说明当时有大批官员和士兵是跨区域调动的；其二，超过 70% 的官员为河北、山东、江苏、安徽人，除了安徽外，其他三省均为运河沿线，说明运河在流往天津人群的走向中起到了一定的作用。

天津历史上曾是南北的漕运中心，中国北方贸易转运、商贾聚集、五方杂处的重镇。明清时期，除了官员和士兵外，苏皖地区及

晋冀鲁豫地区的移民，或屯垦，或漕运，或逃荒，或经商，陆续迁至天津；金融、实业、商业，乃至政界、军界、文化各色人物都在天津安家落户，这其中有不少人为安徽籍。

除了明朝初年的设卫建城外，明、清两代还有几波安徽人流较为集中地涌向天津。其一为从明代中期开始的徽商，其中又以盐商最为明显。其二为明代万历年间，为防倭寇，又有军队移驻天津。在总计5000人的海防水陆营中，来自南方的兵士有1500人，这些人中又有一部分为皖北人。其三，李鸿章担任直隶总督后，随从人群及驻防天津的淮军及北洋水师中有不少人是皖北人；到北洋军阀执掌北洋政府大权，形成直、皖、奉三大派系后，皖系中又有不少皖籍新贵及随从。这几大因素对天津方言的形成和发展自然会产生种种影响。

有岛必有码头。和天津方言联系最紧密的就是天津的码头文化。作为一座移民城市，码头文化是天津城市文化的重要组成部分，与天津方言相辅相成。天津作家林希在《九河下梢说码头》中曾写道："天津人讲'精气神儿'，天津人骂人是'死蔫蛆'，全都是码头遗风。天津人连吃饭都带着码头气派，天津人吃煎饼果子，吃大饼卷牛肉，把这种吃饭叫'吹喇叭'，就是不能因为吃饭误了潮起潮落的时间。"天津方言中的"混个热闹""真格的""大面儿""来事儿""横躺"等词语，都是码头文化的产物。

相声在天津的崛起和繁荣，也是受天津地域文化浸润的结果。相声虽兴起于北京，但码头文化发达的天津却后来居上，成为培育相声成长发展的一块沃土。天津相声界强手如林，人才辈出，与天津的地域文化特别是天津方言的滋润是分不开的。天津人的幽默风趣是天津地域文化的一大特色，幽默本是睿智的表现，是热爱生活的体现。具体而言，天津人这种幽默资质的主要成因是：一、商埠人际沟通的需要；二、移民创业的主观需求；三、多元文化交融提供了鲜活素材；四、五方杂处的交流需求；五、戏曲相声的长期需求。

天津方言作为中国语言文化中的一朵奇葩，在语言文化的融合和传播中，具有独有的语言岛魅力，在文学、影视、话剧、曲艺、小品等文艺作品中经常被使用，具有顽强的生命力和竞争力。

中国的历史源远流长，其饮食文化也流派众多。天津的历史比较短暂，地域上的辖区也不大，按理说饮食上似乎不会形成突出的地方特色，但事实上却不是这样。和天津话的"方言岛"特点相似，天津的餐饮文化特色也和相邻的城镇有着明显的差异。

对天津早期餐饮文化产生重要影响的主要是两种人，下层的军士和船工，上层的盐商和官吏。

"天津卫"本来是军事建制，最早的居民基本是军人、军眷。日常的主要任务是练武，而练武就要消耗体力；作为大城市，天津兴起于大运河及海路的漕运，大批粮食要在这里换船进京，码头工人干的都是重体力活。表现在"吃"上，也像"方言岛"一样，跟临近城镇相比有着明显的差异，一是饭量较大；二是流汗多，导致盐分耗失需要补充；三是天津本地"河海两鲜"水产极为丰富。根据烹调原理，鲜味必须在咸味的基础上才能表现出最佳的呈味效果。这几种因素决定了"咸鲜"和"量大"成为天津菜肴早期的两大特点。

天津菜肴的主导阶层是盐商和官吏，尤其是盐商。高阳的《古今食事》中就曾说道："河工与盐商，对于中国烹调艺术的发展，发生过极大的作用。"实际上，盐商对烹调的巨大作用，主要体现

在其惊人的消费能力上。

天津的长芦盐场在明代成为国内首屈一指的盐场和食盐集散中心，而扬州则成为明代著名的盐业批发和转运中心。扬州盐商对美味的狂热追求，是淮扬菜系崛起的关键因素。与扬州在大运河上南北呼应的天津，在当时就因有"小扬州"的名号而成为"芦盐"盐商的消费场所。盐商在明末成为天津的富豪阶层，天津当时盛传的"八大家"富豪中，就有五家是大盐商出身。受天津地域文化"讲吃"之风的影响，他们便把对美味的追求作为无度挥霍的主要途径。

在明代漫长的岁月中，盐商无疑是"津菜"形成的重要推动者，"河海两鲜"也因此成为天津风味的基因源头。盐商群体的出现，明代奢侈消费风气的高涨，无疑大大推动了天津餐饮市场的繁荣。

"津菜"正式形成应该是在康熙年间，康熙元年（1662），天津"八大成"饭庄开张，这可以看作是"津菜"正式形成的标志。随着天津州、府行政建制的确立以及随后管理税收的钞关和管理盐政的"御史署""运使署"先后从河西务、北京、沧州迁入天津，"和聚成"等饭庄也相继开设。这些饭庄装饰豪华典雅，承办宴会档次分明，山珍海味丰富多样；厨房操作工种齐全，为以后经营天津传统菜的高级饭庄树立了基本的模式。

清代后期，随着天津的开埠和直隶总督衙门在天津办公，"津菜"的异军突起获得了各地食客的认同。据资料记载，同治、光绪年间的江南学者李慈铭曾于1865年从北京来到天津逗留，其间携友人在天津名庆馆、兴盛馆等餐馆宴饮。他在日记中总结说："津门酒家，布置华好，馔设丰美，较胜都中。"李慈铭为江南名士，曾久居京城，从他记载的京、津两地菜看看，此时的天津餐饮已经超过了京城。

这一点其实也不难理解，天津餐馆要有特色，首先必须与北京同业有所差异，除了"河海两鲜"的食材优势外，更重要的是地域消费氛围环境的差异。明、清两代皇权森严，官员等级的严格限定也包括生活方式，官宦之家在北京消费会有种种顾虑，相距甚近的新兴商业城市天津自然就成为京都富豪消费的特区。这种情况下，后起之秀的"津菜"超越"京菜"也就成为一种可能。

进入民国以后，天津餐饮又迎来一次发展高峰。此时宫廷里的高厨失业后纷纷流入市场，天津则成为理想的归宿，这些宫廷厨师不仅为天津市场带来了烤鸭等宫廷绝技，还让"满汉全席"在天津餐饮市场遍地开花。

纵观天津餐饮业的发展，与天津城市的特殊际遇有着密切的关系，这其中至少有三次城市发展机遇极大地推动了天津餐饮业的发展。

其一，天津开埠，特别是列强先后在天津设立租界后，天津一跃成为国际贸易的重要港口、外来资本与文化的滩头。东南口岸的买办阶层大举入津，带动了商业和餐饮业的异常繁荣。

其二，天津在清廷主导的洋务运动中，出现了大量的官办企业，之后天津又成为改良派的"新政"中心和舆论中心。全国各界的顶级精英迅速聚集到天津，各种交际活动大多以餐馆为平台，由此又引起了餐馆的又一波兴盛，堪称"畸形的繁荣"。

其三，天津餐饮业的第三次繁荣是在清末民初之际：民国初期政局动荡，北京下台的王公贵族、失意的军阀政客，纷纷来到天津租界，成为历史上独有的"寓公"阶层，这些人大都渴望东山再起，于是以天津为基地，以宴席为纵横捭阖的政治舞台，一时间"津菜"

天津古文化街的城隍庙

声名鹊起。这股高潮直到 1928 年首都南迁后，"津菜"的地位才逐步下降。

　　"津菜"从淮扬菜起步，在形成过程中又逐渐结合了临近的京菜和鲁菜的特点，开埠以后又充分结合了各类西餐的特点，因而逐步形成了自己的风格。1898 年天津问世的第一本旅行指南中，第一大类的"饭庄"类中就有天津菜饭馆中的"义和成""义兴成"等 5 家，表明天津菜已上升到"菜系"的层次。1911 年出版的《天津指南》中，列有 28 家饭馆，其中"天津馆"就有 9 家，可见"天津菜"在当时已跻身主流地位。第一部《中国烹饪概论》在"中国地方风味流派概述"一节中列举的天津名菜有：扒鱼翅、糟熘三白、油爆双脆、干烤大虾、炒芙蓉虾仁等，其层次与"湖南风味"平列，表明天津菜至少具备亚菜系的地位。天津菜后来统称"津菜"，这是与鲁菜、川菜等流行称呼趋同化的结果，也标志着其地位的确定。

天津地域文化的独特性反映在饮食上还有其味道强烈的小吃及突出地位。这其中就有大众最熟悉的煎饼果子和天津最著名的小吃"三绝"：炸糕、麻花、包子。

煎饼本是山东的特色，但天津人却把它发展为煎饼果子。煎饼果子这种小吃几乎为天津独有，即便是近在咫尺的北京也并不流行。煎饼、果子原是两样东西，天津人将其卷在一起，外加葱花、面酱等调料，味道融为一体，风味奇异，独具魅力。

天津的小吃品种繁多，在历史的演进过程中有三种驰名全国乃至世界，具有"三珍"之称，这三种美食就是包子、炸糕、麻花。而这三种小吃在天津都有其品牌代表，分别是："狗不理"包子、"耳朵眼"炸糕、"十八街"麻花。

"狗不理"包子是天津小吃中最著名的品牌，在讲究吃喝的旅游者心中早已成为天津城市的"名片"，这一老字号至今已有一个半世纪的历史。

"狗不理"名称的由来有很多不同的传说。据其店史资料记载：天津早年运河码头一带形成了饮食市场，同治八年（1869）一家"德聚号"包子铺生意兴隆，顾客盈门，乳名"狗子"的徒弟高贵友勤劳忙碌而木讷寡言，顾客们都说"狗子不理"，久而久之，"狗不理"便取代店名而流行开来。后来高贵友对包子进行了两项重大改进：包子皮方面，把"大发面"改成"半发面"；馅儿方面把"硬馅"加进高汤改为"水馅"。美食家梁实秋在他的《雅舍谈吃·汤包》中谈到：天津包子是淮阳汤包的"升级版"，一方面把馅儿从汤变成肉，以增加热量；另一方面面皮加厚，并从发面改进为半死面，

使内壁有隔水性以容纳添加的汤汁，结果相当于馒头夹肉，最能适合船工的需要。

耳朵眼炸糕与狗不理包子、十八街麻花并称天津小吃"三绝"。

"耳朵眼"炸糕店也是百年老店，至今已有 130 年的历史（截止到 2022 年）。光绪十八年（1892），创始人刘万春从一盘磨和一辆小推车起家，在北门外大街盘下两间门面，亮出了"增盛成炸糕铺"的招牌，因为诚信经营、精益求精而远近闻名。

天津人幽默风趣，"耳朵眼"并不是炸糕店的字号，这个名字是广大顾客叫出来的。原来，增盛成炸糕铺坐落在"耳朵眼"胡同口的左侧，因胡同很小，所以得了个很形象的名字。久而久之，店名"增盛成"反而被人们遗忘了。

耳朵眼炸糕用料考究，做工精细，风味独特。100 多年来一直保持传统做法：选用"北河"上等黍米，水磨发酵，选优质的红小豆煮烂，铜丝罗"搓沙"去皮，加上红糖汁炒制成豆沙馅。下锅先用温油，后用旺火炸透，再用香油轻炸。炸出的糕，咬一口三层分明：金黄的硬壳、嫩白的糯米面、黑色的豆沙馅。吃起来外焦里嫩，有嚼头又不粘牙，甜香满口。

"十八街"麻花的历史没有"耳朵眼"炸糕那么久，它的创始人是范桂林。当年兄弟俩来到天津，在河南人开的麻花铺当学徒，后又受雇于另一家。范桂林后来将两家的长处综合起来，创新成自己的麻花铺，因兄弟俩的名字中都有"桂"字，店名就叫"桂发祥"。因这家麻花店开设在东楼十八街地带，后来就以"十八街"麻花闻名于远近。

麻花早先以河南禹城产的最为有名，当地县志记载禹城麻花曾为贡品。但从 20 世纪前期开始，天津麻花的名声竟大大超过了河南。除了具备河南麻花的优点外，天津麻花还有一大长处，就是抗潮湿，能长久存放而不会变得绵软。所以，包装讲究、产地正宗的"十八街"麻花就成为来津旅客携带礼品的首选。

包子、炸糕、麻花皆为北方最常见的小吃，但天津人却把它们推到了一个相当的高度并创造了三个名扬四海的小吃品牌。这些除了反映出天津人"爱吃、知味"的孜孜追求外，还处处显示出天津地域文化、餐饮文化特立独行的秉性。翻阅天津历史，这种"孤岛式"的秉性几乎随处可见。

木版年画、彩塑、风筝等民间工艺美术形态并不是首创于天津，但天津后来居上、精益求精，推出了自己的民间工艺品牌：杨柳青年画、泥人张彩塑、魏派风筝。这几类具有代表性的民间工艺品在中国的其他地区并不鲜见。如苏州桃花坞、四川绵竹、上海小校场等地出产的年画也相当有特色；无锡惠山泥人很知名；江苏南通、北京等地的风筝也很有特色。但仔细考究一番，却没有一个城市是汇集了这几种民间工艺品，并且能发展到相当艺术水准的。从这个角度讲，天津的民间工艺品确实是在一座独特的城市中孕育出的独树一帜的艺术品，也是天津地域文化的"孤岛"特征在这一领域的再次显现。

年画大体上起源于宋代。北宋时，雕版印刷盛行，使版印纸质年画的普及成为可能，年画作为商品可以更广泛地流通。

年画的发展与年节风俗息息相关。春节是具有浓厚农耕文化色彩的节日。春节期间的习俗也总能看到农耕文化的影子，年画即是这种能充分反映农耕文化的年节用品。过春节贴年画的风俗在古代

天津杨柳青镇石家大院

中国是普遍存在的。21世纪初对中国木版年画所做的调查显示：中国木版年画的产地几乎占据中国半数省份。从北到南，从东到西都有生产年画的地区。

　　杨柳青镇古称"柳口"，位于天津市西青区西北部，古代有南运河、子牙河、大清河等航道交汇，从古代水运交通网络看，杨柳青镇几乎是一个缩小的天津卫。戏楼、牌坊、文昌阁被称为古代杨柳青的三宗宝，其中的文昌阁建于万历四年（1576），是明代阁楼式建筑。除此之外，华北第一民宅——石家大院、平津战役天津前线指挥部旧址、杨柳青民间年画作坊以及普亮宝塔、报恩寺、关帝庙、安氏祠堂、御河人家、明清街、崇文书院等都位于这个古镇。"天津八大家"之一的石元仕和津门商界巨贾、杨柳青赶大营第一人安文忠都出生于这个古镇。

　　清代曾有诗云"家家绿柳在门前，门外乌篷小小船"，"杨柳阴阴似画图，春波满岸长春浦"。杨柳青镇虽地处北方，却是一派江南烟雨的景象。不仅如此，由于地处运河航道，杨柳青还是一方富庶之地，这些都为杨柳青年画的生产和传播创造了天然的便利条件。

据传说，杨柳青镇在明代已开始生产年画，至清代中叶已开始兴盛。彼时以杨柳青镇为中心，包括南乡几十个村，年画业方兴未艾，堪称当时的传统年画"文创"中心，就连普通的妇女、儿童都参与到年画的生产之中。在作坊内部已形成创作画稿、雕版、刷印、装裱等明确细致的分工，保证了年画生产的质量和数量。由于交通便利，年画的生产、销售、运输均可以高效地完成。因而杨柳青年画的影响力可以延伸到其他地区。极盛时期的杨柳青镇年画作坊林立、蔚为壮观。

天津的泥人彩塑是伴随着漕运逐步发展起来的。天津城市的形成、发展、繁荣都和漕运密切相关。由南而北运至天津的货物有农作品、棉纺织品、油类、酒类、干鲜果品、食物、纸、竹藤器、杂货、铁铜器、药材等。在杂货一项中，就有泥人一类。学者们推断，在乾隆之前，天津市面上销售的泥人至少有一部分是从南方输入的。因此天津泥人或多或少都受到了南方泥人的影响，尤其早期的泥人玩具在形制和制作技巧上均有无锡惠山泥人、苏州虎丘泥人的影子。

张万全是天津"泥人张"彩塑创始人张明山的父亲，以制作、出售泥玩具为业。张明山生于道光六年（1826），自幼耳濡目染，子承父业。但他并没有像父亲那样只停留在泥玩具的制作上，而是将泥人提升到了艺术品的境界，使"泥人张"彩塑艺术成为独具天

津地方特色的小雕塑艺术。

张明山开创的彩塑门派的基本技巧以捏塑造型和外施彩绘相结合。这种风格的形成，一方面是艺术家本身的天赋与勤奋使然。张明山非常善于观察生活，捕捉细节，并有通过捏塑造型将其观察到的事物准确表现出来的能力。另一方面也与其吸收中国画的特色不无关系。张明山不仅喜画、善画，还爱好收藏，经常花大量精力研究碑文、石刻。他的人物肖像作品用色极简，突出了他"塑"的手法，以及对人物比例的把握。通过捏、拍、堆、贴、刻、划、压、削等塑造技法，生动地再现了人物的体貌特征与职业特点。

继张明山之后，张家几代人均从事彩塑创作至今。这种家传的技艺至今已有近 200 年的历史。更为难得的是：每一代"泥人张"传人的彩塑作品都有鲜明的个性和特色，但在整体风格上又保持了一致。这种风格的一脉相承、延续不断又稳步发展的状况在民间艺术创作领域并不多见，堪称民间工艺传承的典范。

风筝早期的用途并非娱乐，更多的是用在传递信息、测量等领域，材质和形制与后代的风筝也有很大的区别。在唐代人的记述中，风筝开始有了娱乐的价值；宋代时，有了以风筝为主题的绘画作品；元代，风筝作为重要的线索已出现在了杂剧剧本中；到明清时期，风筝作为玩赏用具已发展到鼎盛；民国时期甚至有《风筝谱》一类的专著。

时至今日，人们在提及风筝时，经常会提到北京、天津、潍坊、南通等地出产的风筝。而天津人对风筝的喜好已影响到了其他的民间艺术品。如杨柳青年画中就有《十美放风筝》，富有人家的门楼装饰、照壁的砖雕上也有放风筝的图案。

天津地处华北平原北部，春季多风，适宜放风筝。和一般地区不同的是，冬季本来不适合放风筝，但天津属于温带季风性气候，冬季寒冷干燥，多北风，所以，冬天里依然可以看到津沽大地放风筝的场景。

大约在清道光年间，天津文人和工匠已不满于当时风筝的造型和制作工艺，开始按照自己的玩赏经验改进风筝。这些文人参与风筝制作时，就把书法、绘画中的技法也运用到了风筝的装饰上，使风筝的制作技术和艺术价值都得到了提升，对后来的风筝制作者产生了相当大的影响。当风筝成为商品后，追求工艺的复杂精巧、艺术的超凡脱俗就成为必然的选择。到清末民初时期，天津市面上的风筝铺已越来越多，在这些风筝铺中，以魏元泰的风筝制作最为特别，至今仍为天津风筝的代表。

魏元泰最初是扎彩铺的学徒，扎彩的基本工艺和制作风筝很相似。做风筝不只是技术，还需要想象力，要能预见到风筝飞高以后呈现出的样子、形态、颜色是否美观。魏元泰最大的贡献是对风筝扎制工艺的提高。他首先把风筝骨架改用榫接，采用扇骨的打眼技术在骨架上打眼；在骨架组合上，他采用金属锡箍；在风筝的装饰上，他采用淡雅的色调，使用灰、粉、淡绿、暗红等颜色。魏记风筝不仅制作精美，而且拥有很多品种：硬翅、软翅、串活、拍子、立体风筝等一应俱全。尤其是他制作的拆折组合风筝，部件多，精细复杂，放在盒子里很是精致小巧，组装起来又很是壮观，让风筝爱好者在玩乐时充满了乐趣。他制作的许多大型风筝也是组装式的，方便携带。

天津的民间艺术品除了上述三种代表性的品牌外，还有剪纸、刺绣、麦秆玩具、灯笼、绒绢花、点心模子等，每一样都显示出天

津独特的民间工艺制作技艺。这种独特不仅体现在个体的技艺方面，还表现在长年累月的商业活动中。

在中国商业史上，津商远不如晋商、徽商、浙商名气大。尽管近代天津的商业活动十分频繁，占据了北方商业的头把交椅，但天津本地商人的创业精神和商业规模十分有限，无法跻身全国著名的商帮之列。尽管如此，以天津杨柳青人为主的津商，在特殊的历史背景下，在七十多年的时间里，舍生忘死，前赴后继，完成了近代商贸史上的一次壮举和奇迹，成为天津商业文化史上的一个"孤岛式"的案例——杨柳青人赶大营。

"赶大营"一词在民间由来已久，并非杨柳青人的专利，如塘沽一带流传的"赶大营"一词，就有到塘沽附近之营盘赶集的意思。在杨柳青镇，民间还有赶大河（南运河）、赶白沟（河北省白沟镇）、赶西北（山陕一带）的说法，所以"赶大营"一词，实际上就是赶大营集的简称，这里的"赶"，就是赶集的意思。

赶大营本来是个通行的词语（杨柳青和天津之外均有这种说法），但经过百余年的发展，现在已基本为杨柳青人所专有。这种结果的出现，和杨柳青人赶大营赴新疆的影响和贡献是分不开的。

杨柳青人赶大营源于左宗棠收复新疆。光绪三年（1877），左宗棠指挥湘军三路并进，于年底前收复新疆除伊犁（被沙俄强占）以外的全部地区。由于新疆交通不便，大量军队进入新疆以后，除粮食、武器等军需必备之外，其他生活用品难以保障，左宗棠因此接受前敌总指挥刘锦棠的建议，令前遣部队沿途设立官店，在较大的营地附近划出"买卖圈子"，允许携有出关印照的人，随营做生意以补军需，当时官方称之为"募民殖边"。

众所周知，左宗棠收复新疆，最大的军费资助者是徽商胡雪岩。1875年，清政府任命左宗棠为钦差大臣，督办新疆军务，光是出关运粮费用每年就需白银200万两，加上西征官兵的饷银，每年共需军费800余万两。胡雪岩受左宗棠委托以江苏、浙江、广东海关收入为担保，为西征筹得第一笔贷款200万两。此后，胡雪岩又以自己的商业信誉担保，先后四次向汇丰银行等英国财团借得白银1595万两，解决了西征的军费问题。因协助左宗棠收复新疆有功，胡雪岩被清廷授予布政使衔，赏穿黄马褂，官帽上可戴二品红色顶戴。

不过，胡雪岩做的是解决军费等刚性需求的"大生意"，补充军需的"小生意"则主要是由杨柳青人完成的。清政府"募民殖边"的号召发出后，响应这一号召的杨柳青商贩立刻奔赴新疆，随清军出征前线，为收复和巩固新疆做出了自己特殊的贡献。而他们在西北边陲率先创业的事迹也吸引了越来越多的杨柳青人赴新疆谋生，继而形成了延续六七十年的赶大营潮流。

杨柳青商贩之所以在当时能快速响应赴边主要有两个方面的原因：

其一：天津历史上有"赶大营"的传统。清康熙年间，杨柳青有种"大帮摇"的商船，这种船专门从事子牙河、大清河、南、北运河和蓟运河沿岸的杂货批发零售。在这些河流中，以大清河航路的业务最为繁忙。其一头是杨柳青，另一头的尽头就是直隶（今河北）新城县白沟镇。杨柳青人把往白沟及附近的雄县、文安、固安、涿县、涞水、易县一带做生意的，统称为赶白沟。道光二十年（1840）前后，白沟镇进入了全盛期，市场上畅销的商品80%以上是从杨柳青运来的。此后，当天津商业日益繁荣之际，白沟的商业贸易便日益衰落，

在此谋生的杨柳青人只得向西继续寻找商机，于是在山西、陕西乃至甘肃一带便出现了跑单帮的杨柳青商贩，俗称赶西北。当左宗棠在陕甘一带用兵时，就有少量的杨柳青商贩随军做生意，这为后来者随军进入新疆提供了可能。

其二，在赶大营的过程中，出现了赴疆赶大营的先行者，其首倡者便是后来成为天津巨富的安文忠。

安文忠生于咸丰二年（1852），祖籍浙江绍兴。早年受雇于船户，常拉短纤去白沟一带。同治七年（1868），保定有漕船募短工赴西安，薪资十分丰厚。当时兵荒马乱，应者寥寥。安文忠迫于生计，冒险应聘。待拉纤到西安后，得了二十多两银子，并以此为基础，购置小篓和日用商品，随当地小贩一起，往返湘军营盘做生意。同治十年（1871），安文忠带着二百余两银子返乡，引起全镇轰动。两年后，当安文忠做粮食生意翻船，被迫再次赶赴西北做生意时，一批杨柳青人便追随安文忠，沿着左宗棠进军的路线行进，光绪三年（1877）辗转到达肃州。此时正值刘锦棠贴出"募民殖边"告示，安文忠等人迅速报名出关，自此拉开了杨柳青人赶大营的序幕。他先后在哈密、古城子（今奇台）、迪化（今乌鲁木齐）等地的买卖圈子摆摊，最后落脚到伊犁发展，创办了著名的文丰泰商号，成为当时的新疆巨富之一，并带动了一大批杨柳青人致富。

实际上，杨柳青人之所以能形成一个赶大营热潮，还有一个重要的历史背景。

杨柳青地区在近代以来灾荒不断，导致大量人口背井离乡谋生，给赶大营提供了直接动力。鸦片战争开始后，天津地区屡遭列强入侵，再加上太平军、捻军等农民武装起义也多次进逼天津一带，杨柳青一带遂致铺户倒闭，百业萧条。流经杨柳青的大清河、子牙河、南运河，因战乱而疏于治理，每遇洪涝，非决即漫，最终形成农不可耕、舟不可航的后果。当地民众由于生活所迫，只得远徙谋生，其中赴东三省乞讨、垦荒的被称为闯关东，转向山陕地区谋求生路的，被称为跑西北。

同治十二年（1873），天津洪涝成灾，杨柳青地区发生大规模灾荒；光绪初年，华北大旱，山西、河南、河北、山东等地发生严重的灾荒，波及杨柳青地区。灾荒之下，人们纷纷涌向甘陕一带谋生。杨柳青历史上有过几次赶大营高峰，每次三五年不等，都与杨柳青遭遇灾荒有关。最终，杨柳青人通过赶大营，使3000余户至少1.5万杨柳青人成功移民西北，对新疆的发展产生了难以估量的影响。至今，在新疆的饮食、蔬菜、手工技艺、建筑、娱乐、年俗、戏曲、电影、电灯、照相等领域都可以找到杨柳青商人奋斗的痕迹。据不完全统计，目前新疆的杨柳青人后裔已有30万人以上，从祖辈进疆算起，有的已繁衍至六七代人。这众多的杨柳青人后裔，已遍布新疆各地，继续为新疆的发展和繁荣做着贡献。

拥有赶大营辉煌的杨柳青无疑是天津首屈一指的名镇、古镇。天津建城历史虽然不长，却拥有许多古镇名庄。其位列前茅的五个古镇是：杨柳青镇、军粮城镇、北塘古镇、葛沽镇、蓟州古镇；五个名庄是：水西庄、司家庄、史各庄（窦家桥村）、小靳庄、大邱庄。古镇以历史悠久而传世，名庄以人文典型而闻名。

杨柳青古镇位于天津市西青区杨柳青镇中心区域，南邻世界文化遗产——大运河天津段南运河。天津有句俗语："先有杨柳青，

后有天津卫。"一句话道出了杨柳青悠久的历史和深厚的人文底蕴。

　　除了我们在前面提到的杨柳青年画和杨柳青赶大营的故事外，这座古镇还有两座建筑需要提及。这两座建筑一座名叫石家大院，是杨柳青镇面积最大的建筑。另一座宅院，其建筑并不出名，但发生在这个院子里的故事却特别有名，这座院子便是解放战争三大战役中的"平津战役前线指挥部"旧址。

　　石家大院位于天津杨柳青镇估衣街47号，原为清末天津商业八大家之一石元仕的住宅。从道光三年（1823）开始兴建到民国十二年（1923）迁走，石家在此经历了整整100年的辉煌。

　　令人惊叹的是，石家大院兴衰起伏的这一百年和历史上山西票号的开创者日昇昌票号的兴衰轨迹竟惊人的相似。

　　日昇昌票号创办于1823年，同一年，石家大院开始兴建；1923年，日昇昌票号全部债务清理完毕，债权人同意以债转股，成为日昇昌的新股东，日昇昌从此脱离原创办人；而同一年，石家大院的原主人也被迫迁走。

　　日昇昌票号后来改为经营钱庄，票号从此退出了历史舞台；石家大院自石家迁走后开始衰败，标志着昔日天津商业的八大家自此退出了历史舞台。1991年，石家大院被辟为"天津杨柳青博物馆"；而日昇昌旧址也在1995年被辟为"中国票号博物馆"。

　　石家大院占地6000多平方米（这个规模和山西太谷县孔祥熙故居的规模相差无几），由大小四进院落组成，堂院坐北朝南，南北长96米，东西宽62米，其中建筑面积2900多平方米。整个建筑包含十二个院落，所有院落都是正偏布局，四合套成，院中有院，院中跨院，院中套院。院中收藏了大量杨柳青年画的历代作品和具有中国古建特色的天津砖雕陈列 130 余件。

和石家大院的宏大规模相比，平津战役天津前线指挥部的面积就小了很多。这座已被辟为陈列馆的小院位于天津市西青区杨柳青镇药王庙东大街 4 号。这里原为一所北方传统的四合院民宅，总面积只有 280 平方米。但就在这狭小的院落里，平津战役天津前线指挥部司令员刘亚楼在这里指挥了中国人民解放军解放战争中的一场大规模攻坚战——天津战役。在这座清代风格的四合院里，刘亚楼曾在这里多次召开高级军事会议，部署作战方案。1949 年 1 月 14 日，在天津守敌拒绝放下手中的武器之后，刘亚楼司令员在这里发布了总攻的命令，经过 29 个小时的激战，全歼守敌。

平津战役前线指挥部旧址

平津战役天津前线指挥部旧址陈列馆共分三部分陈列。第一部分为复原陈列。陈列着刘亚楼司令员和他的秘书在作战指挥室里指挥作战的大型照片以及八仙桌上铺放的平津战役地形图，黑色牛皮壳步兵电话机，我华北地下武工队攻城前向前线指挥部呈送的《天津敌碉堡栅栏城防图》，刘亚楼司令员用过的牛皮革文件箱、文件夹。

第二部分为历史陈列。包括当年毛泽东主席为中央军委起草的《关于平津战役的作战方案》手稿、《解放军反攻形势图》、《太行新华日报》刊载的"沈阳解放""淮海战役取得重大胜利"的消息和天津战役敌我力量对比等资料；还有攻城部队部分指战员用过的刺刀、子弹、地雷、炸药包等实物；此外还有天津地下党搜集的敌方情报以及我军对敌方的兵力部署、火力配备、军事设施的分析等照片和实物。

第三部分为英烈室，其中主要展出了丛贵等英烈的动人事迹以及其他英雄人物的事迹和照片，展现了中国人民解放军指战员在解放天津的战斗中，英勇顽强、浴血奋战、前赴后继，为了人民的解放做出卓越贡献的英勇气概。

军粮城位于天津东丽区，是一座具有千年历史的古镇。

三国时期，曹操为攻打乌桓而开挖了平虏渠和泉州渠，把该地的主要河流连在一起，初步形成了海河水系。军粮城和南面的泥沽海口（现在的泥沽）隔海相望。据说，泥沽海口就是当年的海河入海口。

隋大业四年（608），隋炀帝开凿了南接沁水、北通涿郡的"永济渠"，天津地区成为江、淮、黄、海四大水系船只往来涿郡的必经之地，沿河道的一些城镇也陆续得到发展。此时，处于河北平原上的永济河、滹沱河、潞河三条大河汇流在一起被称作"会海口"，就是从军粮城和泥沽海口中间入渤海的。

唐朝建立后，多次在河北、东北一带用兵。当时，蓟州为军事要地，驻有重兵，军队的给养大部分来自江淮，为适应南粮北调的需要，处于南北水运枢纽的天津地区出现了第一个港口城镇——军粮城。

军粮城的名字是在历史发展过程中逐步形成的。唐朝时的"三会海口"在军粮城，这里便是海河的入海口。值得一提的是"城"是当时军队的一级建制（和后来明朝的"卫"相似），据《新唐书·兵志》记载："唐初，兵之戍边者，大曰军，小曰守捉，曰城，曰镇，而总之者曰道。"由此可知军粮城乃是唐王朝在入海口设立的专理军需物资的军队建制，后逐渐演变为地名。

宋辽对峙时期，军粮城一带曾储过漕粮，做过义仓。到了元代，军粮城的地理位置又一次重要起来。元丞相伯颜开辟从崇明岛取海道直达直沽的海运路线，军粮城成为必经之路。据明代《天津卫志》记载："军粮城在城（天津）东南，去城七十里，元海运为屯粮之所，周围基址尚存。"元代漕运由海道进入海河后，把运来的粮食储存在海河两岸，然后换小平底船运往京师。军粮城便是其中重要的存粮地之一。

从明代开始，有大量百姓在此定居。从燕王南下争夺皇位开始，这里历经战乱。至清末，八国联军登陆天津，法国在此建立兵营。民国初年兵营尚存，直到直奉战争中被毁。1937年，日本发动全面侵华战争后，由于军粮城战略地位重要，日军率先攻占了军粮城火车站，并把这里作为侵华日军的储粮基地。从近代开始这里遭受的

战火从另一个角度证明了军粮城古镇的重要性。

2021 年，军粮城遗址发现一处唐代大型夯土台基和唐代制盐作坊区，出土了一大批唐代特征明显的器物及少量铜钱等物品，这次发掘是天津地区近 70 年来首次发现面积如此之大、主体堆积为唐代的遗址。这也是天津考古第一次发现的古代制盐遗存，填补了天津盐业的考古空白。也为解读、阐释和宣传天津厚重的盐文化历史提供了考古学支撑，进一步证明和提升了军粮城在天津历史上的地位。

北塘古镇位于今天的天津市滨海新区。自明朝初年形成村落，至今已有 600 多年的历史。北塘古镇依河临海，自古便有渔盐之利和漕运之便。明、清两代，这里均为海防重镇。明朝嘉靖年间曾在北塘修筑东西两座炮台，史称"北塘双垒"。清代，北塘仍然为大清帝国的海防重镇。1860 年清军和英法联军的"北塘之战"就发生在这里。1900 年 6 月八国联军攻陷大沽炮台，而距大沽炮台 30 里的北塘炮台也再次被列强包围，北塘军民浴血奋战达三个多月，是八国联军攻陷的最后一处军事设施。

北塘被史学家评价为："一个北塘镇，半部晚清史。"如今重建的北塘炮台已成为生动的爱国主义教育基地。天津历史上的名人民国总统黎元洪、清御史陈鸿翙、帝师高赓恩等均出生在这里。

葛沽镇地处天津津南区东南端，东与滨海新区相隔，南与小站镇相连。葛沽镇是历史上华北"八大古镇"之一。自明代起就是天津地区著名的水旱码头及货物贸易集散地。由于漕运发达，葛沽镇的居民多以船业为生，并崇拜妈祖。葛沽镇拥有传承久远的民俗和

天津独乐寺观音阁内部结构图

底蕴深厚的传统文化，其中葛沽宝辇会被列入国家级非物质文化遗产名录，葛沽长乐老高跷被列入天津市非物质文化遗产名录。

　　蓟州古镇是一座历史悠久的古城，古称渔阳。位于今天的京、津、冀交界处，历史上这里在不同时期分属京、津、冀管辖。

　　蓟州在春秋时为无终子国，历史比天津还要悠久。战国时期被称为无终邑，秦代属右北平郡，隋朝时成为渔阳郡的郡治，唐朝时改名为蓟州。1913 年，蓟州改名为蓟县，为河北省管辖；1973 年划归天津市，2016 年以后又改名为蓟州区。

　　蓟州古镇历史悠久，文物古迹众多。独乐寺内现存的山门和主体建筑观音阁为辽代重建，是我国现存的三大辽代古寺之一，实为

名副其实的千年古寺。古镇附近的黄崖关长城地处京、津、冀交界处，为爱国将领戚继光主持重修，自古为进出京津的要塞之地。附近的盘山又被称为东五台山，风光绝美。乾隆皇帝曾有名言"早知有盘山，何必下江南"，指的就是这里。

唐代著名诗人白居易的《长恨歌》中曾有："渔阳鼙鼓动地来，惊破霓裳羽衣曲"的诗句，其中的渔阳就是安禄山起兵之处——今天的蓟州区域。除此之外，还有夏商遗址、西周遗址、汉墓群、唐宋元辽墓葬群、清王爷陵、太子陵等古迹遍布古镇四周，处处显示着古镇悠久的历史。

纵观天津的古镇，大抵呈现出三个特点：一、古镇的布局大都临近河水或曾经临近航运通道；二、古镇的历史大都比天津市中心区的历史还要悠久；三、由于历史悠久，古镇大多存有大量的文物遗存，并拥有令人瞩目的非物质文化遗产。

相比古"镇"源远流长的历史，天津的新"庄"更呈现出一种"特立独行"的特征。

水西庄在天津是神话一般的存在，其原址位于南运河西南侧，现在的芥园道和红旗路交叉口一带，约建于清雍正元年（1723），因位于卫河（南运河）以西而得名。准确地讲，水西庄并不能算真正意义上的村庄，虽然它占地百余亩，比一般的村庄还要大，但它终究还是一座独立的园林。

水西庄原是天津芦盐巨商查日乾与其子营建的园林别墅。始建于清雍正元年（1723），清乾隆十二年（1747）增建园中之园小水西，乾隆二十二年（1757）扩建介园。乾隆南巡曾先后四次驻跸水西庄，

天津水西庄

一次正值春夏之交，园内"芥花"盛开，清香怡人，遂欣然提笔，将"介园"改为"芥园"，芥园之名由此而来。乾隆三十五年（1770）增建河神庙。至此，水西庄成为一个拥有枕溪廊、数帆台、藕香榭、览翠轩、花影庵、泊月舫、碧海浮螺亭等景观的园林建筑群，园内水木清丽，风景优雅。

由于水西庄园主爱慕名士，喜欢结交名流，水西庄一时成为南北文人雅集的场所和文化交流平台。他们诗酬唱和、探讨学术，大大推动了天津文化的发展。清代著名诗人袁枚在他的《随园诗话》中，将天津水西庄、扬州小玲珑山馆、杭州小山堂并称为清代京杭大运河三大私人园林，水西庄是北方唯一的一家。

水西庄的繁盛不到百年，在乾隆中后期走向衰亡。随着查家的衰落，水西庄历经两次水患，后又遭到八国联军入侵，至晚清民国，唯余断垣残壁。时至今日，水西庄旧址在今天的天津市红桥区西南部的天津市自来水集团有限公司一带只剩下两头石狮子，其余遗迹已荡然无存。

由于水西庄的建筑和主人的命运和文学名著《红楼梦》中的建筑和主人公的命运太过相像，在红学界，水西庄被众多学者考证为曹雪芹《红楼梦》中大观园的原型。无论这个考证是否成立，水西庄都是大运河天津段最重要的历史文化节点，是天津文化史上的一个传奇，在天津园林史和文化史上都占据了独特的地位。水西庄作为清代天津历史文化的高峰和儒雅文化的代表，堪称天津城市文明的标志。

司家庄位于天津市宝坻区，据地名调查记载，明朝永乐年间，燕王朱棣扫北，有司氏一家移民至此落户，后发展成村。司氏家族的聚集地则被称为司家庄村。

提到司家庄就不能不提邢燕子。

邢燕子是谁？

其实，在 20 世纪 60 年代，邢燕子是比明星还火的知青偶像，许多 "40" "50" "60" 后听到她的名字都不陌生。

她不仅多次登上国家级报刊封面，还先后五次被毛泽东主席接见，十三次被周恩来总理接见。大文豪郭沫若更是亲自为她写了首《邢燕子歌》：

"邢燕子，好榜样。学习王国藩，学习铁姑娘。全家都在城，自己愿留乡。园中育幼幼成行，冰上治鱼鱼满网。天荒地冻，抢种垦荒，要使石头长出粮。吃苦在前，享乐在后，一切工作服从党。北大洼变成金银窝。燕子结成队，奋飞过黄河！"

郭沫若的这首诗歌写得朴实无华，一如主人公邢燕子朴实的人生。

邢燕子是天津人，出生于 1941 年，从小跟着爷爷在司家庄农村长大。邢燕子 8 岁时，正值天津刚刚解放，为了让她接受良好的教育，父亲将她接到城里，并让她就读于天津铁路局职工子弟学校。然而，当时已懂事的邢燕子却日夜思念着爷爷，每逢春节都要回司家庄看望爷爷。

1958 年 7 月，邢燕子顺利毕业，当时初中学历已经非常不错了，在城里也可以找到满意的工作。为此，父母建议她去天津城里找工作，也可以去父亲的工厂里上班。但当时年仅 17 岁的邢燕子，对自己未来的生活已有了明确的规划，她想要回到老家司家庄村。一方面希望能够为新中国的农村建设贡献自己的力量，另一方面也正好可以回乡照顾年事已高的爷爷。

就这样，邢燕子说服了父母，放弃了城市生活，回到了故乡司家庄村，开始了开设幼儿园，成立"妇女生产突击队"，垦荒、捕鱼等改变农村落后面貌的事业。在邢燕子和突击队员们的努力下，第一年就开垦出几万亩盐碱地，原本亩产 100 斤小麦的盐碱地，第二年就实现了 500—600 斤的亩产，不仅解决了老百姓的温饱问题，还能将不少余粮上交国家。这在当时的农村已经是非常了不起的成绩。

1960 年时，邢燕子的先进事迹已传遍天津，就连省里的领导也

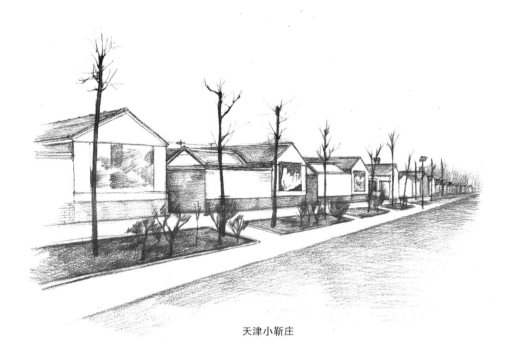

天津小靳庄

都知晓邢燕子的事迹。为了给广大青年鼓劲，带动城镇青年主动帮助农村，河北省（司家庄村当时属于河北管辖）决定将邢燕子作为励志典型推广。

1960 年 8 月中旬，《河北日报》推出《邢燕子大办农业》事迹的报道，紧接着《人民日报》《中国妇女报》《中国青年报》等媒体也纷纷报道了邢燕子的事迹。

就这样，在各大媒体的宣传中，邢燕子这个名字就此火遍全国。而郭沫若的那首脍炙人口的"燕子歌"，不仅让邢燕子成为家喻户晓的知青偶像，也成为知青们奔赴农村时口口传唱的经典歌曲。

榜样的力量是无穷的，就在邢燕子回乡务农四年后，另一个扎根农村的典型出现了——1962 年，北京姑娘侯隽响应党"大办农业，大办粮食"的号召，主动放弃高考，下乡到河北省宝坻县（即今天的天津市宝坻区）史各庄公社窦家桥大队插队落户，继而成为又一名"城市知识青年立志建设新农村的榜样"。

  侯隽在窦家桥务农 18 年，当了 9 年大队党支部书记，她带领广大群众，发扬自力更生的奋斗精神，大搞农田基本建设，实行科学种田，粮食产量大幅提高。不仅改写了窦家桥吃国家返销粮的历史，而且向国家交售爱国粮突破 20 万公斤，使贫穷的窦家桥成为远近闻名的富裕村、先进村。

  侯隽后来连续多年被评为省、地、县青年标兵和先进工作者，受到毛泽东主席、周恩来总理等党和国家领导人的亲切接见。而她当时之所以选择到农村去扎根也是在看了报纸上介绍邢燕子的文章，决定像邢燕子那样，"去祖国最需要的地方去"。

  2009 年，邢燕子入选"100 位新中国成立以来感动中国人物"；2019 年，邢燕子荣获"最美奋斗者"称号。而她生活和为之奋斗的司家庄村也由此走进千家万户，成为华北平原广为人知的名村。

  当年的宝坻，除了司家庄和史各庄外，还有一个"庄"也声名远播，这个"庄"就是 20 世纪 70 年代红极一时的小靳庄。

  当时的北方农村粮食产量普遍不高，小靳庄的土地尤其差，大片的盐碱地上粮食产量很低。不但无法向国家交售余粮，连自己的温饱都难以解决。但经过小靳庄人连续几年挖河清淤治理盐碱后，这个村子的亩产粮食在 20 世纪 70 年代中期竟然破天荒地达到了 400 多斤，这在当时已经是非常突出的成绩，小靳庄也因此远近闻名。

  但让小靳庄后来闻名全国的并不仅仅是它的粮食产量，而是它的赛诗会和样板戏。那个时代没有现在的高科技娱乐手段，娱乐活动也很少，人们茶余饭后除了聊天就是听戏。但小靳庄人天性活泼，人人能唱，因而举办的文化活动也以赛诗、唱样板戏为主。高峰时

几乎达到"人人吟诗、个个能唱"的地步,很快小靳庄的诗词和样板戏就闻名全国,短短几年间,《人民日报》就发表了 69 篇有关小靳庄的新闻、通讯与诗歌。

如果说小靳庄是天津农村 20 世纪 70 年代的"意识形态"典型,那么天津农村 20 世纪 80 年代的"致富"典型则非大邱庄莫属。

大邱庄隶属于天津静海区,地处静海区东南部,紧邻风景名胜团泊洼,距小靳庄 130 公里左右。

1974 年,当小靳庄的赛诗会开展得如火如荼之际,禹作敏担任了大邱庄大队党支部书记。20 世纪 70 年代末,中国拉开了改革开放的序幕,大邱庄迅速跟进。由于决策正确以及全体大邱庄人的努力,从 1981 年开始,大邱庄这个世代以种庄稼为生的村庄,以村办工业企业迅速发展起来。

1982 年,大邱庄建起了印刷厂和电器厂。

1983 年,大邱庄农工商联合总公司成立,并把大部分经营管理权下放到各分厂。以后,以冷轧带钢厂、高频制管厂、印刷厂、电器厂为中心,每个厂都以滚雪球的方式建起了若干个分厂。

1987 年,大邱庄将四个分厂改为四大公司。

1992 年,又将四个工业公司改为四大集团公司,分别为尧舜、万全、津美、津海。到 1992 年底,大邱庄村的发展进入鼎盛时期,这年年底,大邱庄村共有工业企业 200 余家,从业人员 12342 人,固定资产总值达 15 亿元,利润近 5 亿元。工业总产值比 1981 年增长了 835 倍,利润比 1981 年增长了 300 倍。

1993 年 11 月 18 日,大邱庄撤村建镇。

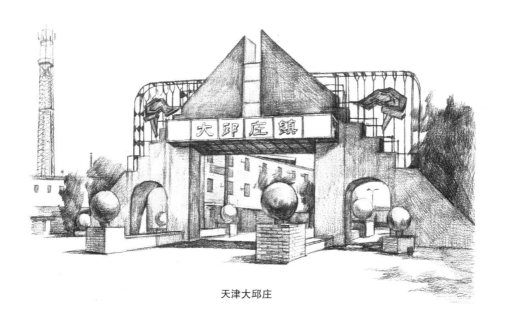

天津大邱庄

2016 年 12 月，大邱庄镇被列为第三批国家新型城镇化综合试点地区。当年，大邱庄镇实现工业总产值 453.9 亿元，规模以上大中型企业 139 家。到 2019 年，大邱庄镇有工业企业 613 家，其中规模以上企业 166 家。

不论是 20 世纪 70 年代的小靳庄，还是 20 世纪 80 年代的大邱庄，都已成为那个时代的典型，被媒体广泛宣传而在全国家喻户晓。其间蕴含的乡村精神文明变革和财富创造的动因，对今天的乡村振兴都具有极大的借鉴意义。而这种极具典型意义却不具有普遍意义的案例又为我们观察、研究天津"孤岛式"的地域文化提供了另外一个视角——百年天津的乡村为何典型迭出却又潮起潮落？

尽管天津的古镇名庄呈现出一种散落式的布局，但大部分都和水有着天然的联系，且镇和庄之间的界限并不分明，彼此之间经常

发生角色转换。

如塌河淀为天津东北部的纳洪区，也是天津北部最早的种稻区，宜兴埠就是这一地区最大的村落。这里的移民大部分来自山西洪洞。之后随着移民的增多，这里逐渐发展成为地灵人杰、学风持久的名镇。

位于天津西青区中南部的精武镇，原名南河镇，最早名为小南河村，于 1404 年天津设卫后域内村落才逐渐形成。因这里是近代爱国武术家霍元甲的故乡，为弘扬"尚武精神"，彰显精武活力，2009 年，这里更名为精武镇。同样的原因，小站镇所在的区域原为名不见经传的小村落，只因为袁世凯的"小站练兵"，这里才逐渐发展为小站镇。而大邱庄在 20 世纪 80 年代之前只是一个默默无闻的小村，因乡镇企业异军突起而成为农村致富的典型，进而由村升级为镇，由大邱庄村变为大邱庄镇。

天津的古镇和名庄的分散布局和有机联系实际上显示出了天津文化群落两个特别明显的特征：

其一：中心城区的文化起步晚于周边，尤其是蓟州、武清等地。

其二：每次文化的发展都留下一个独特的表现区间。如蓟州为代表的燕文化遗存；围绕津沽的武清、宝坻、汉沽、静海等县的汉、唐、宋、辽文化遗存；老城厢所代表的明、清文化遗存；以九国租界、河北新区为代表的近代文化遗存；以滨海新区、海港为代表的现代文化发展区。

但纵观天津城市的发展，却有一条曲折而又清晰无比的发展趋向：即从陆地逐渐向海洋发展。

天津精武镇霍元甲故居

　　天津地处中国北方，海河穿城而过，在冲积平原上建城，在贝壳堤上建港，反映了天津和海洋的亲密关系。其中尤为重要的，一面是河海相通，一面是河畔建城、海边建港，即以内河文化为主体，以海洋文化为外引。1860 年天津被迫开埠后，九国租界林立，城市功能出现了由"水陆"走向临海大港的倾向。这种趋势最直接最具体的诠释，就是天津的航运中心和枢纽从三国时期的泉州渠（今武清区一带）到唐代的三会海口军粮城（今东丽区），到金元明清时期南北运河与海河交汇的三岔口（今天津之眼所在的位置），到天津开埠后的紫竹林一带再到今天的滨海新区。

　　从天津市中心的"语言岛"到今日滨海新区的"海岸线"，数百年的历史发展形成了天津既有中心城区，又有沿运河、海河到入海口兴建港区的"河海通津"的布局和城市结构。而天津悠久而新潮的地域文化，也在这一座座闪亮四射的岛屿和一条绚烂无比弧线一般的海岸线上得到了凝结和绽放。

273

第九章

再读天津

天津的灵魂在于水，天津的灵动也在于水，天津的水文环境为北方独有，全国少有。天津的文化应该成为典型的北方水乡文化，天津的每一个局部都应该成为别致的水边绿洲，每一处水景都应该映射出水乡田园的精神境界。而从天津近代百年的发展历程看，天津无疑是观察中国近现代历史的最好窗口。

1404 年 12 月 23 日，明成祖朱棣将他南下争夺皇位时路过的一处大运河渡口改名为天津，天津城由此正式诞生。此时距"北京"这个名称的诞生还不到两年。

北京这座古都，原先的名字并不叫北京。金代，它的名字叫中都；元代，它的名字叫"大都"。而最早拥有"北京"名称的城市并不是今天的北京，早在唐代，今天的太原就被唐王朝命名为"北京"。

1368 年，朱元璋在南京（金陵）即帝位，他先给了自己理想的定都地——开封（汴梁）一个"北京"的虚衔，并亲自勘察，准备建都。开封被定为"北京"的第二天，大将军徐达攻占元大都，并改"大都"为"北平"。

此时的北平，尽管曾经是金元两代的都城，但对于朱元璋来说，并不是理想的建都场所。谁愿意把都城放在离强悍的蒙古部落很近的地方？要知道，跟随朱元璋打天下的大都出身于江淮一带，朱元璋甚至一度打算将明朝的都城定在他的老家安徽凤阳。洪武二年（1369），朱元璋下诏，以临濠（凤阳）为中都，按京师之制，

加紧营建。

可见，在朱元璋的视野里，压根就没想过将都城定为北平的事。但对于明成祖朱棣而言，北平对他的意义显然非同寻常。

朱棣生于1360年，10岁时就被册封为燕王，北平成为他的封地；1380年，朱棣20岁，正式就藩北平，开始了他在北平的藩王之旅，北平因此也成为他的大本营。更何况，率兵打下大都的，是他的岳父徐达，北平城有许多徐达的门生故旧，北平城既是徐达的势力范围，更是朱棣的势力范围。

朱棣的侄儿建文帝即位后，厉行削藩。朱棣以奉天靖难为名，发动"靖难之役"，起兵攻打建文帝，建文四年（1402），42岁的朱棣攻破南京，即皇帝位。

永乐元年（1403）正月，朱棣的皇位还没坐稳，就把北平改为北京，称"行在"。同年，迁直隶、浙江等地的富户到北京。即位的第三年，朱棣便将他南下争夺皇位时经过的大运河渡口命名为天津，即天子经过的渡口。

命名天津显然不是朱棣随意而为的事情，而是迁都北京的重要一环。命名天津的当年，朱棣便命令全国的能工巧匠集结北京，为营建都城做准备。

永乐五年（1407），徐达之女徐皇后去世。借这个由头，朱棣巡狩北京，出人意料地将陵寝选在北京昌平。原本为建造都城的工匠和木料都投入到了长陵的建设中。与此同时，北京增加了十个卫所，治理了大运河，修了城墙，为迁都做好了准备。

永乐十九年（1421）正月初一，朱棣在刚建成的奉天殿接受百官祝贺，北京由"行在"改为"京师"，准备了近二十年的迁都事宜终告完成。古都北京在历经金、元之后，又一次成为帝国的首都。而天津也因此正式建卫设城，成为帝国漕运生命线上最重要的支点之一。

尽管时光已过去六百多年，但当我们谈及天津的建城史时，就不能不谈到朱棣，"天津"之名正是由他而赐，而天津的历史，也深深地打上了永乐时代的烙印。谈及天津城市的发展，就不能不谈到北京。当年，朱棣在直沽地区设卫建城，有着政治和经济两方面的考虑。政治上，在此设卫主要为迁都北京造势，设卫有利于"拱卫神京"，保卫北方边境，抵御外来侵略，尤其是来自海上的威胁。在经济上，则和金、元时期一样，主要是为了保护漕运。

六百多年后的今天，北京和天津的关系仍然引人瞩目。

按照最新的城市规划，北京未来的战略定位是："政治中心、文化中心、国际交往中心、科技创新中心"等四大中心；而对天津的城市定位则是"一基地三区"，"一基地"是指全国先进制造研发基地，"三区"分别是指北方国际航运核心区、金融创新运营示范区和改革开放先行区。

仔细研读两个城市的定位规划，我们可以清晰地看出两个城市定位的互动和互补。

北京：政治中心——天津：改革开放先行区

北京：国际交往中心——天津：北方国际航运核心区

北京：科技创新中心——天津：全国先进制造研发基地

北京：文化中心——天津：金融创新运营示范区

前面三个定位几乎是一一对应和互动，后面一个形成了互补关系。

六百多年前，天津因北京而兴，六百多年后，天津和北京依然互动密切，中国历史上的"双城记"，今天仍然在京津两地上演。而在天津几百年的城市发展史上，与北京的城市发展互动始终是天津的第一要务。

从天津自身的发展看，今天天津城市的四个定位其实和一百多年前的实际发展格局并没有太大的差异。

一百多年前，天津其实已经具备了改革开放的基础格局，中国当时的许多先行先试正是从天津开始的。

在军事领域，先是北洋水师的创设，之后又有小站练兵；在军事教育领域，陆续推出了北洋电器水雷学堂、北洋电报学堂、北洋水师学堂、北洋武备学堂、北洋医学堂；在军工制造方面，先有专门生产枪支弹药的天津机器局，后来又创设了专门生产和修理船舶的大沽船坞；在城市管理方面，在老城区和租界外，专门规划建设了河北新区，这是中国近代真正意义上的城市规划首创，此外，还专门创立了中国最早的巡警；在教育领域，中国最早的公办大学北洋大学，最早的私立大学南开大学，最早的中学汇文中学，最早的女子师范学校北洋女师范学堂都是在天津首创；在社会生活方面，中国最早的公交车、中国最早的自办运营铁路、最早的西餐厅、中国近代第一家高级饭店都是首先在天津创立。

一百多年前的天津不仅是中国最开放的城市，而且是最具创造精神的城市，而今的天津需要再续这种首创基因。

第二次鸦片战争后，天津城和天津港迅速崛起，如今天津已成为中国北方最大的港口城市。在世界十大港口中，天津港是中国最早对外通商的港口之一。目前，天津港每年的货物吞吐量已超过五亿吨，位居世界港口前列。中国北方的航运条件远不如南方发达，而天津港正处于中国东北、华北及西北的辐射带上，因而天津港的地位和建设关系到整个中国北方的港口贸易，在构建国内国际双循环新发展格局的大背景下，天津港无疑负有重大的使命。它不仅是京津冀的海上门户，还是东北亚和中西亚的连接点；不仅是新亚欧大陆桥的重要节点，还是 21 世纪海上丝绸之路的战略支点。

从 1860 年天津港对外开埠，经过 160 多年的发展，天津港集装箱年吞吐量已远超 1000 万标准箱，创历史最好成绩；2021 年 12 月，全国首个零碳码头智慧绿色能源系统在天津港第二集装箱码头成功并网发电；2022 年 7 月，全球首创的传统集装箱码头全流程自动化升级改造"天津方案"在京津冀最大的集装箱码头大规模应用落地。随着东北振兴、中部崛起、西部大开发战略的实施，天津港所辐射的腹地经济不断发展，"北京经济圈""京津冀城市群""天津自贸区"等相关概念的提出，更使得天津港处于带动北方，乃至中国发展的重要战略地位。随着欧洲、东南亚、日韩等外贸航线的开通，天津正日益成为中国北方的国际航运核心区。

制造业一直是天津城市成长发展的主要基因，具有悠久的历史。早在明代，天津就成为北方制造业的核心区域。

万历二十年（1592），日本入侵朝鲜，明朝派军队支援朝鲜，当时的军事输转中心就设在天津。凡制造器械、征募船只、调兵遣将，皆设在天津，天津此时既是大后方，又是兵工厂，一方面成为人员物资的集散地，另一方面也成为援朝制造器械、兵船的中心。可以说，天津的制造业从明朝末年就开始起步了。当时全国两大造船厂之一的天津清江厂，不仅可以制造新式战船，还可以生产福船、仓船、沙船、哨船等不同船型。到万历四十八年（1620）时，天津已具备造船200艘的能力。与此同时，天津还成为军火生产基地，不仅能生产压阵大炮，还可以生产各种火药，多则十几万斤，少则几万斤，为当时的战争提供了大量的军用物资。二百多年后，李鸿章筹建北洋水师，重振淮军，在天津筹建军工制造业，最早涉及的制造业和明末几乎完全相同，大沽船坞生产和修理各种船舶，而天津机器则专门生产各种枪械和火药。

继李鸿章之后，袁世凯在天津推行"新政"，也把制造业放在了重要位置。在发展军事工业和重工业的同时，天津当时的纺织、化学、面粉，甚至民营机器工业也很发达，一度成为中国北方最重要的制造业中心。在经历了官办—官商合办—官督商办—商办的发展历程后，到20世纪30年代，天津已拥有1200多家工厂，20万产业工人，形成了纺织、化工、冶金、机械、印刷、食品等工业门类，逐步成为中国北方实力雄厚的工业基地和最大的制造业中心。

新中国成立后，天津的制造业蓬勃发展，始终处于全国前列。诞生了飞鸽自行车、海鸥手表、北京牌电视机等100多个制造业"全国第一"。目前天津拥有联合国产业分类中全部41个工业大类、207个工业中类中的191个、666个工业小类中的606个（截至2021年底），是中国工业产业体系最完备的城市之一。国家之所以赋予天津"全国先进制造研发基地"的定位，原因就在于天津具有深厚的工业基因、雄厚的产业基础和独特的区位优势。背靠北京科技创新中心，主动融入京津冀协同发展战略，天津一方面正在进行传统产业的快速升级，另一方面正在构建以智能科技产业为引领，以生物制药、新能源、新材料为重点，以装备制造、汽车、石油化工、航空航天为支撑的现代工业产业体系，打造一批世界级先进制造业集群。

天津也是中国金融业的重要发祥地之一。天津自古是水陆要冲，又是近代工业投资兴办之地，更是近代中国北方的商业中心和交通枢纽。企业的创办，洋行、商铺的建立，城市公共设施的兴建，都离不开资金的运作，在此情况下，一大批中外银行应运而生。

1853 年，义恒银号开业，从此拉开了天津近代金融业的序幕，也由此确立了天津在全国传统金融业中举足轻重的地位。近代天津工商业的发展也进一步推动了金融业市场的繁荣。到 20 世纪二三十年代，早期银号、新兴的华资银行以及实力雄厚的外资银行交相辉映，形成了庞大的金融体系，使天津迅速成为中国北方最大的金融市场，与上海遥相呼应，成为南北两大金融高地，天津就此确立了中国北方金融中心的地位。

近代金融业是 19 世纪下半叶逐渐从西方传入中国并逐步取代了原先由晋商控制的遍布中国大江南北的票号业务。作为第一次鸦片战争和第二次鸦片战争后崛起的南北两座城市——上海和天津最先接触和运营了近代金融业。辛亥革命后，华资银行相继成立，自 1915 年开始，盐业、浙江兴业、中孚、金城、新华信托、大生、中国实业、大陆、中南等银行纷纷在天津开业。大批晋商票号、银号转股银行。一大批清朝遗老遗少、北洋新旧军阀、洋行买办、商业巨头筹建或参股银行，天津金融业进入了黄金时代，其中，盐业、金城、大陆三家银行先后在天津设立总行，中南银行把最大的分行也设在了天津，与其他三家银行总行合称"北四行"，在众多银行中实力最强，时人称之为"执中国北方金融之牛耳"。

纵观昔日天津金融业之辉煌，其背后有几个主导因素：一是天津当时是中国北方的制造业中心、商业中心、贸易中心，市场对金融业的需求十分巨大。二是当时天津金融资本的筹集渠道十分丰富，几乎位列全国第一，既有外国资本，又有洋行买办资本，还有权贵军阀和下野政客资本，同时还有众多工商巨头的资本。三是天津地处九国租界的包围中，外资、外贸及资本运作体系比较成熟，相互比较、相互模仿的条件比较便利。四是民营企业众多、贸易活动频繁，金融需求多种多样。

以昔日天津之金融反观今日天津之金融，天津虽然在制造业、港口贸易、商业等方面仍然在中国北方占据主导地位，但已不再是绝对的地位，在资金筹集渠道和市场主体数量上也不再具有优势，迫切需要通过创新金融运营模式吸引更多的市场主体和投资者进驻天津金融市场，以此推动和拉动天津的制造业和新型智能产业、新型市场主体在天津更好更快地发展。

从百年天津城市发展的路径看，天津的成长和发展离不开北京，但从另外一个方面看，天津发展最快的时期恰恰是天津和北京差异化发展、独立创新的时期。进入21世纪的第三个十年，中央把"改革开放先行区""金融创新运营示范区"两个创新高地的城市定位赋予天津，无疑具有重大的历史背景和现实意义。

如何在新的时代背景下创新"京津双城互动"模式，如何在现实要求下更好地主动融入"京津冀协同发展"，是目前天津发展亟须解决的时代课题。

北京的城市定位是全国文化中心，近在咫尺的天津能否成为文化创新的实践基地？

　　和国内绝大多数千年古都相比，天津的城市积淀并不深厚，移民文化的痕迹十分明显，但因此也少了许多历史重负。许多源自别处的文化和文明反而是在天津得到深耕甚至走向辉煌。

　　狗不理包子、十八街麻花、耳朵眼炸糕，这些原本源自全国无数古城乡村的民间小吃，在天津却变成了著名品牌和文化现象；年画和风筝原本也不是天津首创，但天津却把它们加工创意成了知名的品牌；相声原本产自北京，但后来却是在天津发扬光大。直到今天，天津仍然是中国著名的曲艺之乡，许多著名的相声表演艺术家都出自天津。在新的形势下天津的文化实践和文化产业能否融汇贯通、推陈出新，无疑是摆在天津文化界面前的一个重大课题。作为城市，天津虽然有六百多年的历史，但作为大城市，天津的历史只有160多年。在一个半世纪里，天津的人口由20多万急剧增长至上千万。这无疑是靠四面八方的移民蜂拥而至才成长至今。因而在天津的文化中杂糅了许多基因，远比其他城市丰富，在传统意义上的农耕文明、海洋文明、西方文明、商业文明交杂之外，天津还有自己独特的码头文化、运河文化、移民文化、江淮文化、渔盐文化、港口文化、军事文化、双城文化，各种文化交糅杂处，碰撞融合，极容易诞生新的文化现象和新的文化产业，这或许是天津未来最大的变量和增量。

　　天津是座水上飘来的城市，城市的形成、成长、壮大都和水有密切的关系。纵观整个中国北方，天津是水元素最为发达的城市。

　　天津拥有自己的母亲河——海河，海河干流虽然只有七十多公里，但海河水系却是中国华北地区最大的水系，中国七大河流之一。海河水系由海河干流和上游的北运河（含北运河、潮白河、蓟运河）、

水上公园

永定河、大清河、子牙河、南运河五大支流组成，如果以卫河（发源于山西省晋城市陵川县）为源，海河全长达 1050 公里，如果以漳河（发源于山西省长治市）为源，海河全长达 1031 公里。海河沟通了华北内陆和海洋的联系，对天津城市的形成和发展起到了重要的作用。可以说，海河是哺育天津的摇篮。

明永乐二年（1404）天津设卫建城时就将地址选在了卫河（今南运河）与海河干流连接处西南侧的三角地带——三岔河口附近的高地上。依水建城既满足了城市防御的需求，又提供了极为优越的水运条件。天津城发展至今，其水网除了南、北运河、永定河、子牙河、大清河五大水系外，还有月牙河、复兴河、卫津河、津河、马厂减河、独流减河、洪泥河等水系，形成了蔚为壮观的"九河下梢"。

海河水系形成的"九河下梢"格局应该感谢曹操。

公元 206 年，正是曹操带人开凿了平虏渠、泉州渠与新河三条人工河渠，在运送兵粮的同时，将海河平原的河流由原先的"分道注入渤海"的河道结构改为"众流归一、同归于海"的局面，天津的早期聚落正是集中在海河口和河流沿线。

如果仔细观察中国地图，我们不难发现，整个海河水系的分布就像一把大蒲扇，海河正是这把蒲扇的柄，而天津市区正好处在这个扇面的顶端，在扇柄两侧展开。华北平原的众多河流正是通过各条支流辗转流入五大干流，最后又汇入海河。在中国传统文化观念中"九"为极数，即最大最多的意思，用"九河下梢"来表达天津城水系发达、水网密布最为贴切。

天津位于九河下梢，渤海之滨，特殊的地理位置和地质条件造就了天津独特的文化。水文化是天津文化的主脉和源头。从天津城形成的过程看，水无疑是最重要最直接的因素；从天津的城市经济功能来看，天津文化形成的最早来源和载体是运河，也可称之为"运河文化"；从天津的城市行政功能来看，天津最早是军事卫所，但设卫的目的在于保护漕运，和水有着间接的关系；从天津在华北和中国北方所处的位置看，众多河流、物流、人流在二百多年里向天津聚集，促使天津快速崛起，可以称之为聚合文化，物流、人流聚合的最直接因素仍然是因为水流的聚合；从天津的城市环境看，由于近代史上，天津周边水灾频繁，大量难民"闯码头"涌入天津，将他们各自的地方文化带到天津，这也可以称之为"码头文化"，仍然和水有着天然的关系；近代天津吸引了大量的外国人，他们建立租界，修建教堂，开办洋行，进行现代城市建设和管理，直接影响了天津的近代文化走向，这是天津文化的又一个源头，即所谓的

"租界文化"，"租界文化"的背后是天津独特的河海水网：租界沿海而设，列强的商船、炮舰溯海而上，依然和水有很大的关系；从天津和北京的历史关系看，天津作为北京的卫城，其独特的位置在于其既处在通往北京运河的通道上，又处在列强登陆北京最近的入海口处。在清末民初的动乱年代，大批宫廷逸民、北洋政要、民国政客在下野失意后寓居津门，带来了官场习俗、宫廷生活习惯和都市娱乐方式，这种文化现象被称之为"寓公文化"，"寓公文化"和"租界文化"密不可分，而"租界文化"和天津河津相连的独特地理现象又密切相关，实质上还是来源于水。经过一百多年的发展，天津港现在已经成为中国北方最大最繁忙的港口，"港口文化"也成为天津文化的又一个重要源头，但其实质仍然和水有关。所以，水是天津城赖以生存和成长的重要因素，水文化是天津最核心的文化，也是天津区别于中国北方其他城市的最重要的文化特色。

地名是人类文化的重要组成部分，人类认知生存环境的第一表现往往是对属地的表述。因此许多地名都带有强烈的地域特征。天津的许多地名都和水有关联。如天津的"津"就有渡口的含义。而"沽"字是天津最常见的地名。

天津的沽非常多，历史上曾有"七十二沽"之说，但实际上比这个数量还要多。天津鼓楼有一副楹联："七十二沽往来帆影，一百八杵早晚钟声"，描绘的正是大小河湾处错落有序的村庄里袅袅炊烟升起，大小舟楫帆影在水面往返的场景。

许多著名的沽曾经是天津的地理标志和周边地区发展的起点。如大直沽在元代已成为天津最初的城市管理基地，是天津现在河西、河东地区发展的起点；小直沽最初的名字是直沽寨，为金代的军事要地，它和东沽（现窑洼地区）是现在河北区发展的起点；而西沽则是红桥区一带发展的起点，这些地方都是最早形成人口聚集的村落。

沽上优美的风景催生了天津早期优美的文学诗篇和亲水文化。

"一路通春水，春水漾绿波。过桥人影乱，夹岸橹声多。客子匆匆去，渔家缓缓歌。垆头新酒熟，未暇醉颜酡。"这是清代诗人对西沽美景的描写，直接表达了天津先民欢水、用水、治水的情感。

除了人们的直观环境感受外，天津的水环境还直接影响了人们的饮食文化。

京津地区历来有"住在北京、吃在天津"的说法，天津的饮食文化非常发达，这和天津的地理位置有很大的关系。

渤海湾弯曲的海岸线上有海河等大小河口，这种咸淡水混合的水系带来的有机物非常丰富，是各种鱼虾聚集畅游、越冬的场所。而密如蛛网的淡水河道和众多淀洼水面是淡水鱼蟹成长发育的理想场所，此外，便利的水路运输也为南北各地的杂粮、肉蛋运输提供了条件。

明成祖迁都北京后，天津地区的人流、物流、信息流倍增，天津的餐饮也必须满足南来北往客人的口味，因而餐饮业也迅速繁荣起来。因此，天津的餐饮不仅种类多，口味全，而且有多种档次。大饭庄、大饭店、小饭铺、小吃店热闹异常，而造成这种餐饮盛况的一个重要原因就是天津的水环境和亲水文化。

繁荣的餐饮通常和发达的娱乐联系在一起。天津本不是河口城市，但河海通津的特殊位置使天津成为水陆全方位开放的城市，因而天津的亲水文化里就有了多元、包容的元素。

近代以来，天津成为各种艺术风格汇集、成长的大平台。因此天津也就成为曲艺之乡、评剧基地和京剧的竞技场。西河大鼓、京韵大鼓等多种鼓曲大都由民间艺人结合民间传说在农闲消遣时创造，而后由子牙河沿水路进入天津并得以提升、成熟并成为固定的曲种；评剧由民间的蹦蹦戏发展为知名的剧种也是在天津完成的；河北梆子在天津得名，京剧也必须先在天津唱红；许多特色鲜明的外省市曲种，如河南坠子、山东快书、黄梅戏、越剧都能在天津得到提升并都拥有固定的观众群，这些都和天津四通八达的水陆交通环境有关。天津的亲水文化具有高度的融合性和化腐朽为神奇的能力，这个特点非常有利于天津打造和培育新型文化业态，促进文化产业创新发展。

天津的水文地理环境和四季分明的气候造就的景观为天津营造了独特的美学境界：天津的气候多水而不湿热，水域空间疏于江南，故比绵软的吴音更加明快而响亮；文化汇聚和积淀厚于关外，故比东北的通俗更显细致和深刻；比西北的苍凉豪迈更显丰满圆润。

天津的灵魂在于水，天津的灵动也在于水。天津的水文环境为北方独有，中国少有。天津的文化应该成为典型的北方水乡文化；天津的每一个局部都应该成为别致的水边绿洲；每一处水景都应该映射出水乡田园的精神境界。

天津未来的城市规划设计首先要将水的元素放在首要位置、核心位置，围绕亲水做文章，应有意识地保留一些原生态的水景自然风光，让天津的水景生态之美永存，让天津成为真正的水上城市，成为中国北方独一无二、风格别致的水上"威尼斯"。

天津的发展应下大力气打通京津冀大运河，使昔日的大运河沿

天津之眼

岸再现辉煌。并围绕运河规划文化旅游事业的发展，打造四通八达、河海相通的旅游路线，盘活天津的水上旅游。

天津是因水而兴的城市，因而未来一定要改变缺水的现状，千方百计引水，加强地面地下水网基础建设，使其成为水丰水美、水网密布的城市。要借将海河打造成世界名河的历史机遇，在水特色上做足文章。提升改造海河、北运河、外环河、津河、卫津河、复兴河、月牙河的水质和水景，进一步实现河湖水系相连，水绕城转，水清船行，全力发展河湖旅游。利用现有河湖水面大力发展水上跳伞、水上赛艇等水上衍生项目，同时将水上旅游和现有的人文景观与历史典故相连接，并形成独特的旅游互动体验。

未来几十年甚至更久，天津应该成为中国近现代爱国主义教育实践的窗口和基地。

  1840 年以后的中国，在西方列强的隆隆炮声中快速崛起了两座特大型城市，这就是位于渤海洋面的天津和东海洋面的上海。

  相比于其他被迫开放的城市，天津作为观察中国近现代化的窗口更具有典型意义。

  相比于其他城市，天津几乎经历了近代关系中国存亡的每一件大事。两次鸦片战争、甲午海战、八国联军入侵。每一次，天津都首当其冲。庚子事变的京津保卫战，其战场几乎遍布全天津，大沽口、紫竹林、八里台、老龙头等地的战斗十分激烈，至今在天津留下了许多遗迹。战争结束后，天津城沦陷，城墙被拆毁；炮台等军事设施被摧毁；营房、军事学校等基础设施被破坏，整个城市被列强管辖长达一年之久，而且列强在津的租界多达 9 个。这种遭遇在近代被迫开放的所有城市中是绝无仅有的。和近代中国的其他城市相比，天津城遭遇的欺辱无疑是最为沉重的，天津城对侵略的仇恨无疑是最为深刻的。

  相比于其他城市，天津在近代所遭遇的侵略不仅体现在经济文化方面，还体现在军事、外交方面。也就是说，天津在近代所遭受的侵略是全方位的，因而更具有典型意义。曾国藩在洋教案中的外交妥协、义和团的风起云涌、大沽口战舰的沉没、八里台的血战都从各个层面反映了近代中国所遭遇的全面侵略。

  相比于其他城市，天津留有大量的如大沽口炮台、望海楼、吕祖堂、老龙头、八里台等近代遭遇侵略的遗迹，同时也完整地保留了如五大道租界旧址、利顺德饭店、起士林餐厅以及大量教堂、工部局大楼、学校、银行等中西合璧、中西文化融合的建筑和遗址，可供今天的人们凭吊和参观。

中国近代的政治中心在北京，但策划表演的舞台却在天津，因而天津在近代史上也聚集了远比其他城市更为复杂、更为知名的人群，这其中既有溥仪、载振、小德张、曾国藩、李鸿章这样的清朝遗老遗少，也有袁世凯、黎元洪、曹锟、孙传芳这样的北洋政客；既有戈登、胡佛这样的入侵者、淘金者，也有高星桥这样的商业巨子和买办；既有孙中山这样的革命者，也有梁启超、严复这样的思想家。这些人在天津活动和客居，不仅留下了大量的经典故事，还留下了大量的故居。

若要在中国寻找一座城市作为观察中国近现代历史最全面、最权威、最深刻的窗口，天津无疑是最合适的城市。而天津的文旅也应该紧紧围绕"中国近现代化的窗口"这个关键词去布局，去深化。

天津港口如今已经成为中国北方吞吐量最大和最繁忙的港口，作为和老城互动的滨海新区，除了向世界奉献一个繁荣的贸易港口景观外，还应该着力提升自己的文化氛围和人文底蕴。不仅应成为一个生产的新区，还应成为生活的新区；不仅应成为经济的新区，还应成为文化的新区。唯有如此，天津和北京的双城互动才具有真正的战略意义。

天津之美在于水，在于汇聚，在于流动，在于融合，在于互动。

后　记

　　1987 年，我从山西一个只有 800 多人的小山村背着一小卷行李来到拥有 800 多万人口的天津上大学。小乡村的简陋、古朴、宁静与大城市的繁华、绚丽、时尚构成的巨大反差让我震惊无比。

　　大学四年，其实是我真正认识世界的开始。那时候去得最多、看得最多的地方就是学校附近的水上公园和穿城而过的海河。北方缺水，这让只见过小溪而没见过湖泊、大海的我凭空添了许多想象。

　　在天津，我步行到达最远的地方，是春天里的古文化街；骑车到达最远的地方，是秋天的团泊洼。那时候，泛黄的书页和诗意的蝉鸣就是我对这座城市的全部想象。很多年以后，当我重返这座城市时才发现：我们只是匆匆过客，这座城市的真实底蕴远超我们当初的想象。

　　2021 年，母校天津大学发起了"热爱我所求学的城市"文化沙龙活动，我应邀登上了母校的讲坛，从此开始了对天津这座城市的重新研读。这本书也就是在这种背景下开始创作的，我非常感谢母校给了我这次重新学习和了解这座城市的机会。

我对母校天津大学一直怀着深深的感念。在这里，我不仅开启了知识海洋的闸门，还留下一段段难忘的青春记忆。

"花堤蔼蔼，北运滔滔，巍巍学府北洋高，悠长称历史，建设为同胞……"这段校歌歌词刻在了每一个学子的记忆里，至今仍让人时时回想。也因此，我对母校始终充满了敬意。这种敬意不只来自于她悠长的历史，还在于她开创了中国教育的一个新时代。

科举和漕运是中国封建社会自隋唐以后就一直延续的两项制度性安排。1905 年，这两项事关国体、延续了一千多年的制度几乎同时休止。而天津大学的前身北洋大学的成立正是科举制度休止的重要推手。正因为如此，1895 年既是北洋大学创立的时间，又是一个时代发展的重要节点。

北洋大学的成立，标志着中国近现代教育正式拉开了序幕，使自然科学第一次纳入了国民教育体系，同时使大学的选才制度取代了昔日科举的选官制度。

1895 年之所以成为一个时代的开始，很大程度上是由于甲午战争的失败。昔日对中华文化亦步亦趋的日本在海战中取胜，并强迫中国签下了不平等的《马关条约》，这一幕震动了世界，也深深刺痛了国人，中国人的"天朝大国"之梦从此破碎。自此以后，各种救国之策此起彼伏。作为清末变革的前奏，光绪皇帝在这一年里，除了亲自批准北洋大学在天津成立外，还专门批准袁世凯在天津郊区的小站练兵。挽救清王朝的文、武两大举措同时在天津上演。教育救国、实业救国也同时拉开大幕。1895年既是北洋大学的肇始，也是天津城市和中国社会新的开端。

毕业几十年以后，重返母校，眺望海河，感而慨之，写下了平生第二首诗：

回望津门

海河曾饮黄河水，渔盐舟楫织芦苇。
运河千年穿城过，人生百年论是非。

本书的书名"天津之睛"缘起于海河三岔河口永乐桥上的"天津之眼"，我希望这本精神人文的《天津之睛》和物质地理标识的"天津之眼"一起构成"天津的眼睛"，成为我们观察和了解这座城市的双向"地标"。

如果说天津是了解中国近现代化发展历史的窗口，那么我希望这本书能成为读者了解天津的窗口。

感谢天津大学马克思主义学院的颜晓峰院长和学院两任书记徐斌、孙鹤对本书的支持；感谢杨丹对本人创作的长期鼓励；感谢席之尧同学对本书的倾情作画；感谢席希同学对我创作的默默关注。这些支持都是我创作的不竭动力。

当然，最感谢的还是天津大学地域文化中心的同事们，正是他们的辛勤工作，才使我腾出大量的精力得以坚持完成整套中国地域文化系列丛书的创作。

路漫漫其修远兮，吾将上下而求索！

席宏斌

2023 年 1 月